Safiya et Lina

Instinct de soeurvie

Histoire vécue

A Arnaud, Salim et Sonia

et à nos amies Imane et Sarah qui sont

des exemples de courage

« On peut passer une existence entière à vouloir effacer quelques minutes de son enfance. »

Campagne Léo Burnett pour Enfance et Partage

Partie 1

Chapitre 1 : Des rires, des frites et une glace

Plus une minute à perdre. Maman attrape la brosse à cheveux pour nous coiffer, ma sœur et moi. Elle scinde ma tignasse en deux couettes qui amplifient mes airs de petite fille sage. J'aime mes yeux, deux grands ovales soulignés par mes cils qui s'étendent et se perdent presque dans mes sourcils. Je regarde maman dans le miroir en face de nous, bordé de photos de notre trio féminin entre bisous, langues tirées et quelques autres têtes familières. Elle a la beauté silencieuse, sincère qui vous enchante dès le premier regard. Son sourire est généreux à l'image de son caractère. Elle ne garde que très peu pour elle, elle préfère faire plaisir à des petits neveux et nièces, prendre du temps pour sa mère, s'occuper des papiers de la voisine qui lit et écrit mal le français. Elle est comme ça Maman, entière et corsée !

Aujourd'hui, pour l'anniversaire de Djede, son père, elle a lâché ses cheveux et les a lissés, c'est ce que je préfère, quand elle les libère. J'aime son élégance naturelle. Elle a une aisance pour s'apprêter avec classe mais sans fioritures. Elle combine son style personnel avec des vêtements à la mode. On dit que je lui ressemble, je l'espère.

Elle répète la même opération sur ma sœur Lina. Elle aussi est ma réplique, ou plutôt je suis la sienne, c'est elle l'aînée. Je sens parfois qu'elle prend très à cœur son rôle de grande sœur. Elle a encore pris ma défense contre Maxime et Moussa à la récré vendredi dernier. Je l'admire tellement. Elle ne s'est pas démontée face à ses deux colosses et elle a carrément pris le dessus !

Si notre ressemblance physique est assez flagrante, y compris pour des personnes qui ne nous connaissent pas, nos caractères diffèrent en tout point. Lina est une fonceuse, prête à tout. Elle est assurée de tout. Alors que moi, je suis timorée, passive et je me repose facilement sur elle et ma mère. Qui m'en voudra, je n'ai que 3 ans !

« Safiya, Lina, mettez vos chaussures on part tout de suite », lance ma mère en me sortant de mes rêveries.

Nous arrivons quelques minutes après dans l'appartement de nos grands-parents à quelques mètres de chez nous. Quelques cousins, cousines, oncles et tantes sont déjà là mais il manque encore Sabrina et Laila, nos cousines préférées, non que dis-je, nos sœurs. Nous sommes les quatre éléments, les inséparables. Des personnalités aux antipodes mais avec le besoin constant d'être ensemble.

Ma grand-mère Djeda s'avance vers la fenêtre, ouvre les deux battants et s'époumone :

« Louisa, dépêche-toi, tu es encore la dernière ».

Ma grand-mère est célébrissime pour ça dans toute la cité. Ses appels tonitruants depuis la fenêtre de son salon sont un peu sa marque de fabrique. On la surnomme « celle qui crie par la fenêtre ». Pas besoin de téléphone avec elle, la portée naturelle de sa voix fait le travail ! Elle a l'habitude de nous appeler Lina et moi ou ma tante Louisa, la maman de Sabrina et Laila, qui habite le bâtiment d'en face et que j'apprécie particulièrement.

Ma tante Guermya débarque les bras chargés des dernières courses, de surprises pour les enfants et des boîtes de médicaments de Djeda pour sa tension. Elle a failli tout étaler par terre avant de jeter ses trouvailles sur la table de la cuisine. Guermya, c'est un peu ma seconde maman. Elle brandit un visage pulpeux et éclatant, elle est belle, elle le sait, je crois qu'elle en joue. D'ailleurs, elle est difficile Guermya, elle ne se laisse pas avoir par le premier venu !

Les allées et venues commencent à se succéder. On appose une nappe imperméable à même le sol. Maman et ses sœurs déposent des grands plats, des récipients ovales tout en longueur pour la salade et d'autres ronds, voûtés, pour le couscous dont les femmes de la famille ont le secret entre finesse et tradition. La Méditerranée prend place petit à petit de la cuisine jusqu'au salon puis s'échappe par délicates vagues d'arômes envoûtants dans tout l'appartement jusqu'à s'envoler dans le quartier Hoche à Vitry-sur-Seine, notre point d'ancrage, notre port familial.

Ma sœur est chargée de distribuer le pain quand je me vois confier la délicate mission de partager les boissons. Nous nous sommes installées avec les enfants qui ont l'avantage d'être toujours servis en premier. Je goûte à tout, mes yeux réclament bien plus que ce que ne peut contenir mon petit ventre ! Lina raconte des blagues à nos cousines qui sont finalement arrivées. La fête peut commencer ! On se rapporte les derniers potins, on rit, on se régale.

Ameutées par un regroupement au centre du salon, nous nous faufilons entre les adultes, jusqu'à Djede qui reçoit ses cadeaux. Je regarde les yeux humides de Maman et cherche la confirmation de Lina qui hoche sa tête, notre mère est émue.

Elle ne se confie pas, à personne, ou peut-être à Guermya mais nous ne le saurons jamais. Elle enfouit ses sentiments comme on cache un trésor. Seulement, ma sœur et moi en connaissons la carte et décryptons ses émotions si facilement. Le sixième sens féminin sûrement, renforcé par notre proximité. Ses mots s'écrivent sur ses joues à la pommette haute et ses yeux les ponctuent.

En ce moment, elle voit son père avancer en âge. Elle se rappelle leur caractère explosif mutuel, la chaleur de sa main sur son épaule quand il sent sa fille fatiguée, son sourire après l'école, les week-ends à jouer dans le parc. Elle s'inquiète de ce léger essoufflement quand il se lève, elle se questionne sur son instabilité à tenir sur ses deux jambes. Elle ne l'a pas vu vieillir, elle était tellement occupée avec ses filles et son travail éreintant dans un restaurant où elle combine le service en salle et la préparation en cuisine. Et pourtant, désormais, les longues lignes de la vieillesse ont bel et bien creusé son front et dévalé jusqu'à son menton. Maintenant, il aime rester allongé sur son lit devant la télévision en participant de loin à nos conversations. Sûrement l'appétit masculin pour la tranquillité mêlé à la simple conséquence de son âge.

Notre grand-père c'est sacré ! C'est lui qui nous confectionne ses fameux sablés à l'algérienne, des gâteaux ronds qui se trempent dans le lait chaud ou un café pour les grands. C'est notre madeleine de Proust à ma sœur et à moi. Je crois que je n'ai jamais goûté de meilleurs gâteaux que ceux de mon grand-père. D'une main farceuse, c'est aussi lui qui nous fournit en bonbons divers et variés en cachette de sa fille.

Maman veut profiter de cet instant, de lui, de tout ce qu'il dégage encore de force. D'ailleurs, comme pour parfaire un peu plus cette journée, le temps est radieux.

Guermya a pensé à tout. Elle a apporté une boîte de confettis. Ni une, ni deux, Lina les attrape et nous les jette dans les cheveux. Elle s'allie à Sabrina. De mon côté, trop lente, aussi encore mal assurée, je suis ensevelie sous ces petits bouts de papier multicolores. Je ris comme une folle. Je lâche prise, je suis dépassée, je l'avoue, et m'affale sur le tapis de l'entrée. Maman saisit pile ce moment pour prendre une photo de ma débâcle.

Laila attrape une nouvelle pochette remplie de confettis et se venge sur ma sœur qui n'avait pas vu la riposte. Nos chamailleries durent encore quelques minutes. Nos oncles et tantes rient de bon cœur. Nous avons créé l'animation qui rendra cette journée inoubliable.

Et parce que notre petit clan a besoin de l'intimité de son âge, nous formons un aparté, le temps de se rappeler que le monde est à nous et de nous inventer des histoires de cape et d'épée que les grandes personnes ne comprendraient pas...

La semaine a filé sans que je ne m'en aperçoive. L'école maternelle, c'est un univers à part, entre fusions amicales et nécessité de se dépasser, de franchir de nouvelles limites, de se mesurer aux autres, c'est épuisant !

Je me suis encore disputée avec Natasha, une banale histoire de corde à sauter mais dans la vie d'une petite fille de trois ans, ça a toute son importance ! La maîtresse m'a disputée aussi, elle estime que je suis « grossière ». Peut-être, à l'époque j'avais peu la notion de ce qui se dit et se tait. J'étais timide, mais, je m'exprimais dans un vocabulaire souvent trop cru. A trois ans, on n'est pas responsable de ce que l'on entend. Le fait est que les enfants captent tout, ils sont à l'affût de tout. Ils enregistrent les mots des grands enfants à la volée dans les parcs. Et c'est souvent ces mots que nous retenons facilement plutôt que le vocabulaire distingué...

Ma sœur et moi aimons descendre dans le square en bas de chez nous. On est aventurières et on profite des toboggans, tourniquets et balançoires. Les plus âgés que nous ne nous effraient pas, on est légèrement intimidées mais plutôt audacieuses.

Aujourd'hui, à la récréation, j'ai retrouvé Lina qui sortait d'un mauvais pas une bande de petites filles de première section traumatisées par une grosse brute sans cervelle. Elle leur apprenait à se défendre et à avoir les bons réflexes en les motivant. Quand je pense à ma sœur, un mot me vient à l'idée : réconfort. Elle a la générosité dans le sang et, comme Maman, pense d'abord aux autres avant elle. C'est rassurant d'avoir une sœur comme elle, elle a beaucoup de copines dans sa classe de grande section et c'est toujours la première pour faire des farces. Quant à moi, je me définis plutôt par une pincée de timidité, un soupçon d'aventures et une dose d'altruisme.

C'est le sourire de Guermya qui nous accueille aux grilles de l'école pour démarrer un week-end féminin mouvementé.

— Alors les filles, ça a été l'école aujourd'hui ? questionne notre tante sur un ton légèrement amusé devant nos deux têtes fatiguées.

— Non, franchement, non, lâche Lina, remontée, sa frimousse prenant des airs de grande excédée. Karima m'a fait toute une scène parce que j'ai la même robe qu'elle alors qu'elle l'a achetée après moi. Noélie s'en est mêlée, j'ai dû la remettre à sa place. Bref, la plupart des filles de ma classe était de mon côté mais quand même, je n'ai pas aimé qu'elle raconte n'importe quoi sur moi. »

Je l'écoute, pensive. C'est sûr, elle saura me conseiller pour mes galères à la récré. Je me construis dans son sillage. J'apprécie mon rôle de cadette, l'aisance de ma position, toujours secondée. Les erreurs, elle les a faites avant moi, les problèmes, elle les a rencontrés d'abord. Je suis à l'aise sur ce chemin tracé. Il ne me reste plus qu'à flâner.

— Un bon week-end s'impose alors ! s'amuse Guermya. Allez mes deux jolies, pas la peine d'en faire des tonnes, je vais vous la prendre cette glace ! Arrêtez de me faire pitié !

Rien de mieux après une semaine de dur labeur que le marchand de glace. Que serait le quartier Hoche sans « Oscar » notre glacier préféré? Un camion tout bête, très coloré, sur lequel fleurissent des étoiles et des joyeux personnages de Disney. C'est comme si on arrivait dans un nouveau monde, celui réservé aux enfants. Oscar c'est notre Peter Pan. Pas besoin de voler pour celui-là, juste quelques pièces font l'affaire.

Dès les premières notes semblables à celles des boîtes de musique qui se remontent, tous les gosses de la cité courent après le camion. Alors, à peine ma tante a-t-elle fini sa phrase que nous sommes déjà en train de filer pour être les premières servies.

Seul le choix du parfum, du nappage et du cornet finit par nous plonger dans des réflexions profondes et vraiment sérieuses. Finalement, ça sera chocolat pour Lina et fraise pour moi. Le trajet du retour est sucré et détendu.

C'est l'un des meilleurs avantages à avoir une famille nombreuse, il y a toujours un tonton, une tata, un grand cousin ou une grande cousine pour nous offrir une glace. C'est un souvenir simple mais qui a imprégné notre mémoire et, sans prétention, a rendu heureux toute une flopée de gamins. Allez demander à des jeunes de Hoche d'une trentaine ou une vingtaine d'années s'ils ne se souviennent pas d'Oscar !

Il fait bon vivre dans notre quartier. Tout le monde se soutient, se connaît et s'entraide peu importe la religion ou la couleur de peau, Hoche c'est comme une grande famille qui s'éparpille dans la journée mais revient toujours au même parc, chez le même épicier. Tout le monde prend des nouvelles de tout le monde.

Et nous, nous grandissons dans cette ambiance joyeuse. Certes, si les grandes façades grisâtres de nos bâtiments ont un côté peu engageant pour certains, pour nous, ce sont nos remparts et notre forteresse entourés de rires pour rien, pour une glace, un bonbon. Une course contre une friandise. Une rencontre, un bisou et nous voilà encore gâtées. Safiya et Lina, les deux faces d'une même pièce, l'une timorée, l'autre intrépide, qui portent en elles l'odeur des joies ordinaires de l'enfance.

Un second soulagement gustatif m'attend bientôt à la maison, plus que quelques minutes avant l'arrivée de maman qui m'allaite encore. Exténuée par sa journée, elle tend ses bras vers nous et nous serre fort contre elle, contre sa peau rassurante et ses cheveux au parfum coco qui dissimule plus ou moins les odeurs de cuisson et de friture des mets concoctés durant son service. Dans le creux de son cou, j'oublie que j'ai trois ans, j'oublie qui je suis. Je suis devenue elle, maman, j'ai sa force, sa pugnacité. Elle me transmet son énergie. Je ferme les yeux pour ne sentir qu'elle et finis par m'assoupir.

Le lendemain, embusquée derrière mon oreiller, je fais semblant de dormir et grappille quelques minutes à l'affût des conversations de la maison. J'entends maman et ma sœur discuter. J'en profite pour écouter, oui je l'avoue, je suis un peu chipie.

— Qu'est-ce que vous voulez faire aujourd'hui les filles ? interroge maman. J'ai entendu que le dessin animé « La Petite Sirène » est sorti au ciné, ça te dit ?

— Oh oui Maman ! jubile Lina en s'étouffant presque avec ses céréales. Et on va au Mac Do d'abord, dis oui, s'il-te-plaît, s'il-te-plaît, s'il-te-plaît.

— Ça marche ma grande, sourit-elle.

Je saisis cette opportunité pour apparaître dans l'entrebâillement de la porte et manifester mon enthousiasme. Mon arrivée sonne le top départ de la journée.

Jolie robe fleurie pour moi, T-shirt à paillettes accompagné d'un jean pour la sœurette et chemisier bleu pastel assorti à un pantalon noir en toile pour maman qui agrippe son sac à main à la volée. Nous sommes fin prêtes, on sort, il n'y a pas à dire, on en jette !

Dans la rue, je ne vois plus que nous, mes deux égéries et moi, une petite bonne femme déjà. Entre elles deux, je leur serre la main. Je sens que je suis le nœud de notre clique plutôt originale. Maman sourit et Lina m'entraîne dans un fou rire juste en essayant de prononcer le plus vite possible l'indicible phrase : « Les chaussettes de l'archiduchesse sont-elles sèches archisèches ? ».

Mi reine, mi discrète, Maman commande notre menu préféré au Mac Do. Je rends dingue ma sœur avec des questions farfelues dont j'ai le secret. Est-ce que les hippopotames mangent des frites ? Pourquoi c'est fait avec des pommes de terre ? Qui a eu l'idée de faire des frites en premier ? Pourquoi c'est bon ? Bref, vous l'aurez compris, je suis de nature curieuse et légèrement tenace!

Maman nous regarde manger. Que pouvait-elle se dire ? Je ne me l'imagine que maintenant, adulte, mère à mon tour. J'imagine qu'elle repense à son parcours. Du haut de ses 24 ans, tout n'a pas toujours été tracé pour elle, beaucoup de périples ont ponctué sa jeunesse. Elle s'est adaptée à toutes les situations, elle a toujours su faire ce qu'il fallait. Et, elle nous a eues, nous, ses filles. Elle écoute nos chamailleries et nos éclats de rire, elle est fière. En Lina, elle reconnaît l'impétueuse qu'elle était, sous des traits fins accentués par un grain de peau ensoleillé et, en moi, elle entrevoit sa gentillesse entourée de longs cheveux bruns au reflet caramel caressant mes épaules menues.

Le plateau vide, nous prenons la sortie, direction notre second objectif de la journée : un ciné avec Tata Rachida qui nous attend déjà devant la majestueuse façade haussmannienne de l'établissement parisien. Pile à l'heure, nous prenons place sur les fauteuils douillets bordeaux de la salle. Lumière tamisée et décor cosy me confortent dans cette ambiance feutrée qui invite aux confidences et au laisser-aller. Toute blottie dans mon siège trop grand pour moi, je pose, conquérante, mes bras sur les accoudoirs. Mais, chut, le film commence.

J'en retiendrai peu de choses. J'ai aimé l'histoire, Arielle, Polochon et cette énergie propre aux Disney mais je me souviens surtout de ma peur panique de l'un des personnages clés, la méchante sorcière poisson Ursula. Je me cramponne au bras de Maman dès qu'elle apparaît à l'écran. Ma mère me réconforte comme elle peut.

Si j'avais su… Dans peu de temps, j'en rencontrerai une d'Ursula, une vraie pieuvre dont les tentacules vous plongent inlassablement vers les abysses, vers cette sensation glacée qui s'imprègne dans votre chair et pendant vos nuits. Elle ne voulait pas ma voix, elle, je ne sais toujours pas ce qu'elle espérait d'ailleurs… Ni ma sœur ni moi n'avons passé de pacte. Toujours est-il qu'elle a posé ses ventouses visqueuses sur nous. Alors, « La Petite Sirène » nous a semblé bien loin et les fins de Walt Disney bien exagérées, il n'est pas si facile d'échapper à une pieuvre… Surtout quand Maman n'est plus là…

Les souvenirs d'une petite fille heureuse se focalisent essentiellement sur ce qui comble ses journées ou au contraire ses grandes déconvenues jaugées à l'échelle de sa puérilité. Une dispute avec sa meilleure amie prendra des proportions éléphantesques quand son apprentissage de la vie et de ses fondamentaux se fera naturellement, sans qu'elle ne s'en rende compte. Ma sœur et moi sommes bercées par nos habitudes familiales, nos moments à l'école, nos fous rires, nos inquiétudes d'enfants.

Malheureusement, nous n'avons pas vu venir la tempête. Notre bateau se perçait et nous sommes restées impassibles, nous n'avons compris que trop tard. Nous aurions tellement voulu, tellement dû nous accrocher à notre bateau, et même si vous l'appelleriez radeau, c'était à nous, à nous… A nous trois… Nous n'avons pas coulé, nous avons sombré… Seules…

Chapitre 2 : 1,2,3 tu nous placeras

Elle s'appelle Odile. Elle a débarqué un beau jour sans plus de présentations. Odile, un nom ordinaire, sans plus d'apparat. Pourtant, elle était loin d'être banale. Je me rappelle de cette femme blonde avec un carré court d'une quarantaine d'années. Elle nous attirait de la sympathie du fait de son allure très sereine, sa voix calme et son style plutôt apprêté. Je pensais même qu'elle était une amie de maman étant donné la fréquence de nos entrevues durant plusieurs semaines. On sortait beaucoup à l'extérieur. C'était un coup le parc, un coup des manèges ou manger une glace et une fois, elle est même venue nous voir à la Foire du Trône. Elle est arrivée comme un cheveu sur la soupe, un joli cheveu en apparence.

Je me rappelle seulement d'un détail spécial qui me titillait. Elle nous prenait toujours à l'écart pendant plusieurs minutes pour nous poser tout un tas de questions sur nous, Maman, notre routine familiale. A dire vrai, ça nous agaçait un peu. Vous pensez bien, on préférait profiter de l'endroit ! Je la voyais constamment avec une mallette. Que pouvait-elle contenir ? Pourquoi sortir avec un attaché-case ? On se demandait à quoi servait cet interrogatoire. On ne comprenait pas trop. Quelles étaient ses intentions ? Que nous voulait-elle ? Que s'attendait-elle à découvrir ?

Je compris plus tard la raison de ses venues, bien plus tard, lors d'un rendez-vous avec la directrice générale de la structure gérant les affaires sociales et familiales de mon secteur, alors que j'ai déjà une trentaine d'années.

Un signalement avait été lancé par notre école maternelle auprès des services sociaux pour nos absences répétées. C'est vrai que nous n'étions pas assidues en classe mais même avec du recul je ne comprends pas la motivation d'une telle décision qui va bouleverser une famille, ma vie, celle de ma sœur… Les enfants sont souvent malades, les microbes se développant à tout va. D'ailleurs, la maternelle n'est pas obligatoire à cette époque.

Maman travaillait au noir et ne put alors justifier ses absences à l'école pour nous récupérer après 16h. Elle arrivait rapidement après que notre tante Guermya était passée nous chercher mais ce fut insuffisant. Elle fut cataloguée. C'était trop tard.

Afin de jauger notre situation et notre bien-être, nous avons été placées dans une grande garderie immersive pendant trois semaines complètes, y compris la nuit. Ce laps de temps m'a fait l'effet d'une sorte de colonie de vacances. Je prenais ces journées à la rigolade. Ma sœur et moi avions été déboussolées et avons poussé les limites. Apparemment, nous criions et étions grossières. J'ai pris connaissance de notre mauvais comportement lors du rendez-vous avec la structure de placement, mais je le détaillerai plus tard car beaucoup de choses ont été révélées ce jour-là... J'en suis encore toute retournée…

Bref, il n'en a pas fallu plus aux services sociaux pour sceller notre destin et décider d'un futur que je ne souhaiterais pas à mes pires ennemis. Odile et ses homologues ont prononcé leur sentence : nous serons placées en famille d'accueil jusqu'à ce que Maman retrouve une situation plus stable.

Certes, nous vivions en F2, qui soit dit en passant était très spacieux, dans une cité du 94. Certes, nous avions un comportement explosif parfois, mais contrebalancé par un profond désir d'aider autour de nous. Certes, Maman devait travailler et assurer seule ce que fait un couple, à deux. OK, nous avons manqué l'école quelques jours. Pourtant est-ce suffisant pour enlever des enfants à leur Maman?

En secret, je me suis toujours demandé s'il n'y avait pas une autre raison à notre placement, une raison inavouable, peut-être redoutée. Quelque chose qui se serait passé et qui aurait pu, même à moitié, justifier notre placement. Eh bien non... Rien, tout témoignait de l'amour de notre famille, de notre mère spécialement. C'est au cours de ce rendez-vous dans la structure de placement que l'assistante sociale m'a confirmé que ces éléments constituaient l'ensemble du dossier et avaient suffi à notre placement. Et de cette décision, découle la souffrance que nous vivons encore tous les jours, adultes.

Cette douleur me fait perdre patience, pardon, mais je tenais à ce que vous sachiez la vérité, une vérité bien maigre pour légitimer notre malheur.

Je reviens à mon récit, je retourne à mes trois ans.

Chapitre 3 : Une route interminable

Malgré mon menu gabarit et ma taille haute comme trois pommes, je m'accroche aux barres de l'arc-en-ciel, l'un de mes jeux préférés du square, comme un petit singe. Lina m'appelle pour goûter ses gâteaux de sable, un délice ! Nous débordons d'histoires de boulangères et de restaurateurs.

Les mains pleines de sable, confectionnant mes meilleures tartes, je vois Maman et Tata Guermya arriver les yeux humides et l'air perdu, non presque affolé. Je regarde Lina qui n'a pas l'air de comprendre plus que moi. Tata me prend par la main et Maman saisit celle de ma sœur. Elles nous emmènent en dehors du square, on prend le chemin de la maison. Nous restons silencieuses. Je ne me rends pas bien compte de l'ampleur de la gravité de la journée. Comme d'habitude, je me laisse trimbaler. Ce dont je n'avais pas conscience c'est que cette journée banale allait changer le cours de mon existence et que ma vie ne serait plus jamais la même.

Arrivées chez nous, Maman tremble en nous coiffant pendant que Tata farfouille dans notre chambre dans l'idée de dégoter de jolies tenues. Elles sont agitées. Les gestes sont brusques, elles recommencent dix fois les mêmes choses. Mais pourquoi cette précipitation? Pourquoi bien s'habiller si nous sommes toutes aussi tristes? Je ne comprends rien. Je reste immobile, j'attends. Je panique en silence. Cet instant fait partie de ces moments où l'on sait que les réponses ne seront pas convaincantes et que les mots ne suffisent plus.

Maman brosse inlassablement nos cheveux, pensive. Elle se contient. Elle est submergée mais elle se ressaisit, pour nous, pour ne pas défaillir lors de ce qui sera notre dernier jour chez nous. Elle veut que nous gardions une image positive d'elle, comme si ses larmes auraient emporté nos souvenirs et que nous aurions oublié qui elle était, la puissance et l'optimisme qu'elle dégageait d'habitude.

Tata guermya empaquette nos affaires dans nos valises, une pour chacune. Je vois défiler mes robes, mes collants, mes pantalons, mes T-shirts, tout y passe. Mes tiroirs se vident les uns après les autres, pareil pour ma sœur. Plus ils se vident, plus je me remplis d'inquiétude.

La fermeture éclair des valises se ferment péniblement. Tata lâche une larme au-dessus, elle tourne fébrilement sa tête de peur qu'on ne la voie mais je sens le tissu mouillé en attrapant l'anse. Je porte une belle robe comme pour un anniversaire ou une occasion particulière. Je n'arrive pas à faire le lien entre mes beaux habits et cette atmosphère si obscure.

En passant dans les rues, les amies de notre mère, celles qui s'occupaient parfois de nous, nous regardent, elles pleurent. Elles font des signes de tête discrets à Maman, pour lui montrer qu'elles sont là, qu'elles la soutiennent. Mais aussi, pour lui avouer qu'elles ne savent pas quoi faire de plus… Un simple geste devant une mère qui dépose ses enfants à l'assistante sociale sans connaître la date de leur retour à la maison. Un mois, six mois, un an, des années ? Qui sait ?

Nous montons dans la voiture jusqu'à l'organisme de placement. Nous sommes figées devant une porte grise austère. Nous retrouvons Odile, la dame mystérieuse des parcs d'attraction, tirée aux quatre épingles comme à son habitude. A la différence que cette fois, elle a un petit air supérieur comme si son coup avait fonctionné. Elle a atteint son but.

Nous sommes plantées devant elles, perdues. Maman nous prend dans ses bras, elle nous serre si fort que nous sentons les vibrations de son corps, des légers frémissements qui en disent long.

—   Vous allez rester un moment dans une autre maison les filles. Mais Maman va venir vous voir très souvent et on va vite, vite, vite se retrouver et rester toujours ensemble. Il ne faut pas vous inquiéter, il faut être bien sages et gentilles avec la famille qui va vous accueillir. Maman pense toujours à vous. Vous êtes dans mon cœur, dans ma tête, partout. Vous êtes mes amours.

—   Madame, il est l'heure de partir, coupe Odile, incisive. Elle a définitivement perdu son ton enchanteur plein de promesses de jeux dans les parcs. Elle nous sourit mais me met mal à l'aise.

—   Maman, qu'est-ce qu'il se passe ? Je veux rester avec toi, dis-je en la suppliant.

—   Tu vas me revoir très vite ma chérie. Je t'aime, je t'aime de tout mon cœur, me réconforte-t-elle.

—   Maman, maman, me voilà qui me mets à pleurer.

—   Maman, on va où ? questionne Lina affolée.

– Je pense à vous chaque seconde, à chaque instant Maman pense à vous. Vous êtes mes filles chéries.

Odile nous attrape la main doucement:

– Vous reverrez rapidement votre maman, ne vous inquiétez pas, maintenant il est l'heure que vous me suiviez. Vous allez vivre un certain temps dans une nouvelle famille, dans une grande maison. Ils sont très gentils. Ils ont des enfants de votre âge, ça vous fera des nouveaux copains. Pendant ce temps, Maman va trouver un travail et un appartement plus grand.

– Mais je ne veux pas, Maman, je ne veux pas, crie Lina.

– Maman, pourquoi ? J'aime ma maison, j'aime rester avec toi, je me mets à hurler.

– Je sais, murmure Maman, moi aussi, mes chéries. Ce n'est plus moi qui décide.

Puis, Maman se tourne face à Lina, elle l'empoigne fermement:

– Je te fais confiance, tu prendras bien soin de Safiya. Tu t'occupes d'elle, c'est ta petite sœur, ta responsabilité.   Maman va revenir vous chercher. Je ne vous laisse pas, OK ?

Ma sœur acquiesce sans emmagasiner la nouvelle, c'est trop pour elle. Il y a tellement de choses à digérer. Où va-t-on ? Que va faire Maman seule, sans nous ? Et surtout pourquoi cette journée ? Pourquoi ne sommes-nous pas chez nous ou au parc avec nos cousines ? Quelles bêtises a-ton faites pour mériter ça ? Qu'est-ce-que nous avons fait pour être larguées chez des inconnus ?

Lina prend petit à petit conscience des responsabilités qui vont lui incomber. Elle hérite d'un rôle qui ne devrait pas être le sien. Elle endosse, en l'espace de cinq minutes, le statut de mère.

Nous sommes traînées jusque dans la voiture d'Odile en criant et pleurant tout le long. Le fracas de la portière qui claque nous stoppe, seules persistent nos larmes roulant à toute allure sur nos joues humides.

Je regarde ma sœur, puis nous nous réfugions derrière la fenêtre. Nous laissons passer le paysage devant nos yeux comme un interminable film, lassant et pourtant si angoissant. La route parait infinie. Nous prenons la direction du 78, les Yvelines, plus précisément de Crespières, une commune de 1.500 habitants à près d'une heure de Vitry-sur-Seine. J'ai l'impression de partir dans une contrée lointaine. En même temps que mes appuis s'évaporent, je me sens de plus en plus perdue. Il ne me reste que ma sœur que je sens vaciller à côté de moi. Elle est en colère, elle en veut à Odile, elle s'abstient mais elle bouillonne.

La frustration de notre enlèvement la rend dingue, car oui, c'est bel et bien un enlèvement. Ce jour, nous avons été kidnappées. Je n'oublierai pas notre détresse. C'est comme si on avait loupé notre station de train et que nous étions à l'autre bout du monde sans savoir comment retrouver notre chemin.

Qui croyait vraiment bien faire ? Nous sommes un dossier que l'on dépose sur une pile et qui est classé maintenant, légèrement surveillé mais fièrement rangé.

Nous arrivons devant une grande maison en pierres recouverte de lierre à certains endroits. Elle est entourée d'autres habitations du même style, campagnard mais élégant. Le portail lui donne un aspect sauvage. La porte d'entrée semble incassable avec une poignée à l'ancienne. Je reste perplexe face à ces pierres entremêlées. Je n'avais jamais vu une telle façade, solide et rassurante comme une invitation à rester en sécurité. Enfoui dans un immense jardin parsemé de saules pleureurs, le pavillon nous accueille. J'aime ces lignes droites, propres, rigoureuses. Ça me change des bâtiments de Vitry, c'est un environnement plus vert, bordé par un joli bois.

Je reste quelques secondes au milieu de l'allée et attrape la main de Lina, moite et rigide. Je frissonne, trop nerveuse devant la grandeur de ce qui sera un long moment ma nouvelle maison. Nous ne cessons de sangloter et hoqueter. On ne peut plus s'arrêter.

J'aperçois des enfants sur une balançoire munie de trapèzes, ils jouent et rient. Un garçon ayant sensiblement le même âge que ma sœur s'élance sur les jeux. Il a un beau teint mat, très typé. Son rire retentit dans le jardin et dénote avec l'ambiance générale de la journée. Une petite fille du même âge s'amuse près de lui. Sa frange châtain lui tombe légèrement devant les yeux et son carré rangé ondule doucement au fur et à mesure de ses mouvements. Ils ont l'air ravis de profiter des quelques rayons de soleil. L'espace d'un instant, je voudrais les rejoindre, juste pour ne plus être avec Odile. Je veux la fuir. Je veux redevenir une enfant qui ne se préoccupe de rien.

Le souffle saccadé, nous entrons. Un pas, puis mes deux pieds passent le seuil de la porte. On découvre un intérieur lumineux. On se sent encore plus petites, davantage démunies. Et c'est là qu'on la voit, elle s'écarte de la porte et nous sourit. Monique. Une femme d'une quarantaine d'années, fine, en vêtements décontractés mais soignés. Elle dégage une énergie sympathique. Des cheveux mi-longs bruns et ternes légèrement grisonnants encadrent son visage mince se terminant par un menton retroussé. Des tâches de rousseur grossières parsèment le haut de ses joues.

— Bonjour mes petites princesses, s'exclame-t-elle, ne vous en faites pas, vous allez bien vous amuser ici avec moi, Laura et Dylan.

Puis, elle s'adresse à Odile sur un air amical :

— Le premier jour est toujours le plus difficile, affirme-t-elle avec aplomb. Une fois qu'elles se seront détendues dans le jardin, elles se sentiront mieux.

Elle accueille des enfants depuis des années, l'expérience parle d'elle-même. Elle a l'air de comprendre notre émotion. Caché derrière elle, un garçonnet d'environ 6 ans ouvre des yeux timides et interloqués en nous regardant. Il ressemble comme deux gouttes d'eau à Monique, j'en déduis qu'il doit s'agir de son fils. Sa coupe au bol bien dessinée lui donne un air sage et ordonné.

En dépit de ces visages avenants, nos pleurs ne cessent d'empirer. Monique nous entraîne alors dans la chambre de sa fille, Laura, celle qui sautillait près de la balançoire. On s'assoit sur le lit et nous finissons par nous endormir, anéanties et à bout de force.

Chapitre 4 : Une arrivée prometteuse

Quelques heures plus tard, on se réveille. Il fait déjà nuit. Quelle heure est-il ? Je ne pourrais pas le dire. On ne voit que le filet de lumière laissé comme une offrande par la lune à travers une fenêtre sculptée et des rideaux fins. Notre respiration s'accélère de nouveau, les événements de la journée nous reviennent brutalement à l'esprit. Les valises, le départ précipité de chez nous, Odile et finalement la route interminable nous conduisant dans cette maison immense.

Ici, les draps ont une odeur de fleur qui me rappelle l'arrivée du printemps quand nous commençons à sortir plus longtemps dans le parc en famille. Ma famille… Mes souvenirs me brûlent les yeux. Je les vois tous défiler… Djede, Djeda, Tata Guermya, Sabrina, Laila… Que fait Maman en ce moment? Pense-t-elle à nous ? Je voudrais lui dire ce que nous voyons, ce que nous ressentons. Elle ne sait même pas où nous avons atterri, si nous sommes bien traitées. Elle ne sait rien.

Dans la chambre, les murs sont scintillants comme s'ils étaient briqués chaque jour. Le mobilier ressemble aux chambres d'exposition dans les grands magasins de meubles. Une table de chevet arrondie borde le lit. Je m'aperçois que nous avons quitté le niveau zéro, nous sommes surélevées. A travers d'épais barreaux, j'inspecte le reste de la chambre sur le modèle d'un duplex. Un beau bureau d'enfant est planté devant la fenêtre. Il y a des jouets au sol et certains débordent d'un coffre massif posé sur une moquette rose. Les dessins sont joyeux avec des grandes affiches de personnages de dessins animés célèbres. J'aime ces couleurs vives et réconfortantes qui tirent massivement vers un rose violet très féminin. Ça doit être la chambre de Laura, oui, d'après mes souvenirs, Monique nous a couchées dans la chambre de sa fille ne pouvant pas nous égayer et restant dépourvue devant nos hurlements.

En inspectant la décoration de la salle, je croise les yeux de Lina brillant dans le noir, un mélange entre les astres et ses larmes. Elle reste silencieuse, muselée par la crainte, la colère et sa promotion toute récente, de grande sœur à presque mère. Je colle mon visage contre le sien. On reste un bon moment l'une contre l'autre cherchant à ne faire qu'une, à se fondre l'une dans l'autre pour être plus résistantes, pour que nos forces se décuplent. On se transmet nos émotions. On espérait peut-être nous être trompées. Ainsi, toute la journée de la veille ne serait qu'un mauvais rêve. Il y a sûrement un détail qui nous a échappé et qui nous permettrait de comprendre...

On essaie de s'approcher du bord du lit pour mieux voir l'immensité de la pièce. Telles des capitaines de navire, on scrute l'horizon. Un espace de jeux est caché sous nos pieds avec tout le nécessaire pour faire rêver une petite fille : une dînette en porcelaine, des *barbies* par dizaines disposant de leur propre penderie, des poupées, le tout sur un fond rose poivré.

Les minutes défilent et rien ne change. On attend impassibles. Les larmes ne viennent plus. Nous avons dû trop en abuser, notre corps n'a pas eu le temps de reconstituer le stock. Pourtant c'est si bon de pouvoir se réfugier dans les pleurs et les cris. On extériorise sans penser. Quand on hurle, on ne cherche plus à comprendre, on n'a plus de but. Le bruit a une capacité anesthésiante.

Notre cœur fait un bond quand tout à coup nous entendons la porte s'ouvrir doucement. Monique apparaît dans l'entrebâillement et, après avoir remarqué que nous étions réveillées, vient nous prendre la main et nous sortir du lit.

Nous posons nos pieds sur le sol machinalement. Pas de question, seule Monique trouble le silence pour nous chuchoter quelques mots d'encouragement et nous expliquer que nous allons visiter la maison. On avance l'une et l'autre comme des somnambules. On est paumées, vidées, on ne sait plus à quoi s'attendre.

On visite, vaseuses, l'immense demeure qui nous fait penser à un labyrinthe tant les pièces sont nombreuses. On vogue entre les murs comme sur un nuage d'incompréhension. On est ouatées, bien emmitouflées dans notre colère silencieuse qui ne sait plus par quel bout s'évacuer.

On suit Monique de près. Elle nous amène du salon jusqu'à la salle de bains, la cuisine, sa chambre, celle de son fils, mais aussi celle des deux enfants qu'elle garde en plus de nous. Peut-être qu''habiter avec beaucoup d'enfants de notre âge ne sera pas si mal. Nous ne sommes pas dépaysées de chez nous avec tous nos cousins, cousines. Enfin, j'exagère, c'est bien le seul point commun avec notre ancienne vie. Mais entre bambins on se serre les coudes, c'est connu.

Après avoir mentionné que cette pièce n'était que pour elle et son mari, Monique nous montre quand même sa chambre, que dis-je, sa suite parentale avec une salle de bains intégrée, comme dans un hôtel haut de gamme. Devant nos yeux ébahis et notre mine qui s'est décrispée à la vue du lit king size sur lequel trônent une dizaine de petits oreillers en soie pourpre, elle paraît amusée. On est estomaquées par sa commode surmontée d'un grand miroir blanc. De multiples boîtes et accessoires de rangements dévoilent des bijoux en or, en argent, des perles et des pierres de toutes les couleurs. Je n'avais jamais vu autant de bijoux. Ma sœur, écarquillant les yeux, continue de marcher comme un zombie le long de la pièce. Elle est fascinée par la salle de bains composée d'une grande baignoire et de deux vasques blanches. Dans un angle de la pièce, je découvre un bidet, c'est la première fois que je vois ce genre d'installation, à part à la télévision. Des produits de beauté pour chaque partie du corps et du visage sont parsemés autour du lavabo. Je rêve secrètement de jouer à l'institut de beauté. Quand l'ambiance sera plus apaisée, peut-être que je lui demanderai de me prêter une ou deux crèmes.

Je suis impressionnée par autant de belles choses. Tout est grandiose ici, raffiné. Et si ce voyage s'avérait plus positif que prévu ? Je dirai à Maman de ne pas s'inquiéter.

Le lendemain matin, je redécouvre Laura et Dylan, les deux enfants de la famille. La première a environ mon âge et le second est plus proche de celui de Lina. Ils sont attablés devant un bol de céréales et des tartines de Nutella.

Je les avais aperçus hier mais sans y prêter réellement attention. Tout s'était passé tellement vite. Ils ont l'air agréables. Laura et Dylan lèvent la tête affichant de jolis yeux noisette. Ils balbutient un « bonjour », quelques mots de présentation et replongent tête la première vers leur petit-déjeuner esquissant des sourires timides à notre intention à chaque observation enjouée de leur mère.

François, le mari de Monique, arrive dans la cuisine, les gestes rapides et une barre soucieuse sur le front. Il a ce réflexe symptomatique des gens nerveux, une sorte de crispation mécanique des mâchoires. Il ébauche un sourire forcé en direction de ses enfants puis de nous. Son côté pressé me met mal à l'aise mais je comprends qu'il a une réunion de grande importance dans la matinée. Je me prends de sympathie pour cet homme qui parait porter les malheurs de tous sur ses épaules. Malgré ses tracas, il est bel homme, grand, une petite quarantaine. Son allure élégante est soutenue par des yeux vert émeraude pénétrants.

Tout cet ensemble, leur physique et le décor me donnent l'impression d'être dans un show à l'américaine présentant des familles parfaites vivant dans une maison grandiose avec des enfants polis. Le cliché va même jusqu'au chien, un labrador blanc, Billy. J'ai peut-être été engagée dans le remake français de « Notre belle famille ». Puisque je ne comprends rien à ce kidnapping, j'essaie d'en réécrire l'histoire et d'inventer une issue plus attractive.

Je m'installe à côté de Lina, on est assises devant une immense table en bois moderne rectangulaire collée au mur et sur laquelle sont disposés plusieurs sets. J'ai celui avec des fées et Lina un avec des papillons. Des chaises hautes sont disposées aux deux extrémités de la table et le long du côté opposé au mur. L'image de cette table remplie de petits pains, de confiture, de céréales et de jus d'orange me transporte dans un château en plein festin. Ma sœur et moi sommes les paysannes et on est illégitimes. On ose à peine manger les miettes. Je fais le tour de la pièce du regard. Des placards sont accrochés sur chacun des murs. Un imposant frigidaire et un four dernier cri apportent une touche high-tech qui contraste avec l'ensemble plutôt chic et rustique.

Maman nous manque. J'en ai encore les larmes qui me montent aux yeux. Toutefois, plus on découvre notre nouvelle maison, plus notre déception s'atténue. Lina se montre plus réservée que moi devant ce déballage de richesses. Elle se contient, je la sens inquiète intérieurement. Mais elle mange avec appétit.

Elle pense à Maman, on lui dira de ne pas s'inquiéter. On la retrouvera bientôt.

Maman

Elle rentre chez elle, amorphe. Plus rien n'a d'emprise sur elle. Guermya la soutient de peur qu'elle ne tombe mais elle avance, c'est une battante Maman. Mettre un pied devant l'autre, ça, elle sait faire. C'est l'habitude, on ne sait pas toujours où on va mais on y va tant bien que mal. Oui, elle respire, oui, elle se tient droite, oui, elle soulève le poids de son corps, le pied gauche puis le droit. Marcher s'apprend, mais on n'apprend pas à vivre sans ses filles. Et malheureusement, peu importe le temps qui passe, on ne l'apprendra jamais. On se relève certes, mais on retombe aussitôt.

Maman fait semblant. Elle fait semblant de mettre la clé dans la serrure, comme tous les jours pour rentrer chez elle. Elle fait semblant de ranger son sac sur le porte-manteau. Elle joue à celle qu'elle est habituellement. Elle rejoue les scènes qu'elle connaît par cœur. Et puis d'un coup, elle regarde, hagarde, autour d'elle et elle ne reconnaît plus rien de son petit appartement de banlieue.

Tout est vide. Les affaires de ses filles ne sont plus là, leurs jouets ont été emballés dans la précipitation. Il ne reste qu'une tortue Ninja de Lina qui traîne par terre. Elle veut lui ramener… Mais où ? Elle ne sait même pas où sont ses filles. Dans les Yvelines, à ce qu'il parait. Tout est confus. Si son rôle de mère lui est refusé, que doit-elle faire ? Elle ne connaît pas d'autres partitions… Elle sombre. Les larmes avaient tardé car elle ne voulait pas être l'objet de tous les cancans dans le quartier. Elle voulait garder la face et montrer qu'elle reste forte.

Mais maintenant, elle est seule, elle peut se lâcher, il ne reste que Guermya qui prépare un thé. Les premières larmes sont lentes, elle les essuie du bout des doigts. Elle n'a pas conscience qu'elle a ouvert les écluses qui ne se refermeront plus. Elles laissent place à d'autres plus salées, plus profondes qui jaillissent. Le la est alors donné. La mélodie ne s'arrête plus. Elle pleure sans pouvoir se contrôler.

D'un coup, elle cogne sa tête contre la table, impuissante comme elle ne l'a jamais été dans sa vie. Guermya se précipite vers sa sœur tentant de l'apaiser avec ses bras. Alors Maman se met à crier, de plus en plus fort, les hurlements sortent du fond de sa poitrine, là où il n'y a plus de triche possible. Tata écoute son supplice. C'est comme si elle voyait sa sœur torturée sans pouvoir mettre un terme à sa souffrance. Son bourreau, c'est elle-même, ce sont les événements qu'elle ne maîtrise plus et qui lui arrachent son cœur, ses tripes. Elle gît dépecée au milieu de son F2.

Elle se lève brusquement puis reste immobile se contentant de tenir la chaise pour la soutenir. Guermya l'encercle de ses bras rassurants. Elle lui embrasse le front. Maman fond en larmes et implore sa sœur de trouver une solution. La soirée se poursuit durant de longues heures. Maman est secouée de spasmes de tristesse mais s'épuise petit à petit. Vers 4h du matin, ses pleurs ressemblent davantage à des lamentations. Guermya la couche tout habillée dans son lit, l'embrasse et lui dit de l'appeler en cas de problème.

Maman reste quelques minutes assoupie, le souffle calme, les yeux fermés. Elle est plongée dans un sommeil second durant lequel les événements de la journée ne cessent de se répéter inlassablement. Elle se réveille trempée. Elle voudrait seulement serrer ses filles contre elle et sentir leur cœur au lieu de cette boule douloureuse qui lui arrache la gorge et l'estomac.

Elle se rendort et se réveille plusieurs fois encore, entrecoupée par ses sanglots et ses cauchemars. Vers 10h du matin, elle entend la sonnerie de la porte. C'est Guermya. Maman a du mal à émerger. Son corps la tire de partout. Devant la mine blanchâtre et cernée de Maman, sa sœur réagit.

– Je n'imagine même pas un quart de la moitié de ce que tu peux ressentir mais tu dois rester solide, comme d'habitude, dit-elle.

– D'habitude ce n'est pas pareil, là je ne sais même pas comment rester forte, s'emporte Maman. J'ai toujours aimé mes filles, je leur donne tout. Je ne suis pas riche mais je les aime. J'en peux plus. Je fais tout pour elles.

– Je sais ma chérie, je sais. Mais justement c'est pour elles que tu te bats, pour qu'elles te reviennent.

– Mais ce sont elles mon énergie, là je ne peux plus bouger. Je ne sais même pas comment faire pour arranger les choses. Je n'ai jamais levé la main sur elles. Il y a des parents qui sont horribles avec leurs enfants et c'est moi à qui on retire ses filles. Je leur ai toujours tout donné.

– Je sais, tu t'occupes même de moi, de tout le monde dans la famille. C'est dingue que ça t'arrive à toi. Je sais mais il faut que tu fasses ce qu'on te demande. Commence par demander un contrat de travail en bonne et due forme. Relance les bailleurs pour ta demande de F3. Je suis là, tu le sais, tu peux compter sur moi.

Maman l'embrasse sur le front. On ne lui a pas tout enlevé. Elle a encore Guermya et toute sa famille. Des larmes coulent encore le long de ses joues mais cette fois ce sont celles d'une tristesse qui a l'espoir que les choses s'améliorent. Elle sait qu'elle est une bonne mère, elle va juste devoir le prouver...

Partie 2

Chapitre 1 : Une visite tant attendue

Après quelques jours chez Monique, je m'étais un peu habituée à ces nouveaux visages. Je ne dirai pas cette nouvelle famille, même si Lina et moi étions bien traitées, j'aurais eu l'impression de trahir Maman et tous les miens.

Malgré tout, je dois reconnaître que grâce à la présence constante d'enfants, je me sens moins perdue et je m'appuie énormément sur Lina. Finalement, je suis dans un endroit inconnu mais en possession de ma boussole donc le sentiment de détresse est diminué. Je m'attache petit à petit à Monique qui a un tempérament dynamique et agréable.

Cet après-midi, le temps s'accorde avec ce qu'on attend d'un mois d'août. Tous les enfants sont conduits dans le jardin. Après les avoir laissés passer, je suis la joyeuse troupe jusqu'à l'espace de jeux extérieur. Lina se dirige immédiatement vers les anneaux de métal suspendus à l'immense portique. Elle se lance, telle une gymnaste, dans des pirouettes sans dessus dessous. Accrochée à ces deux cercles métalliques, elle réalise des demi-tours d'une grande agilité. Elle tournoie pour se maintenir tête en bas en équilibre. Dylan et Laura s'emparent de la balançoire, à tour de rôle, ils se poussent le plus haut possible se demandant s'ils peuvent réaliser l'exploit de faire un tour à 360° autour du portique. Jusqu'à présent, j'étais restée à l'ombre sous un grand saule pleureur avec Salim, l'autre enfant placé. La fraîcheur de l'arbre nous plaît et on s'amuse à danser entre ses longues branches pendantes.

Essoufflée par ses tentatives de record sur la balançoire, Laura nous invite à rivaliser d'ardeur avec le trapèze. Enhardie par l'ambiance générale, je me lance dans un cochon pendu où je fais semblant de manquer de tomber à plusieurs reprises et la foule rit devant mes pitreries.

La tête en bas, je contemple l'immensité de ce jardin bien plus grand que le parc Hoche à Vitry. Ce n'est pas peu dire tant pour moi il pouvait contenir toutes les merveilles du monde ! Un peu plus loin, je distingue une sorte d'allée en gravier qui coupe l'étendue du terrain. Derrière, une nouvelle parcelle de verdure s'étend jusqu'à la cave de la maison. Des sapins de belle taille et quelques saules pleureurs ajoutent un cachet bucolique et détendu au décor. Après quelques concours de celui ou celle qui enverra la balançoire le plus haut possible, on regagne la maison pour un bon goûter.

*****

Ce matin, je suis tout excitée : je vais revoir Maman ! Voilà déjà 10 jours qui se sont écoulés sans que je n'aie pu la serrer dans mes bras. Je suis impatiente et saute comme une puce. Lina étale plusieurs robes au sol, saisissant la plus girly pour que Maman la trouve resplendissante. C'est elle qui me coiffe les cheveux en les garnissant de barrettes. Monique nous sourit, ajuste quelques plis et nous conduit devant l'imposante porte verte de l'entrée pour attendre notre reine.

Seulement quelques secondes après, j'entends une 4L arriver. Maman est à l'avant de la voiture place passager. N'ayant pas le permis, un ami de longue date la conduit, puis se gare et Maman se précipite vers nous sans même prêter attention aux véhicules quand elle traverse la voie à pied. Elle nous attrape chacune par un bras et nous presse aussi fort que possible. Elle échange des banalités avec Monique qui se montre très élogieuse à notre égard. Nous sommes sages, mangeons bien, nous nous sommes plutôt bien acclimatées. Maman sourit et ses yeux embués ne cachent plus son impatience. C'est à son tour de nous enlever!

D'abord, RDV dans un Mac Do avec deux de mes tantes et deux de mes cousines. Maman s'assoit entre ma sœur et moi. Reprenant mes réflexes de petite fille timide, je reste collée à elle, c'est à peine si on peut lever le bras pour manger. On leur raconte notre nouvelle vie, la merveilleuse maison avec des jouets incroyables et le jardin gigantesque dans lequel on passe la plupart des journées de nos vacances. On ne veut pas que Maman s'inquiète. C'est le moins que l'on puisse faire pour elle tant son anxiété était palpable.

Bien que Monique ait une maison de rêve dans laquelle jamais je n'aurais osé imaginer mettre les pieds, je prends toute la mesure de ce que signifie le bonheur. Matériellement, je suis comblée chez Monique et pourtant, il me manque ça... Ces rires qui remplissent n'importe quelle pièce, ces visages familiers, le sentiment d'appartenir à quelque part, d'avoir un ancrage. Ces femmes sont ma joie de vivre. Le soleil agrémentant notre journée de son petit plus, on se dirige vers un grand parc où nous jouons toutes, y compris les adultes, à sauter, grimper, crapahuter. Maman me confie que tous les membres de la famille appellent très souvent, y compris le soir à des heures tardives. C'est normal, ils sont comme ça, ils ne peuvent pas s'en empêcher. Ils ne comprennent pas qu'on ne soit plus avec Maman et qu'ils ne peuvent quasiment plus nous voir.

Malheureusement, le chrono tourne... C'est comme si ces instants n'avaient pas existé tant le temps est passé vite, tel un rêve que l'on voudrait prolonger en restant encore quelques minutes les yeux fermés. Il est déjà l'heure de retourner chez Monique. Dans la voiture, Maman plaisante, seulement, je perçois l'émotion dans ses phrases teintées de mélancolie. Durant les derniers mètres, elle brise la glace en évoquant notre vie dans la famille d'accueil :

—   Vous restez bien mignonnes avec Monique. Vous écoutez ses consignes. Vous lui parlez gentiment. Vous savez, elle n'est pas responsable de la situation. Maman fait tout ce qu'elle peut pour vous ramener à la maison. Vous me manquez terriblement. Mais on va se raccrocher à ces après-midis le mercredi. Ça sera nos journées, notre moment et le reste n'existera plus.

—   Oui Maman, dit Lina dont la voix tremble, tu me manques aussi.

Le grand portail de l'immense demeure apparaît et, à sa vue, je déglutis péniblement. Je le garde pour moi mais, j'aimerais tellement crié que je refuse cet accord, que jamais ces quelques heures ne pourront devenir une habitude. Je ne veux pas que notre routine se limite à quémander des minutes supplémentaires avec Maman. Jamais ces bouts de journée que l'on me jette telles des miettes ne pourront être la norme. Je refuse de m'en contenter, je veux Maman tout entière, à 100%. Évidemment, je me tais, la gorge serrée essayant d'empêcher les larmes qui assaillent mes yeux petit à petit.

48

L'une après l'autre, nous serrons ces femmes que nous aimons et qui nous manquent tant. Les adieux sont déchirants. Le réconfort de leurs bras nous saisit avec intensité mais s'évapore trop vite et nous revoilà, Lina et moi, main dans la main, dans le hall d'entrée de ce pavillon trop grand pour nous.

Chapitre 2 : Petite Sonia

Aujourd'hui, c'est bizarre mais je ressens davantage le cafard que d'habitude. Je vois toujours Maman une fois par semaine, mais cette fois, c'est mon quartier qui me manque, mon train-train. Peut-être aussi les vacances d'été touchant à leur fin, la rentrée scolaire va inscrire officiellement notre placement en famille d'accueil dans notre réalité. Ce n'est plus une sorte de colonie, c'est perpétuel, nous avons quitté Vitry pour de bon.

Tout à coup, j'entends des cris au premier étage, il doit s'agir de Sonia, la petite sœur de Salim. La voix excédée de Monique se mêle aux pleurs du bébé qui s'amplifient d'un coup. On ne l'avait jamais entendue crier aussi fort, que dis-je... hurler, hurler à la mort. Lina se précipite dans l'escalier et, prenant mon courage à deux mains, je la suis.

Alors, le spectacle se déroulant devant nos yeux nous paralyse. La petite Sonia gît dans son berceau tapissé d'excréments, un bâton enfoncé dans son postérieur, oui, un bâton. Je ne sais pas pourquoi son lit était aussi sale, mais ce que je sais c'est qu'elle en subira les conséquences. Monique se tient près du berceau avec un visage que je ne lui connais pas, c'est le même, les mêmes traits mais il est comme défiguré. Ses yeux sont bien plus rouges que d'habitude, ils ressortent comme deux balles... D'accoutumée, son grain de peau est plutôt uniforme, là, ses vaisseaux sanguins strient chaque recoin de ses joues jusqu'à ses paupières faisant vrombir ses tempes.

Lina et moi sommes restées sans bouger, choquées, parcourues de tremblements. Les jambes cotonneuses, je regarde cette scène irréelle, ce bébé d'à peu près un an est en train de se faire torturer devant nous. Les hurlements de cette petite fille transpercent mon cœur mais le déchaînement de rage de Monique me pétrifie encore plus. Cette femme qui était restée agréable ces dernières semaines, de nature même joyeuse, attrape Sonia violemment jusqu'à la salle de bains. Elle est comme métamorphosée, muée en une espèce de monstre assoiffé de haine. Notre Mr Hyde. C'est comme si elle ne se contrôlait plus, plus rien n'a de prise sur elle. Sa rage et sa folie ont eu raison d'elle.

Salim regarde en pleurs, des grosses larmes coulent silencieusement. Il hoquette de peur. Il n'ose pas bouger, pas même avancer vers sa petite sœur, comme s'il savait ce qu'il pourrait lui arriver…

Monique laisse couler un jet d'eau glacée et y plonge le bébé qui crie de plus belle. Mon cœur a des secousses, je ne sais pas quoi faire, je pleure encore plus fort que le jour de notre venue ici, dans ce pavillon qui cachait bien son jeu. Comme à son habitude, Lina trouve enfin le courage de s'interposer et s'agrippe aux jambes de ce bourreau imprévu. Si le calvaire de Sonia semblait suffisant pour Monique, le nôtre ne faisait que commencer.

Elle relâche le bébé et siffle vicieusement à l'intention de Lina:

—   Ah tu veux y aller toi aussi, allez viens là, à ton tour.

Elle jette alors ma sœur dans la baignoire sans que la pauvre n'ait eu le temps de réaliser l'ampleur que prenaient les événements.

Si seulement on avait su... Si on avait pu se taire... Si Sonia n'avait pas hurlé aussi fort...

Lina se met à crier mon nom. J'imagine qu'elle veut que je la sauve mais qu'est-ce que j'aurais pu faire du haut de mes quatre pommes? Je la regarde impuissante, comme si d'une manière ou d'une autre je pouvais agir, je pouvais l'aider, mais comment ? Je panique. De là, Monique en profite.

— Tu la veux ta sœur, eh bien tu vas l'avoir !

Ses yeux se sont comme détachés de leurs orbites et des convulsions de rage secouent sa bouche qui se tord et dégouline en lambeaux. Elle me harponne et me balance dans la baignoire sous l'eau glacée à mon tour. François aide sa femme à nous bloquer. Ils maintiennent nos deux corps de fillettes apeurées sous l'eau pendant combien de minutes, je ne saurais le dire... Une éternité, suffisamment de temps pour que nous suffoquions, que l'on sente notre corps perdre ses appuis et que l'on devienne des choses. Des poupées de chiffon que l'on arrose. De petites filles, nous sommes devenues en quelques jours un numéro de dossier et puis finalement, un truc, un jouet à broyer. Un jouet d'adultes mal finis.

Je crie aussi fort que mes poumons me le permettent. Maman, Lina... Mais Maman n'est pas là, elle est loin et Lina ne peut rien pour moi, elle souffre elle aussi. Je la vois se débattre avec ses six ans, elle tente d'éviter l'eau, de trouver un recoin où le jet serait légèrement moins puissant. Les mains puissantes de François s'abattent alternativement sur ma sœur puis sur moi. Aucune esquive possible, c'est un match perdu... Ses doigts s'insèrent dans notre chair et nous cramponnent d'autant plus fort que l'eau glisse sur notre peau fragile.

Paradoxalement, l'eau est tellement glacée qu'elle me brûle au point que je ne sais plus si je suis dans une douche ou au beau milieu d'un incendie. Les sensations se mélangent, n'en reste que la douleur féroce se répandre sur tout le corps.

On supplie Monique d'arrêter, on lui promet de ne plus recommencer, de l'écouter... On essaye tant bien que mal de lui attraper les mains pour qu'elle lâche son foutu jet et qu'on puisse enfin retrouver notre respiration mais rien n'y fait, elle est trop forte pour nous. Aucun mot n'apaise sa furie et son acharnement met notre endurance à rude épreuve. Notre corps se brise petit à petit. On se dit que, peut-être, la souffrance ne s'arrêtera pas. Je n'arrive plus à lutter contre cette pluie de lames qui me poignarde de haut en bas.

Tout glisse, mes pieds sur la mosaïque de la douche, mes mains sur le carrelage, mon espoir... Une fois de plus mon visage est englouti sous l'eau, je sens ses doigts toujours plus fermes m'empêcher du moindre geste. La conviction de mon âge me donne encore quelques forces pour bouger et récupérer de l'air où je peux en trouver. Mais je crève. Je crève comme une vulgaire loque dans une salle de bains de luxe au pommeau de douche sans calcaire.

Lina balance sa tête de gauche à droite, ses cheveux cachant son visage, peut-être est-elle déjà morte ? Pas le temps de répondre à la question, elle se reçoit un nouveau jet en pleine face. Non, elle est vivante, pour le moment en tout cas. Mon cœur se débat, il faut qu'il tienne, je ne veux pas mourir étouffer, noyer, pas comme ça, pas à quatre ans, s'il-vous-plaît… S'il-vous-plaît…

Alors qu'on se croit perdues, comme si elle pouvait jauger le moment où notre cœur finirait par lâcher, le robinet se ferme, elle nous jette sur le carrelage. Nous grelottons encore quelques minutes, nues, au milieu de la salle de bains. Je ne sais pas où elle est passée. On se recroqueville en boule, chacune dans son coin, comme honteuses, comme si on avait quelque chose à se reprocher.

Elle revient, narquoise. Une idée en tête ? Pensez bien, elle va nous faire savourer sa spécialité, je dirais sa marque de fabrique : la torture mentale. Elle nous traîne de sa chambre à l'étage jusqu'en bas, où est branché le téléphone.

— Alors, ça veut sa maman les pisseuses, bah appelez-la, lâche-t-elle, fière d'elle.

— On ne connaît pas le numéro, arrive à bredouiller Lina.

— Allez fais un effort, tu es trop bête pour retenir quelques chiffres ! Appelle ta mère ! Appelle-la ! » hurle-t-elle pour boucler sa demande.

Lina prend le combiné entre ses doigts grelottants. Je ne sais pas si vous imaginez la scène, on est encore gelées, complètement nues, mouillées, au milieu du salon.

« Maman, maman », pleure Lina déboussolée. Je ne sais pas si c'est par bêtise ou naïveté, notre cerveau devait être gelé aussi, mais on croyait dur comme fer qu'on aurait pu avoir maman, que c'est de notre faute si on n'a pas

55

pu l'appeler ce soir-là. On aurait dû apprendre le numéro, quelles petites filles ne connaissent pas le numéro de chez elles ? On s'en veut, on s'en est voulu longtemps...

Puis, après avoir bien ri, Monique daigne nous donner une serviette. C'est fini...

Lina a des éclairs dans les yeux. Je reste livide, traumatisée par une haine qui n'était pas méritée et surtout que nous n'avions jamais connue auparavant ! Monique s'était acharnée sur cette petite fille, sur nous. On restait sans voix bloquées par la peur.

C'était la première douche froide que nous recevions, mais elle ne sera pas la dernière...

De retour dans notre chambre, je m'assois sur le bord du lit. Lina saisit mes mains et pose sa tête sur mes genoux.

— Pardon Saf', pardon, je... Je... Je pensais pas, j'aurais pas dû t'appeler, je voulais pas qu'elle te fasse du mal. Je voulais juste crier. Pardon, chuchote Lina de peur d'être entendue par Monique.

— Je sais, c'est pas de ta faute. Et je veux qu'on reste toutes les deux, tout le temps, ensemble... lui dis-je pour la rassurer, sans être vraiment convaincue par mes propres paroles encore trop choquée pour être lucide.

Puis nous sommes restées allongées un long moment l'une serrée contre l'autre. Le nouveau versant de cette maison nous était apparu et rien ne sera désormais plus comme avant. Encore des bébés, nous commençons notre nouvelle vie dans les tréfonds de l'horreur, cette vie qui, même quand nous serons adultes, ne nous quittera plus vraiment et nous appellera des abysses pour d'intarissables plongeons. Une vie ou un destin peut basculer du rêve au cauchemar, de la lumière aux ténèbres en un clin d'œil, sans voir venir la tempête, sans être prêt à ce qui arrive... parce que personne n'est jamais prêt à ça, personne n'est jamais prêt à l'atrocité.

Chapitre 3 : En coulisse

Les jours passent et on a l'impression de vivre en coulisse dans cette famille que nous connaissons à peine. Les repas en commun nous sont désormais interdits. Nous mangeons, Lina et moi, seules, dans la cuisine. Et parce qu'il faut jouer avec tous nos sens, elle éteint parfois la lumière. Je vous laisse imaginer le tableau, deux petites filles, en train de manger, en tâtonnant entre la cuillère et le bol, dans une cuisine noire où seules quelques ombres nous tiennent compagnie, une compagnie si angoissante.

Nous ne savons même plus comment nous adresser à ces gens. On les croise, on ne les regarde pas. Nous ne voyons quasiment plus Dylan et Laura, comme si nous ne les méritions pas.

Et puis, ce n'est pas comme si nous voulions être ici. On aurait tout donné pour les laisser ces fous. Juste partir, oublier ce laps de temps irréaliste. Mais non, on reste. Cet après-midi, ça sera dans notre chambre, sans lumière parce que les volets sont tirés, sans jouet, on cogite beaucoup. On pense à notre cité, à nos grands parents, notre mère, nos cousins, cousines, nos amies, nos éclats de rire. On a l'impression d'être passées de la lumière aux ténèbres. Il y a de la vie avec ma famille alors qu'ici, c'est sombre, terne, nuageux, sans bruit, un silence tellement envahissant qu'il nous arrive d'entendre le bruit du vide, le bruit du néant. Nous l'avons baptisé comme ça avec Lina, stupéfaites de découvrir que le silence aussi fait du bruit, une sorte de chaos sinistre d'où s'échappent toutes les peurs.

On finit par sortir de cette chambre ennuyeuse, on se hasarde le long du couloir et on se poste devant celles de Dylan et Laura. Ils jouent, on les contemple, eux, leurs jouets, leurs rires. On meurt d'envie d'entrer. Monique débarque et nous lance :

« Dégagez dans votre chambre, les pouilleuses, vous n'avez pas le droit d'entrer ».

Les pouilleuses, nous avions un nouveau nom affectueux. Cette expression ressortira à maintes reprises comme pour nous convaincre que nous n'appartenions pas au même monde. Petit à petit, ce climat oppressant prend de l'ampleur, des repas au coucher, jusqu'aux temps de jeux ou des devoirs.

Monique nous pousse jusqu'à notre « bloc ». La porte se referme derrière nous dans un claquement et on devine l'ordre implicite de ne plus en sortir. La porte restera fermée souvent, de longs après-midis où seuls des cris d'enfants et la cinquième symphonie de Beethoven viennent rythmer notre ennui. Cette mélodie tourne en boucle inlassablement dans l'immense maison. Je peux l'entendre de n'importe quelle pièce. Elle résonne encore et toujours.

Le matin, alors que le jour n'est pas encore levé, on entend la voiture de François démarrer dans l'allée et on sait que c'est le début d'une longue journée. Les phares de sa voiture atteignent les fenêtres de notre chambre.

Monique débarque et nous réveille selon son humeur du jour : nous tirer les cheveux, m'agripper par le bras et Lina par les cheveux jusqu'en bas de l'escalier, tirer la couette, nous secouer seulement. Tout dépend par quel besoin sordide de jouissance elle est motivée. Aujourd'hui, ça sera soft, après un petit-déjeuner sur le pouce, Lina et moi sortons fin prêtes pour l'école, bien coiffées, bien habillées, rien ne laissait paraître notre malheur.

Tandis que je me dirige vers la poignée de porte de la voiture de Monique, elle se met à démarrer. Laura et Dylan étaient déjà installés et nous nous retrouvons, ma sœur et moi, comme deux imbéciles devant le pavillon sans savoir quoi faire. Monique crie par la fenêtre : « Et maintenant courrez ! ». Son ton est euphorique, comme une vraie hystérique. Ses enfants jubilent de la situation, ils sont morts de rire. Leur tête fait des va-et-vient, comme dans un match de tennis, entre leur mère et nous. Goguenards, ils savourent ce plaisir matinal.

Bien que nous utilisions toute notre force et que nous fassions bouger nos petites jambes aussi vite que nous le pouvions, le véhicule nous devance sur une bonne distance. On presse encore l'allure, de plus en plus vite. La voiture nous semble encore trop loin, on est à bout de souffle mais on continue à tenir, il le faut. La ville est un vrai labyrinthe, nous n'aurions pas retrouvé le chemin de l'école.

Notre sprint inattendu dure plusieurs mètres. Combien ? Je ne sais pas, mais en fin de compte, elle ouvre les portières et nous aboie de grimper. Médusées, on rentre dans l'auto. Ce petit jeu sadique durera, plusieurs matins, de temps en temps quand ça la prenait, c'était le même sport, la même cadence. La même envie de nous considérer comme des bêtes, comme des chiens errants courant derrière leur maître...

Évidemment, c'est bien connu les bêtes ne craignent pas le froid, alors, bonnes petites bêtes que nous étions, elle ne nous épargnait pas y compris lorsqu'il pleuvait ou que la température était sibérienne. On avait froid et elle s'en fichait. On toussait et elle riait. On avait peur et elle exultait.

Après tout, un bon footing pour démarrer la journée, quoi de plus vivifiant?

*****

Sonia et Salim sont partis peu après notre arrivée. Leur départ nous a abattues. Non pas qu'ils auraient fait quelque chose pour nous, mais leur présence diminuait notre sentiment de solitude et atténuait notre détresse.

Les semaines se ressemblent les unes après les autres ponctuées par quelques douches glacées pour une bêtise complètement anodine. Pour être innovante, Monique mise également sur des techniques dignes des meilleures prisons. Vous savez celles où toutes sortes de procédés sont utilisées pour faire cracher le morceau aux détenus. Pour nous, elle choisit la tête sous l'eau. Elle attrape notre tignasse et nous plonge le visage de longues et interminables secondes dans l'eau du bain.

A chaque fois, le même enfer, la même sensation d'étouffement, d'impuissance et surtout d'être à bout. A bout de souffle, au bout de notre vie.

Mais les savants calculs de Monique nous épargnent à chaque fois in extremis. Et tout pouvait recommencer encore et encore. Et le pire, c'est que nous étions loin d'imaginer que la situation pouvait encore se détériorer.

*****

Ma consolation pour ce soir, Tintin, mon unique plaisir de la semaine. Le mardi est un jour exceptionnel, le jour où nous pouvons regarder une émission de télévision. Malheureusement, la pauvre Lina est encore punie parce qu'elle a mis trop de temps pour se brosser les dents. Par contre, pour moi, c'était une soirée extra. En plus du dessin animé, j'ai joué au moins une heure dans la chambre de Laura. Elle a tout déballé : ses poupées, ses bijoux et déguisements de princesse, sa maison Playmobil, ses peluches représentant toutes sortes d'animaux, bref la Foire du Trône !

Après cette ébullition de plaisirs, je retrouve Lina restée seule dans notre chambre. Je culpabilise devant ses yeux rougis mais elle ne veut pas me mettre mal à l'aise et me sourit. Nous allons enfiler notre pyjama et nous démêler les cheveux. Ce soir, je n'ai pas envie de parler, je suis fatiguée, Lina pareil de toute façon. Et j'ai peur que mes mots trahissent mon ambiguïté.

C'est le même manège chaque soir, quand nous allons nous coucher, seules, sans un câlin ni un bonne nuit de la part de celle qui est censée compenser le manque d'une mère. De l'autre côté de la maison un tout autre scénario se joue… Monique couche tendrement ses enfants, le claquement de leurs embrassades résonnent jusqu'à notre chambre. On les entend blaguer, se taquiner et chaque écho de leur bonheur familial intensifie un peu plus notre solitude et nos manques.

On ne mérite pas la moindre tendresse, pire, la moindre attention même superficielle. C'est vraiment deux salles, deux ambiances dans cette maison. Mon intrusion dans la chambre de Laura était une brèche qui ne s'ouvre que très rarement. D'un côté, il y a la Monique aimante et tendre qui donne tout pour ses enfants et, de l'autre, il y a Monique avec nous, la même personne mais qui devient alors capable du pire, cruelle.

J'aurais tout fait parfois pour un câlin, un bisou sur la joue même furtif, un sourire, n'importe quelle marque d'affection, oui, même venant d'elle... Le désespoir entraîne la confusion et y mêle des envies presque honteuses. Mais, on se contente d'aller se coucher, affairées à oublier nos journées interminables, à s'empêcher de pronostiquer combien de temps ce calvaire va encore durer. Quoi qu'il en soit, on a peu la notion du temps, on veut simplement que ça soit bref, raccourcir notre sentence, je vous en supplie. Qui ? A qui s'adresser ? A Dieu ? Je formule, assez empotée, quelques prières, sans être vraiment sûre d'être entendue. C'est surtout des paroles de détresse pour se donner du courage. Car je n'ai pas d'idée concrète de ce que pouvait représenter Dieu. Est-ce que c'est une façon d'évoquer nos grands-parents ? Malheureusement, les supplications d'une petite fille désespérée sont maladroites et Monique ne manque pas d'imagination pour nous rendre la vie impossible.

Chapitre 4 : Nouveau loisir

Depuis notre placement, nous faisons des activités extrascolaires. Lina démontre de bonnes compétences pour la natation qu'elle pratique avec Dylan et je m'essaie à la danse classique dans le même cours que Laura. Non pas que je prenne du plaisir en soi avec un sport assez loin de mes habitudes mais il me permet de m'évader et de m'exprimer à travers mon corps au détriment de le faire par les mots.

A la piscine, j'aime aussi regarder Lina s'élancer dans l'eau. Je savoure cette pause. Mais même ici, Monique ne me laisse pas de répit. Un jour, au bord du bassin, je sens sa main contre mon dos, ses doigts minces s'appliquent fermement et d'un mouvement affirmé, elle me pousse discrètement dans l'eau. Je ne sais pas nager et me mets à couler comme une grosse pierre lourde et maladroite. Les brassages énergiques de mes bras restent patauds, au stade de grotesques éclaboussures, et ne suffisent pas. L'air disparaît, rapidement. J'ouvre ma bouche pour crier au secours mais seules de grosses bulles remplacent mes cris. Je suis bâillonnée. Même en public, je ne peux hurler ma détresse et mon besoin d'aide.

Une fois de plus, c'est Lina qui me sauve. Elle me voit et saute dans l'eau, instinctivement, sans se poser de question. Les maîtres-nageurs finissent par nous remarquer et nous ramènent au bord. J'ai encore survécu. Merci Lina…

Ma sœur n'est pas en reste non plus, elle aussi a le droit à une spéciale Monique. Vous imaginez, des sévices juste pour soi, une faveur toute personnelle, comme c'est touchant ! Je vous raconte ce petit jeu qui s'est installé progressivement entre elles deux.

Lina n'est pas mauvaise en natation, alors jalousie ou simple plaisir de briser une joie si rare ? Je reste dans le doute. Quoiqu'il en soit, Monique a commencé à instiller des craintes irrationnelles chez ma sœur. Toute personne sensée aurait réfuté ses allégations mais une petite fille est malléable et notre « deuxième maman » sait s'y prendre.

Avant le cours de piscine du jour, elle lâche : « Sais-tu Lina ce que sont les carreaux colorés dans le fond de l'eau ? Je vais te le dire, ce sont des requins, des petits requins qui attendent sagement les baigneurs pour leur attraper les pieds ». A cette phrase, ma sœur n'avait rien répondu mais son visage s'était transformé. Elle avait refusé de s'enfoncer dans le bassin. Puis, au fur et à mesure, à force d'insistance, elle les voyait, les terrifiants requins. Elle pouvait les voir la regarder, guetter le moment où ses pieds franchiraient la ligne de trop et qu'ils pourraient l'attraper. Ma courageuse sœur essayait tant bien que mal de vaincre cette nouvelle peur mais Monique renchérissait avec un soupçon d'aileron et une nouvelle rangée de dents...

Comme toutes les bonnes choses ont une fin - si je me permets de soustraire ces épisodes malheureux où je manque de me noyer - nos activités de détente en dehors de l'école se stoppent net. Sans raison particulière. Lina a quand même une hypothèse sur la question et estime que mes compétences en danse classique étaient bien supérieures à celles de Laura, Monique ne l'a pas supporté et nous a privées d'une discipline dans laquelle nous pourrions éclipser l'un de ses enfants, peut-être ? Honnêtement, je ne sais pas, je ne pense pas.

Quoiqu'il en soit, notre nouveau loisir extrascolaire est devenu bien barbant et a vite tourné à l'angoisse hebdomadaire. Je m'explique. Laura et Dylan continuent, eux, leurs prouesses sportives pendant que nous, tels des chiens sagement dressés, attendons dans la voiture. On les voit sortir du véhicule, exaltés, pressés de se dépenser.

« Vous restez ici, vous, pas un mot, pas un bruit, vous ne voudriez pas qu'une méchante personne vous attrape ? » nous menace Monique, se baissant vers la banquette arrière. Ses traits sont partagés entre l'ivresse de nous flanquer la trouille et l'irrésistible dureté de sa position.

On hoche la tête pour seule réponse et on sursaute lorsqu'elle claque vigoureusement la portière, puis l'attente commence. On a l'habitude de ces moments interminables ponctués par des bruits anodins que personne ne remarque à part nous. Mais, cette fois, ce n'est pas pareil, on est à l'extérieur, seules, juste deux gamines de 4 et 6 ans, dans une voiture, un simple bout de taule, dans un parking désert.

L'ennui n'est pas ce qui nous dérange, nous y sommes accoutumées. Par contre, aux moindres feux de voiture, au moindre klaxon ou en apercevant une silhouette au loin, on se met à trembler. Un rien nous fait frissonner. Un chat se faufilant entre les voitures, on sursaute, un aboiement, on se cache derrière les dossiers des fauteuils. On colle nos joues au sol autant que faire se peut. Et la remontée, c'est presque pire. On ne sait jamais si on ne va pas voir un psychopathe, le visage collé sur la vitre à guetter le moment opportun pour nous kidnapper. On attend, la boule au ventre, l'œil aux aguets.

– Tu crois qu'ils font quoi Salim et Sonia maintenant ? lance Lina.

– Quoi ? Tu veux dire en ce moment ? la questionné-je ne comprenant pas le but de son interrogation.

– Oui, je veux dire, qu'est-ce qu'ils font dans leur vie, avec qui, c'est quoi leurs jeux ? reprend Lina.

– Je sais pas, ils sont plus là, ça c'est sûr. Ils sont plus dans cette maison, avec Monique.

La chance, ils sont tranquilles eux. Ils en ont fini avec tout ça. Et nous, combien de temps ça va encore durer ?

Pour couronner le tout, en plus d'un froid lancinant, on a terriblement faim mais on a pour consigne l'interdiction formelle de manger. J'entends sa voix mielleuse nous ordonner de ne toucher à rien et de ne pas manger. Dans un élan de pur sadisme ou par oubli - je vous laisse choisir- elle a laissé un paquet de gâteaux.

– Allez Saf', arrête d'être coincée, elle va pas savoir, dit Lina espérant me faire céder.

– Non, Monique ne veut pas, elle va nous gronder, elle va le savoir, tu sais bien qu'elle finit toujours par tout apprendre. Je sais pas comment mais elle découvre tout, répondis-je alors que mes craintes de petite fille prennent le dessus, pensant que Monique était omnipotente.

Elle me le dit de toute façon, qu'elle voit tout et qu'elle a des pouvoirs...

— Mais non, elle saura pas, juste quelques miettes, juste pour goûter. Saf', allez, j'ai trop faim, supplie Lina.

Elle ne veut pas être attrapée seule, c'est à deux que nous devons tout faire. Elle et moi, dans le même bateau. Peut-être aussi pour la déculpabiliser. C'est toujours plus facile de se faire pincer à deux. Peut-être aussi pour lui donner les forces qu'il lui manque. Nous sommes deux Cosette qui attendent leur maîtresse, sagement, sur la banquette arrière d'une vieille voiture, au beau milieu d'un parking, le soir.

Finalement, Lina cède devant quelques miettes, rien de plus, pas de quoi fouetter un chat, Saf'… Juste quelques miettes de transgression qui lui donnent l'illusion d'avoir un contrôle sur quelque chose, sur une bribe de son existence. Quelques miettes qui lui font croire un instant qu'elle a la capacité de refuser notre situation.

Pour ma part, impossible de se laisser aller à la tentation. Je refuse. Je me torture mais je campe sur mes positions, tremblante, comme si je la voyais, elle, Monique, dissimulée sous un siège, derrière un lampadaire, n'importe où, à l'affût de mon faux pas. La faim m'arrache le ventre mais je reste impassible devant ces délicieux gâteaux… Je préfère encore ces crampes d'estomac aux douches glacées ou autres humiliations. Son image se profile partout en embuscade.

Au bout d'un temps qui nous a semblé interminable, on voit Monique revenir, notre sauveuse. Je fais exploser ma joie, nous sourions, hébétées, comme des chiens qui remuent la queue à la vue de leur maître. Eh oui, c'est comme ça que je la vois. Grâce à elle, je ne serai pas agressée. Grâce à elle, nous sommes sauvées. Elle endosse le double rôle de bourreau et de protectrice. Aux yeux d'enfants, les agissements des adultes sont souvent flous, d'autant que notre placement a instillé en nous une culpabilité qui grandit chaque jour et que Monique sait attiser.

Heureusement, en dehors de nos courses effrénées du matin pour aller à l'école, haletantes derrière la voiture de Monique, l'univers des cartables et des craies est plutôt agréable. Nous sommes entourées de personnes chaleureuses et sincères. Je garde en mémoire cette échappatoire, ce refuge où je peux me construire sans humiliation.

Heureusement, ma vie d'élève me permet d'évacuer et de me voir différemment, surtout de percevoir le regard des autres à mon égard comme quelque chose de positif, les gens m'apprécient.

Partie 3

Chapitre 1 : Pas peur de me salir les mains

A mesure que nous prenons nos aises, je m'attache à Billy, leur labrador, un bon vieux chien à l'air nonchalant. Mais je parlerai de lui plus longuement dans un épisode très bientôt. Pour l'heure, sachez juste que j'affectionne particulièrement cette bête. Par contre, j'aime beaucoup moins, mais alors vraiment beaucoup moins, la tâche qui m'est confiée et qui consiste à nettoyer les besoins de ce cher toutou à l'aide d'une petite pelle et d'un râteau. Si les petites filles s'amusent à balayer les feuilles mortes dans les jardins, je trouve l'exercice qui m'est imposé bien moins attrayant !

Donc, ce soir, je m'applique à l'ouvrage et ramasse délicatement les crottes de Billy qu'il avait déposées dans l'allée du jardin. Je me dirige, assez mollassonne je le reconnais, vers la poubelle et y jette les excréments. Vous me direz, quel est le problème, OK ce n'est pas glorieux ce type de mission, mais une fois accomplie, c'est fini. Oui, je vous le concède, sauf que ce n'est pas tout !

Quelques minutes plus tard, j'entends Monique hurler dans la maison : « Safiya, viens dans la cuisine tout de suite » et d'ajouter deux secondes plus tard « Et au pas de course ! ».

Mon sang ne fait qu'un tour et se glace immédiatement en pensant à la douche froide qui m'attend. Mais, pour casser la routine, je vais découvrir une nouvelle distraction…

— Bécassine, tu ne vois pas qu'il n'y avait pas de sac dans la poubelle, tu as jeté les crottes de Billy à même la poubelle. A quoi te servent tes yeux de petite merdeuse ? vocifère Monique, une nouvelle fois hors d'elle.

J'attends l'heureux moment où elle va me tirer par les cheveux et me hisser dans la baignoire pour un voyage en Antarctique… Mais cette fois, la sentence tombe et mon estomac se soulève. Je vais ramasser les crottes du chien à la main, à mains nues.

Règle numéro 1 : pas de gant.

Règle numéro 2 : chaque millimètre carré doit être impeccable.

Règle numéro 3 (et c'est la plus perfide) : cette punition débute maintenant et se répétera dès que l'ordre m'en sera donné, ad vitam æternam s'il le faut.

Alors, désormais, je me vois décharger de ma pelle et de mon râteau, j'attrape les bouses du chien à même mes petites menottes. J'ai des haut-le-cœur, toutefois, je ne craque pas. Je ne réfléchis pas de toute façon, j'exécute. J'attrape et je relâche, puis passe de longues minutes mes mains sous l'eau, chaude ou froide, peu m'importe du moment que j'ai l'impression qu'elles sont lavées. Mais, l'odeur ne me quitte jamais vraiment. Pourtant mes ongles sont courts et je fais bien attention mais elle persiste. Parfois, jusqu'au lendemain, malgré mes frottements insistants.

Allez, parce que c'est toujours sympa, une dernière petite anecdote scato, juste pour la route.

Exceptionnellement, je joue avec Laura dans le jardin aujourd'hui. On s'accroche aux arbres, on réalise des figures extravagantes sur la balançoire et on court dans tous les sens. J'aime cet après-midi, j'en oublie presque que nous n'appartenons pas au même monde.

Alors qu'une envie pressante nous force à nous arrêter et à nous diriger vers la maison, on remarque que Monique a lessivé le sol. Chaque millimètre carré a été soigneusement nettoyé. On ne peut donc pas rentrer, obligées de patienter que l'eau sèche lentement. Mais, Laura ne veut pas attendre. Elle me fait signe de la suivre et on se retrouve derrière les grands sapins. Elle descend son pantalon et commence à faire pipi. Alors qu'elle m'incite à faire pareil, je l'imite, ma vessie me faisant tellement mal, je ne réfléchis pas trop. Et si Laura le fait, pourquoi aurais-je des problèmes ?

Seulement voilà, ici, le deux poids deux mesures de la maison est complètement assumé. Monique se pointe en furie mais, pensez bien, pas contre sa fille, elle n'avait rien fait, elle, mais contre moi. J'ai pris pour deux. Elle m'attrape les cheveux et je vole jusqu'à la salle de bains. Mes vêtements s'arrachent les uns après les autres. Je la supplie. Je ne recommencerai plus, plus jamais. J'attendrai, toujours. Je serai une petite fille sage maintenant. Rien ne la calme.

Je m'agrippe à ce que je peux, mes ongles cherchent à s'enfoncer dans le mur comme un grappin parce que je connais la suite… Mon corps grelotte par avance. Les premières gouttes se ruent sur mon ventre et le lacèrent. Je les repousse mais elles s'infiltrent partout et à gros jet. Je crie que ça s'arrête. Le

75

froid me transperce et devient brûlant tellement je suis frigorifiée. C'est ça, l'eau gelée me brûle. Le froid s'inscrit dans ma chair comme une aiguille pour un tatouage.

En dépit de ma douleur, je veux la voir, la regarder. Elle n'a pas l'air excitée, juste satisfaite, un rictus de suffisance se lie sur ses lèvres fines. Sa force est décuplée par sa détermination et malgré mes gesticulations, elle tient fermement mes poignets.

Et ça recommence. Ma respiration se bloque et mes jambes montrent des signes d'affaiblissement. A travers l'eau, ma vision devient de plus en plus floue. Alors que je voyais distinctement son visage quelques secondes auparavant au gré du jet d'eau, maintenant, il se voile. Je ne sais pas si c'est l'eau ou mes yeux qui se ferment mais elle commence à disparaître.

Et après tout, si je meurs, elle disparaîtra pour toujours. Je serais débarrassée d'elle. Oui, moi, mais Lina ? Elle devra l'affronter seule. Mais elle est forte, elle, elle saura comment faire. Je n'en peux plus... Enfin, c'est ma sœur, je ne peux pas lui faire ça. Je ne peux pas la laisser avec ce monstre. Il faut que je lutte pour elle, pour Maman... Maman... Si elle voyait ce désastre... Je l'ai vue hier avec ces jolis yeux noirs rieurs qui dissimulent mal son manque de nous. Peut-être ressent-elle ce que je vis, c'est le pouvoir d'une maman, de souffrir quand son enfant souffre. Alors je l'appelle au secours très fort dans mes pensées. Je me dis que si je me concentre suffisamment, elle va m'entendre, elle va me sauver.

Et alors que je m'excuse intérieurement auprès de Maman, de Lina, de Guermya, de Djede, de Djeda et de tous les autres, pendant que mes forces me quittent petit à petit et que je signe ma fin, le robinet se ferme et le jet d'eau s'arrête net. Je suffoque encore plusieurs minutes, puis, au son du coucou que j'entends libre dans les bois en face de la maison, je monte me coucher, je ne mangerai pas ce soir.

J'ai un autre souvenir de cet immense jardin qui pourrait être un lieu merveilleux pour des gosses mais pas pour nous... Cette nuit, une nuit sacrément flippante, un orage se déchaîne dehors. Ma sœur et moi voyons de grands zigzags qui strient le ciel noir à travers les fenêtres du salon. Je ne me souviens plus bien pour quel oubli ou quelle maladresse de notre part, nous avons fini dans le jardin, sous cette pluie déchaînée. J'imagine qu'il s'agit encore d'une lubie de la part de Monique. Elle nous sort par le bras et exige que nous restions au milieu du jardin, sans bouger. Nous restons donc plantées toutes les deux, dégoulinantes, à guetter les prochains éclairs. Il n'y a rien pour nous abriter et on ne cherche pas à le faire. On ne réfléchit pas, on est juste pétrifiées. Ses ordres sont à suivre à la lettre. Voir un orage bien au chaud à l'intérieur est déjà effrayant mais se retrouver sous la furie de la foudre est d'une autre ampleur. Le stress nous prend à la gorge. On est apeurées, immobiles, sans pouvoir appeler au secours. Nous devons attendre, simplement.

Maman

Le tumulte de sa vie l'emporte, plus déterminée qu'elle ne l'a jamais été et plus solide qu'elle n'aurait jamais pu se l'imaginer. Elle remue ciel et terre afin de cocher toutes les cases demandées par l'assistante sociale et pour ça, elle ne chôme pas. Elle en bave même. La solitude d'une femme qui cherche à reconquérir la garde de ses filles n'apitoie que les proches, pour le reste elle doit se débrouiller contre vents et marées.

Elle s'empêche de penser à ce que serait sa vie si ses filles étaient toujours auprès d'elle, si elle se couchait tous les soirs en leur souhaitant bonne nuit, si elle les réveillait toujours le matin en enfouissant son nez contre leur cou bien chaud d'une nuit à rêver. Ces fantasmes lui brûlent l'estomac, c'est pourquoi elle s'est formellement interdit d'y songer, pas même une seconde. Sa tête lui interdit mais son cœur lui rappelle le rire de ses filles, leurs chamailleries, le bruit de leur respiration quand elles dorment et que tout est calme. Une larme tombe d'un coup le long de sa joue et d'un geste brusque, elle l'essuie. Il n'est pas question de sombrer.

Que dirait Guermya ? Que dirait Djede ? Que diraient Lina et Safiya si elles la voyaient comme ça, elles qui ne l'avaient jamais vu pleurer ? Oui mais elles ne sont pas là pour la voir... D'ailleurs, elles ne sont plus là pour rien, elles sont des souvenirs qui hantent son appartement. Elles sont tout son bonheur qui s'est échappé ce fameux jour et dont une autre famille profite.

Alors, elle n'y arrive plus, elle pleure de tout son soûl debout contre un mur, en silence. Plus personne n'est là pour la voir, autant profiter du seul avantage qui lui reste : se laisser-aller sans témoin.

Toute son insipide semaine lui revient en mémoire, le boulot avec ses interminables allers-retours entre la salle et la cuisine, la paperasse pour dégoter un nouvel appartement, les courses, un brin de ménage. Que ses journées se ressemblent, comme elles peuvent être monotones. Sans parler des nuits durant lesquelles elle reste seule, assise dans son lit, la couverture ramenée jusqu'à ses épaules. Elle est devenue insomniaque et peut rester des heures dans cette position sans rien faire, à écouter les bruits de la nuit. Depuis quelques jours, elle arrive à dormir quatre heures d'affilée, un immense record depuis que ses filles ne sont plus là. Malgré tout, des cauchemars ponctuent son sommeil, toujours les mêmes. L'un d'eux la perturbe beaucoup : elle est en train d'accoucher mais n'a pas le droit de prendre son bébé dans les bras. Il disparaît sans qu'elle ait pu l'approcher, emmené tantôt par une sage-femme, tantôt par des animaux. Puis, on lui dit qu'elle a rêvé, qu'il n'y a jamais eu de bébé et elle se retrouve de nouveau dans son appartement seule...

Afin de ne pas se malmener, elle essaie d'être toujours accompagnée de sa sœur ou de se rendre le plus souvent possible chez sa famille. De cette manière, elle tue le temps et elle peut parler de ses filles avec ceux qu'elle aime.

—   Comment étaient habillées Saf' et Lina mercredi ? lance Guermya qui sent que sa sœur a besoin d'en parler.

—   Tu les connais, toujours jolies, adorables avec des petites bottines très sympas, répond maman, en adoptant un sourire fatigué.

—   Tu vois c'est qu'elles sont bien traitées, elles ont tout ce dont elles ont besoin et dès que tu les retrouveras vous ferez comme si rien ne s'était passé.

—   Tu sais, le mercredi c'est mon seul bonheur, je n'attends que ça de la semaine, les prendre dans mes bras. J'aimerais tellement savoir tout ce qu'il se passe, tout ce qu'elles vivent, c'est bien trop court une après-midi pour rattraper tout le temps perdu.

—   Mais bientôt tu pourras les voir davantage et l'important c'est que tu vois qu'elles sont heureuses. Tu vas y arriver, tu vas les retrouver. En attendant, dis-toi qu'elles vivent dans une belle maison, une villa ! Et tu m'as dit toi-même que la dame, Monique, est très agréable, qu'elle a l'air à l'écoute, que vis-à-vis de toi, elle n'est pas dans le jugement. C'est ce qu'il pouvait y avoir de mieux en prenant en considération tout ce bordel d'enquête sociale et de garde...

Pauvre maman, pauvre tata, si seulement elles savaient...

Chapitre 2 : Une petite bête qui monte, qui monte

Je vous ai brièvement parlé de Lina et de ses délires paranoïaques motivés par Monique. Mais ils ne se sont pas arrêtés aux requins. Notre bourreau a inventé des variantes… Quand on s'amuse comme des petits fous, pourquoi s'arrêter en si bon chemin ?

On a tous eu l'impression un jour ou un autre d'avoir des petites bêtes qui nous grimpent dessus. Vous savez quand vous écrasez un moustique sur votre bras, vous croyez qu'il y en a un autre caché ou quand vous voyez des araignées, vous sentez leurs toiles se tisser sur vos pieds. C'est cette sensation que Monique a entretenue et savamment arrosée pour qu'elle germe et mûrisse dans l'esprit de ma sœur.

Vêtue d'un joli pull rose, nos tenues étant l'un des rares aspects de notre dignité que Monique est bien obligée de nous concéder pour rester dans le paraître et montrer qu'elle s'occupe bien de nous, Lina s'assoit sur le canapé du salon. Se glissant derrière elle, Monique dépose une poignée d'insectes à l'intérieur de son haut, sans que ma sœur ne s'en aperçoive. Lina se relève brutalement, consciente que quelque chose gigote dans son dos. Elle se dandine dans tous les sens en sentant les bestioles ramper le long de sa colonne vertébrale. Leur corps visqueux se fraye un chemin sur sa peau délicate. Assise dans un coin du salon, occupée avec une poupée que j'avais exceptionnellement eu le droit d'emprunter, je regarde ma sœur sans comprendre.

— Au secours, j'ai quelque chose dans le dos, ça court partout, c'est sur moi, ça bouge, crie Lina en remuant ses bras et en contorsionnant son corps de gauche à droite, en avant et en arrière.

— Mais qu'est-ce qu'il t'arrive à toi ? Tu es devenue folle ? Tu n'as rien, ricane Monique. Viens voir par là Safiya, est-ce que tu vois quelque chose ? »

Je m'approche de ma sœur et je vois glisser sur son dos tout doux des espèces de petites bêtes indistinctes qui ondulent et gesticulent, sûrement aussi angoissées que nous. Sur le coup, je suis éberluée et me restreins au silence. J'ai tellement peur de cette femme, de ce qu'elle pourrait me faire qu'au bout d'un moment, je suis bien obligée de confirmer sa version. Alors, je dis ne rien voir dans un murmure coupable parce que j'abandonne celle que j'aime. Suite à ma fausse déclaration, je crains que ma grande sœur ne perde la boule. Notre placement l'use, elle ne le supporte plus mais elle fait front vaillamment. Alors que moi, je ne me supporte plus, ma lâcheté m'arrache des sanglots.

Lina a toujours été la moins docile d'entre nous deux. C'est la plus retorse et Monique a bien flairé son caractère. Il va falloir qu'elle frappe fort pour la briser, non pas que physiquement comme elle en a désormais l'habitude, mais également psychologiquement. En parallèle, Lina ne se rebelle pas que contre les traumatismes qu'elle subit. Elle refuse aussi la faiblesse de sa position, elle hait cet état d'infériorité.

Arrivée dans notre chambre, Lina pleure en s'affalant sur le bord du lit.

— Je t'assure Saf', tente de me convaincre ma sœur, il y avait quelque chose dans mon dos, des insectes, partout, au moins une dizaine.

— Je sais, Lina, je sais, je suis désolée, je les ai vus mais j'avais peur, je voulais pas mais...

— C'est fini, me coupe ma sœur qui reprend ses habitudes protectrices à mon égard et cesse de pleurer pour me consoler.

Comment exprimer l'énormité de notre souffrance ? Casser le lien qui nous unit ou tenter de le fragiliser relève de l'ultime tour de force de Monique. Isoler Lina pour mieux la briser. Me terroriser afin de me faire dire ou faire ce qu'elle veut en m'opposant à ma sœur relève de la consécration pour elle. Je perds toute estime de moi, me jaugeant à la hauteur de ma trahison.

Malheureusement, la sensation des insectes qui gambadent sur sa peau a eu du mal à quitter Lina, d'autant que Monique ne cesse de répéter l'exercice, avec de nouvelles bestioles, plus visqueuses et gluantes les unes après les autres.

Un autre jour, Monique opte pour une alternative particulièrement pernicieuse : la guêpe. Il faut dire que Lina n'est pas gâtée avec les animaux. Elle le fait exprès aussi, elle joue dans le jardin en secouant ses bras dans tous les sens... Ça énerve une guêpe de mauvaise humeur qui la pique. Elle souffre énormément et au lieu de la rassurer, Monique lui dit que c'est une piqûre de bourdon et qu'elle peut en mourir...

Ainsi, nous grandissons dans la culture de la mort. En plus des suffocations gelées sous la douche, nous apprenons très jeunes à nous familiariser avec la faucheuse. Monique cultive, pour un oui ou pour non, l'idée que nous mourrons, subitement ou à petit feu, à notre guise. C'est vrai en soi, mais a-t-elle besoin de nous le rabâcher à longueur de temps ? Je me demande si elle voulait qu'on meurt ou juste nous faire du mal en nous sauvant sur le fil du rasoir pour jouer encore et encore avec nos vies. Elle se délecte de ses activités, du mal. Elle y prend du plaisir, c'est ça le plus flippant. Elle se donne de l'importance et se sent omnipotente, celle qui a un droit de vie et de mort sur ses sujets.

Même lorsque je vois ma mère ou que je pense à elle, cette atmosphère lugubre ne me quitte pas. Par exemple, Lina est heureuse de lui offrir un dessin, une belle œuvre d'art : des fleurs moroses dans un cimetière grisâtre. C'est un talent que Monique lui inculque habilement. Ma sœur apprend patiemment à dessiner avec précision et netteté de jolies pierres tombales gravées. Bon d'accord, je suis mauvaise langue, il y a quand même des fleurs qui ornent les cercueils, ça met de la gaieté… Ma sœur s'est prise de passion pour ces créations dark. Elle rajoute même notre famille, notre mère, nos tantes, c'est fou comme c'est joyeux…

Vous imaginez la réaction de ma mère. Elle cache son cadeau artistique discrètement en remerciant Lina. Elle ne sait pas quoi dire, simplement qu'il est temps qu'elle récupère ses filles…

Vous allez me dire, pourquoi n'avoir rien dit lors de ces rendez-vous avec notre famille ? Monique n'étant pas là, la parole peut se libérer. Toutefois, englués dans notre culpabilité, nous craignions trop le chantage de Monique.

Si nous restons des gentilles filles et n'avouons pas qu'elle est obligée de nous faire du mal parce que nous ne sommes pas sages, nous pourrons rentrer chez nous. Sinon, nous serons obligées d'avouer nos « crimes », toutes ces fois où nous faisons tomber un verre, où nous oublions de ramasser les crottes du chien, où nous nous sommes tâchées, toutes ces grosses bêtises qui nous conduisent sous la douche, il faut les taire. Sinon, les services sociaux sauront que nous ne sommes toujours pas suffisamment obéissantes pour rentrer chez nous. Monique nous le rappelle avant chaque entrevue familiale. La culpabilité et la pression pèsent constamment sur nos épaules de gamines paumées.

Pourtant, je veux tout avouer, est-ce que ça pourrait être pire ? Qu'est-ce que je risque ? Or, ma sœur me l'interdit. Elle me jette de furieux coups de pied sous la table quand elle perçoit l'ambiguïté du début de mes phrases. Parfois, dans un élan de désespoir, je m'agrippe à la jambe d'une de mes tantes et la supplie de ne pas nous laisser, de nous empêcher de retourner chez Monique. J'insiste pour qu'elle me garde et me cache quelque part.

On se console en attendant la prochaine visite de Maman. On ne le manquerait pour rien au monde ce bol d'air promis chaque semaine. Même malade à en crever, on court se réfugier auprès d'elle. C'est notre échappatoire. Elle connaît ce qui nous fait plaisir, elle ramène toujours un cadeau. On se souvient surtout des *babies*, ces mini bébés qui se tiennent dans toutes les positions, suçant leur pouce, les jambes en l'air ou se grattant la tête. L'odeur des steaks frites nous reste toute la semaine, un bonheur de gosse. On s'enveloppe dans ce filet olfactif rassurant comme un bouclier, un bouclier un peu misérable qui n'arrête pas notre furie colérique…

Chapitre 3 : Le bruit du silence

Cet après-midi, nous nous rendons dans la boutique préférée de Monique, son fameux magasin de pelotes de laine. Elle excelle dans l'art du tricot, tout aussi bien que dans celui de la persécution. Aiguilles, pelotes, exemples de chandails réussis trônent sur les étagères de la boutique. Des mannequins présentent les derniers bonnets, écharpes et gilets à la mode de chez Phildar.

Cette visite sort de l'ordinaire, c'est l'une des rares fois où nous sortons dans les magasins en compagnie de notre gardienne. Sans faire exprès, trop occupée à tournoyer pour découvrir cet univers encore inconnu, Lina fait basculer l'un des bustes devant les caisses. La vendeuse le rattrape de justesse sur le bout des doigts. L'incident ne dure que quelques secondes mais il suffit à ce que Monique devienne rouge comme une pivoine, une fleur élégante mais en colère. Je ne sais que trop bien ce qui l'attend. Et pourtant ! Monique va nous surprendre ! Finalement, il y aurait eu du bon à un peu de routine...

A peine arrivées à la maison, Monique nous saisit par le bras, l'une et l'autre, nous fait enjamber les escaliers quatre à quatre jusqu'à notre chambre.

« Vous êtes insortables, deux bonnes à rien. Puisque vous ne savez pas vous tenir, je vais vous apprendre à rester sages. Votre mère n'a pas su faire le job, ne vous inquiétez pas, je vais le faire », nous menace Monique.

Sur ce, elle verrouille notre chambre et nous commençons à attendre, toujours silencieuses, comme si notre mutisme nous rendait invisibles et ferait oublier notre présence. Je reste bouche bée, alerte de notre prochain châtiment. Je ne comprends même pas la bêtise, on n'a rien cassé, on a été polies... Soit, Lina a eu un geste maladroit mais pas de quoi fouetter un chat ! Qu'est-ce que ça va être cette fois ? La douche froide, pas de nourriture jusqu'au lendemain, nous laisser dehors dans le froid ? Puis, le temps passe, de longues minutes, puis des heures, on ne se rend pas compte du temps, toutefois on voit bien qu'on galère sérieusement !

Petite précision, dans notre chambre, on n'a aucun jouet, même ceux que maman nous donne durant nos précieux rendez-vous du mercredi sont gracieusement offerts à Laura et Dylan. Je les vois souvent jouer avec quand je passe devant leur chambre. Nos jouets se perdent parmi la multitude de Legos, de poupées, de figurines, de balles et d'autres babioles lumineuses qu'ils possèdent déjà.

Notre chambre est vide, seules nos peluches Touti et Fruiti offertes par notre oncle nous regardent d'un coin de l'œil. Elles non plus ne comprennent pas pourquoi nous sommes reléguées dans cette pièce sans âme. Un lit superposé et un bureau en bois constituent l'ensemble du mobilier et jouent aussi le rôle de décoration. Les murs sont beiges ornés de rideaux ocres. Rien, pas même une bille ne peut servir à nous distraire. Pas non plus de stylos ou de feuilles, peut-être de peur que nous communiquions notre mal-être dans un gribouillis.

La force d'un enfant tient en sa capacité d'adaptation et de créativité, car même coincées entre quatre murs nous avons réussi à nous distraire, à faire s'écouler le temps légèrement plus vite. C'est aussi ce qui prouve que nous sommes toujours des enfants, elle n'a pas réussi à nous enlever notre part d'innocence et de gaieté. Malgré les douches froides qui étaient devenues régulières, malgré les repas dans le noir, malgré les excréments à ramasser à la main, on veut encore jouer, on veut profiter.

Alors, les objets les plus insoupçonnables prennent vie. J'attrape mes deux élastiques et étire le premier entre mon index et mon majeur de la main gauche et le tire avec le pouce. Je réitère l'opération avec la main opposée. Que la séance de papotage commence !

–   Salut, moi je m'appelle Dorothée et toi ?! entame le premier élastique.

–   Moi, je m'appelle Barbie, t'as vu j'ai des longs cheveux !

La discussion continue pendant un certain temps où les deux protagonistes Précieuse et Jana s'échangent les derniers potins, les derniers conseils beauté et s'esclaffent pour un oui ou pour un non.

Lina est parcourue d'éclats de rire qu'elle étouffe de la paume de sa main pour ne pas que Monique ne nous entende. Je rêve d'avoir une vraie poupée Barbie, je les observe souvent dans la chambre de Laura, j'ai tellement envie d'en dérober une et de la cacher sous le matelas. Laura ne s'en doutera même pas vu la quantité de mannequins en plastique dont elle dispose ! Ma sœur est émue de me voir aussi heureuse en réalisant mon rêve avec de simples élastiques. C'est devenu de l'art pour elle, un véritable spectacle qu'elle ne pourrait manquer tant elle s'amuse.

Les heures ont défilé et on reste enfermées, je ne sais même pas s'il y a quelqu'un dans la maison. La faim nous arrache des crampes dans le ventre. On se penche à la fenêtre qui donne sur l'immense jardin. Deux écureuils pointent leur petit nez sur le bout de la branche d'un gros chêne. Ils s'amusent à courir après des glands. D'un coup, l'un relève son museau et nous fixe.

« Regarde Tartine, ces deux filles qui nous fixent, qu'est-ce qu'elles nous veulent ? Elles nous espionnent depuis tout à l'heure ! » mimé-je en me prenant pour un écureuil.

Et l'après-midi jusqu'au soir, nous continuons à nous prendre alternativement pour un écureuil ou un élastique. Imaginez-vous toute une journée dans une salle de 9 m² à attendre une délivrance qui n'est qu'éphémère à chaque fois et bien superficielle.

Peut-être qu'on croit vraiment être des écureuils… On se sauve dans le jardin et on s'enfuit loin, loin, loin, jusqu'à Vitry-sur-Seine avec nos petites pattes. Je voudrais me sauver, Lina aussi me l'a dit, en chuchotant bien sûr. C'est notre petit secret. Un rêve d'évasion. Je le lis dans ses yeux. Main dans la main, nous quitterions cet endroit maudit, nous quitterions la misère, tout ce qu'un enfant ne devrait jamais connaître. Mais les services sociaux nous ramèneraient immédiatement chez Monique et sa revanche serait au-delà de ce que nous avions encore connu. Elle nous l'a dit déjà. Elle connaît tout ce qu'on fait, tout ce qu'on se dit. Elle saura tout. Et on le croyait, surtout moi, ou du moins j'étais celle qui en avait le plus peur.

Un jour, nous aurions pu nous enfuir et pourtant, nous avons cherché à retrouver notre fausse famille :

– Tu te souviens le mois dernier quand on est partis tous se promener en forêt ? demande Lina.

– Oh oui, je m'en souviens ! J'ai rien compris ! Ils nous ont sorties dans les bois comme si nous allions faire une gentille promenade familiale et là, ils nous ont laissées seules, au milieu des chênes et des hêtres !

– Dommage qu'on n'avait pas jeté des petits cailloux, rit ma sœur.

– C'était mignon quand même d'avoir vu des renards, je suis sure qu'il y a pleins d'animaux incroyables qui se cachent dans cette forêt.

– Bah j'attendrai un autre jour pour le découvrir, j'ai eu tellement peur. J'ai cru qu'on allait rester perdues à jamais, je me serais créé des habits façon Tarzan.

– Tu rigoles mais tu faisais moins la maligne là-bas. On faisait que pleurer, rétorqué-je.

– Oui, je sais, heureusement qu'on a retrouvé le chemin qui nous a menées à la voiture.

– Je revois encore leur visage d'imbéciles, trop contents de leur nouvelle blague… Ils sont pas nets…

– En vérité, t'as vu, même quand nous sommes libres comme des écureuils on ne peut pas fuir, où voudrais-tu qu'on aille ?

J'acquiesce sur cette terrible vérité dressant les lignes de notre enfermement général. Alors après des heures de one-man-show qui n'ont malheureusement pas confirmé mes prédispositions d'humoristes, Monique se tient moqueuse devant la porte, nous regardant, fière du pouvoir qu'elle possède sur nous. Elle sait que nous sommes terrorisées et que nous attendons notre sentence. Elle esquisse doucement un sourire de satisfaction que nous prenons naïvement pour une marque d'apaisement. Peut-être est-elle attendrie face à notre docilité ? Non, elle savoure seulement sa victoire sur deux êtres sans défense. Elle jubile.

Lina court vers elle l'embrasser, je fais de même, les larmes aux yeux de la voir. J'ai attendu toute la journée mais j'aurais pu attendre bien plus si cela m'avait assuré son affection. Je la crains et je hais ses punitions, mais je désespère de lui plaire. J'ai un besoin avide d'attention, de gestes affectueux. Je voudrais juste un câlin, tout mini, sentir une main dans mes cheveux pour me souffler que tout va bien.

A notre plus grande surprise, elle nous conduit dans sa chambre et nous fait asseoir sur son lit. Elle tient un livre, elle va nous lire une histoire ! Je suis ravie et me laisse bercer par sa voix. On écoute « Bernard et Bianca », des souris venant au secours d'une petite fille kidnappée depuis son orphelinat. Une gamine sans défense à la merci d'une méchante femme. Ça me rappelle quelqu'un… Son sadisme est donc sans limite. Même dans ce que nous croyons être des moments de détente, elle nous montre à quel point elle nous méprise. Notre condition ne dépend que de son bon vouloir et nous avons intérêt à nous y tenir, voilà la morale que nous devons retenir, à moins de connaître des souris en tenue de détectives prêtes à se démener quitte à affronter des crocodiles, mieux vaut se tenir à carreaux et obéir…

Nous obéissons bêtement et simplement au moindre de ses ordres, peu importe si nous nous retrouvons dans une situation encore plus angoissante. On encaisse toutes ses idées tordues du moment qu'on ne la met pas en colère.

Les enfermements dans la chambre deviendront finalement une habitude. Le week-end quand toute la famille va chez des proches, pour une raison ou pour une autre, elle nous laissera seules, verrouillées dans notre coquille comme des escargots desséchés. Elle devait faire croire que nous étions avec notre famille ou gardées par une voisine.

Pour la première fois de ma vie je connais la douleur de la faim puisque personne n'est là pour nous donner à manger. Il m'arrive maintenant de me réveiller le matin en ayant terriblement faim et de me coucher avec cette même douleur au milieu du thorax. L'impression que mon estomac se serre et se broie sur lui-même deviendra mon quotidien désormais.

Je comprends alors, au fur et à mesure, à quel point l'ennui peut dévorer, ces attentes ne se limitent pas à la chambre puisqu'on les vit dans la voiture quand Dylan et Laura s'épanouissent lors de leurs activités extrascolaires. Mais mine de rien, c'est moins long et la crainte d'être kidnappées ou de tomber sur des personnes louches nous occupe. Dans notre chambre, l'ennui me donne des fourmis dans les jambes. Aucune position ne convient, je passe du sol au lit, jusqu'à monter sur le bureau pour mieux observer l'extérieur.

Enfin, je me plains, je me plains, mais Lina préfère nettement cette chambre à la nouvelle qu'elle va découvrir… Et qui va transformer sa vie…

Chapitre 4 : Nouvelle cellule

Je n'affectionne pas particulièrement le week-end, je préfère la semaine, non seulement pour le mercredi passé avec Maman mais également parce que le cadre scolaire me donne un certain répit. Durant le week-end, les heures s'allongent, je regarde alors les feuilles tomber, les écureuils ou mes élastiques mais ces occupations n'ont rien de réjouissant et n'attisent pas vraiment mon enthousiasme.

Dès la fin du petit-déjeuner, Monique nous fait asseoir autour de la grande table en bois verni du salon. L'effet ancien de la salle n'a d'égal que son élégance. En cette heure bien matinale, nous accomplissons nos devoirs, étant encore en maternelle je ne croule pas sous les exercices mais je m'amuse à réaliser quelques coloriages pendant que Lina révise ses additions quand Monique commence à l'interroger.

— Alors 2 *2 Lina, ça fait combien ?

— Euh, je ne sais pas, je n'en suis qu'aux additions Monique.

— Ne te fais pas plus bête que tu n'es, je te demande quelque chose de simple, tu réponds. 2*2, j'attends. »

Lina reste figée, elle n'ose pas la contredire, on ne sait que trop bien les conséquences d'un tel affront... Alors elle se tait, elle baisse la tête espérant que notre Cerbère l'oublie. Mais cette chienne aux deux visages n'en reste pas là, elle frappe du poing sur la table au risque de faire trembler les cierges en argent. Elle entonne sa litanie de femme désespérée devant la nullité de ma sœur qui demeure glacée entre rage et détresse. Ses mots frappent durement ma sœur qui tient bon pour le moment. Je ne veux pas la voir pleurer, je ne peux pas. Par des élans de télépathie, je la supplie de ne pas craquer, de fermer ses oreilles comme on peut clore les yeux le soir quand on a peur sous la couette. Les dernières phrases de Monique nous réveillent de notre torpeur.

« Tu es irrécupérable, puisque tu ne veux pas faire d'efforts malgré toutes mes bonnes intentions, tu vas aller réfléchir à tout ça toute seule. »

Tout en attrapant Lina par le bras et en marchant d'un pas ferme, elle poursuit sa crise.

« Tu es une tête brûlée toi, je l'ai su dès que j'ai vu tes yeux vicieux. Ce n'est pas comme ta sœur, elle, elle se dresse, toi je vais devoir durcir mes punitions. Tu vas réfléchir à tes tables de multiplication. Voilà le tableau, tu as intérêt à l'apprendre par cœur. »

Elle ouvre alors la porte du cellier et y jette Lina sans explication. Pour ma part, je suis conduite dans notre chambre, bloquée, seule, pendant que ma sœur restera toute la journée entre la machine à laver et les sèche-linges.

Je me demande ce qu'elle fait. Les punitions séparées requièrent plus d'énergie, on ne s'entraide plus, on se vide deux fois plus vite car l'inquiétude pour l'autre ronge encore davantage que la crainte pour notre seule personne. Je pense que Monique l'a compris c'est pourquoi elle tente d'isoler Lina, la maintenir en état de solitude, comme au mitard. Elle veut qu'elle craque, qu'elle devienne folle.

Dans le cellier, Monique met en marche toutes les machines. Le manège fou démarre, les roulements de tambours amorcent le premier acte du numéro pervers dont Lina est l'actrice principale. Une petite fille coincée dans une salle des machines. Il n'y a rien à sécher ni à laver, les machines répondent au simple plaisir du bruit, du ronronnement des tambours, infaillibles. Toute la matinée, elles tournent et retournent, vides mais énergiques.

Compressée, Lina regarde cette pièce terrifiante. Les premières minutes, retenue par la peur, elle n'a pas entendu les grésillements et les voix qui sortent d'une ancienne radio qui tourne en boucle comme un concert infernal alliant machines et hommes, la cinquième symphonie façon grand concerto métallique. Les nouvelles se répètent, elle entend distinctement maintenant la voix d'un homme, Saddam Hussein. Le discours se répète plusieurs fois, il s'agit peut-être d'un enregistrement lancé en orbite. Effectivement, ce n'est pas la radio, on dirait une cassette qui renouvelle son discours sans se lasser. Il est question de guerre, de tortures, des menaces. En Saddam Hussein, on ne perçoit que la désolation, la sauvagerie, une inspiration personnelle de Monique peut-être ?

Les termes sont flous pour Lina qui ne comprend que l'ambiance générale du message. Les bruits résonnent de plus en plus fort, les machines cognent, les voix enragent, et Lina se souvient pourquoi elle est là, pour apprendre des tables de multiplication qu'elle n'a pas à connaître.

Ses jambes fatiguent, elles tirent si fort. Pourtant Monique a été on ne peut plus claire, interdiction absolue de s'asseoir, qu'elle ne l'y prenne pas ! Son corps aussi ne la comprend pas, elle a tellement besoin de lui et lui la laisse tomber. Pourquoi ne peut-il pas résister quelques petites heures debout ? Monique va finir par venir… Personne ne la soutient, personne n'est de son côté, ses maudites guibolles ne servent à rien. Elle leur en veut terriblement. Elle ne va pas s'en sortir... Un peu de soutien... Au moins de son propre corps. Mais il n'écoute plus rien. Plus les minutes passent, plus il se cabre, se rebelle, il n'en peut plus de cette position. Il veut la révolution et murmure des mots d'insurrection : juste quelques secondes pour s'allonger, Monique n'en saura rien, une flexion et tu te relèves, tu t'assois et dès que tu entends quelqu'un arriver, tu te redresses. Lina répond que sa geôlière doit avoir une caméra ou n'importe quoi pour connaître le moindre de ses gestes. Et si c'était une sorcière ? C'est sûr qu'elle a des pouvoirs magiques, maléfiques plutôt.

Sa tête non plus n'obéit à rien, elle ne retient rien des tables de multiplication. Elle fait sa capricieuse, perturbée par son estomac qui a faim. Il peut attendre celui-là aussi, il a déjà mangé, tôt ce matin, certes, mais il peut attendre...

Chacun de ses membres entre en contestation. La protestation est telle qu'elle les laisse prendre le dessus, le soulèvement a fonctionné. Elle n'y peut plus rien. Les tours de manège reprennent, la machine à laver, le sèche-linge, la radio, Saddam Hussein, une guerre du pétrole, 3*3, les cris de ses jambes en compote, de l'estomac, et ça recommence, les tambours, les voix, 2*3, la faim, les tiraillements, encore, tambours, machine, Saddam, multiplication, faim, soif, douleurs, encore. Sa tête va exploser.

Et alors qu'elle ne s'y attend plus, Monique déverrouille la porte et la toise. Soulagée, Lina croit que son cauchemar est terminé. Elle est enfin là, pour la délivrer, sa sauveuse ! Mais la matonne enchaîne sur les fameuses tables de multiplication.

« Alors après une journée dans le cellier tu dois connaître parfaitement tes mathématiques », claironne-t-elle.

Seulement, c'est le vide dans l'esprit de Lina, un vide rempli des bruits répétitifs de la journée, de la faim et de la fatigue. Elle mélange les sons et les chiffres. Je suis appelée à la rescousse pour humilier davantage ma sœur. Monique subtilise une question de multiplication par une devinette basique. Je réponds croyant par naïveté que la solution sauvera Lina. Or, évidemment, elle l'enfonce bien davantage.

—   Même ta sœur de quatre ans sait répondre, bécassine, l'accable Monique.

—   S'il-te-plaît laisse-moi une autre chance, supplie Lina. Laisse-moi essayer à nouveau, moi aussi je connaissais la réponse à cette question. Je vais réfléchir. S'il-te-plaît Monique.

—   On va faire un autre exercice maintenant, tu as échoué. C'est trop tard. Réponds : soit Safiya dort dans la cave, soit François te frappe avec son chausson. Alors, qu'est-ce-que tu choisis ? demande Monique, un grand sourire sur les lèvres.

Les images défilent, je retiens mon souffle. Je ne veux pas dormir dans la cave mais je ne veux pas que Lina soit battue. Mais quel est ce choix laissé à des gamines ? J'ai mal à la tête, dans mon corps, j'anticipe en quelques secondes toutes les issues et la puissance de chacun des châtiments.

—   Le chausson… murmure Lina.

—   Pardon, je ne t'ai pas bien entendue, qu'as-tu choisi ? s'esclaffe Monique.

— Le chausson, j'ai choisi le chausson, finit-elle par prononcer en fermant les yeux.

Alors François, cet homme longiligne et imposant mais pourtant complètement soumis par plaisir à Monique, approche de ma sœur avec son chausson. N'imaginez pas le chausson doux en velours, mais plutôt un soulier à la semelle dure et sèche qui vous brûle les fesses tant les coups sont cinglants. Ma sœur se met à hurler et sauter aussi haut qu'elle peut pour esquiver l'engin mais elle ne peut empêcher la douleur qui la saisit jusqu'à la faire vriller. François la tient fermement pour qu'elle n'ait d'autres solutions que de s'effondrer, ne pouvant plus tenir sur ses jambes. Elle s'affale sur le sol à moitié groggy. Elle entend la voix de Monique siffler :

« Allez, c'est toi qui dormiras dans la cave ».

Lina émerge comme réunissant ses dernières forces, dans un ultime espoir de survie.

— Mais Monique, j'ai choisi le chausson, tu avais dit soit le chausson, soit la cave. Je veux pas la cave, je veux le chausson, encore François si tu veux mais pas cave. S'il-te-plaît Monique, s'il-te-plaît, le chausson, pas la cave, pas la cave, s'époumone ma sœur à genoux en traînant sur le sol.

Je regarde la scène, dépassée et abasourdie, les joues trempées par mes pleurs inutiles. Je tente tant bien que mal de convaincre Monique de mon côté. Je sais qu'elle me préfère à ma sœur, peut-être vais-je réussir, au moins cette fois, à la faire changer d'avis. Je la supplie à travers mes larmes qui ne l'émeuvent pas pour un sou. D'un revers de la main, elle me bouscule clôturant les débats.

« Mettez-la en veilleuse maintenant. C'est trop tard », conclut Monique.

François s'empare de Lina qui entame une nouvelle série de cris. Je vois s'échapper un filet le long de son jean… Elle est tellement terrorisée qu'elle a fait pipi sur elle. J'ai le cœur déchiré, je me sens si impuissante. Je l'entends hurler dans l'escalier : « Maman, Safiya, s'il-vous-plaît, Djeda, Djede, je suis là, non… ». Elle énumère nos noms les uns après les autres et les répète comme les ingrédients d'une recette magique censée la délivrer. Plus elle s'éloigne, plus les hurlements se tassent, jusqu'à ce que je ne perçoive que des couinements, puis finalement plus rien.

Je me rends compte que je ne vous avais pas encore parlé de la cave : un endroit glacial, humide et surtout déjà occupé par Bobo le crapaud. Oui, un vrai crapaud gluant, le même que ceux qui sont représentés dans les contes pour enfants au côté des méchantes sorcières.

Lina entend la porte claquer et la clé verrouiller son sort. Ça sera la cave mais pour combien de temps ? Dix minutes, une heure, pas toute la nuit quand même ? Et si le lit de camp installé par François contre un mur suintant était un indice ?

Elle revient vers la porte et donne de grands coups de pied, partagée entre l'envie d'être entendue et le simple fait de se défouler. La grosse porte en bois parait solide, toutefois ses bords rouillés laissent présumer une issue possible. Alors avec un acharnement désespéré, ma sœur tente de désosser la serrure.

Ses espoirs ne la conduisent pas bien loin, seulement à se blesser les ongles jusqu'au sang.

Elle s'affale lentement le long des gonds. Elle implore nos grands-parents de venir à son secours. A cet âge, on confond encore Dieu et nos ancêtres, c'est un peu la même chose pour nous, ils symbolisent juste un sentiment de sécurité. Lina s'excuse lamentablement. De quoi, elle ne sait pas, mais elle se confond en excuses. Elle promet d'être une meilleure petite fille.

Derrière ses pleurs, des bruits indistincts émergent parce que cette pièce lugubre a déjà ses occupants, Lina n'est qu'une intruse. Le fameux crapaud Bobo croasse régulièrement, accompagné des hiboux dans la forêt, tel un récital moqueur et provocateur. Il bondit et se fraye un chemin entre les vers de terre rampant sur le sol. La malédiction des insectes se poursuit ! Elle doit s'habituer à ces bestioles poisseuses. Elle se demande sans cesse si elles vont la toucher, si elles avancent vers elle. Malgré son épuisement, elle se refuse à dormir de peur de se réveiller avec une créature dégoûtante sur le ventre.

Lina veut trouver une solution pour prévenir sa famille mais personne ne sait où elle est. Personne ne sait qu'elle va mourir seule dans le noir, sans rien, gelée, avec un simple chandail en plein mois d'hiver. Encore et toujours ce froid pénétrant, si ce n'est pas la douche c'est l'air hostile de la cave. Convaincue qu'on ne peut laisser une enfant de sept ans sans rien pour se réchauffer, elle inspecte le lit, au-dessus, en dessous, dans les recoins. Elle fait le tour de la cave à tâtons car la salle est absolument noire. Elle pose ses mains un peu partout entre l'espoir de trouver un pull et la crainte de toucher des insectes. Après de longues minutes de recherche, force est de constater que François n'a déposé ni couverture ni petite laine, rien.

Par résignation, elle se recroqueville. Elle a peur de mourir, acceptant de vivre ses derniers instants avec pour seul compagnon un crapaud. Elle perd espoir, son corps la lâche, peut-être est-elle déjà morte ? Le côté pratique si elle meurt, c'est qu'elle est déjà enterrée sous terre, dans un cercueil, un grand cercueil en pierre. Elle commence à suffoquer et paniquer avec la sensation que c'est la fin. Elle sent qu'elle s'assoupit parfois pour finalement se réveiller en sursaut, confinée, sans air, les pieds remuant à même la terre dans une obscurité sans visage. Elle a l'impression de ne pas avoir suffisamment d'air. Elle se redresse et tape de nouveau partout, sur la porte, les pierres. Rien ne l'arrêtera pour sortir enfin de ce trou vivante. Elle espère que je vienne la délivrer mais se rend à l'évidence qu'il faudra faire seule.

C'est la vue de la lumière extérieure à travers un soupirail qui la rassure. Elle est toujours en vie et la nuit touche à sa fin. Réconfortée, une terrible pensée la déstabilise à nouveau : et si tout le monde l'avait oubliée ? Et si Monique n'avait pas l'intention de venir la chercher ? Elle va seulement mourir de faim, crispée par ses crampes dans le ventre. Exténuée de fatigue, après avoir envisagé tous les scénarios possibles et imaginables, de kidnapping, de monstres et de bêtes, elle a un répit de quelques minutes durant lesquelles son corps se décontracte, lui accordant un repos succinct.

La buanderie, la cave et le reste des mises en scène réalisées par Monique, comme de nous sortir du lit en pleine nuit pour nous recoucher dans une nouvelle chambre inconnue, s'inscrivent dans un ensemble plus vaste de tortures ritualisées dans l'optique de nous faire craquer et de nous faire perdre nos repères. Monique savait ce qu'elle faisait, elle anticipait le moindre de ses sévices, observant avec une froideur médicale les effets qu'ils obtiendront sur nos corps frêles et instables et sur notre esprit fragile. Elle ne manque pas d'imagination et rivalise avec les meilleurs films d'horreur. Nul besoin d'une expertise scientifique pour saisir la justesse de ses agissements qu'elle mesure au compte-gouttes. Un peu de terreur pour beaucoup de soumission et d'abandon. Oui, on s'abandonne à son bon vouloir. Elle estompe petit à petit la trace de toute notre lucidité.

Nous sommes les jouets utiles d'une déséquilibrée qui nous prive de la parole. Car même si nous avions voulu parler, qu'aurions-nous dit ? A qui ? Quels mots des enfants peuvent-ils choisir pour décrire ce qu'ils vivent sans être pris pour des affabulateurs ? En règle générale, les victimes ont souvent peur de ne pas être crues. Nous aurions été traitées comme des gamines menteuses, au mieux disposant de bien trop d'imagination et au pire, non, je ne pense pas au pire... On le connaît trop bien, mieux vaut éviter d'aggraver notre situation.

Au réveil, Lina m'appelle. Elle se dit qu'il n'y a que moi qui peux l'entendre. « Safiya, tu es là ? Tu m'entends ? Réponds-moi ! J'en peux plus ! Saf' ? ». Ses lamentations se perdent dans sa gorge et s'échouent sur les murs humides, brisées. Lina est une fourmi d'une insignifiance sans nom. Une pâquerette qu'on a déracinée et dont on arrache les pétales un à un, non pour mesurer un amour enfantin, un peu, beaucoup, passionnément, mais pour les piétiner les uns après les autres.

Lina, prostrée en boule dans un coin de la cave, se souvient des encouragements de Maman « Je vais revenir vous chercher, tout recommencera comme avant, on sera bientôt réunies ». Elle s'y réfugie comme on peut se blottir contre une mère en chair et en os. Les mots volent autour d'elle pour la dorloter et lui apporter une once de réconfort. Ma sœur considère ces paroles comme un rendez-vous qu'elle se doit d'honorer et qu'elle ne peut manquer. Le rendez-vous du salut, celui de la fin du cauchemar. Maman incarne le bout du tunnel. Chaque jour qu'elle vit est un pas vers Maman. Elle doit tenir. Cet enfermement dans la cave n'est qu'un passage pour se forger un mental d'acier que Lina gardera même plus tard. L'humidité des sous-sols a développé son instinct de survie et sa volonté de se battre. Ses nouvelles résolutions de jeune guerrière ne sont qu'une goutte d'espoir, pourtant elles lui permettront de s'accrocher à une perspective plus réjouissante.

Plusieurs minutes s'écoulent quand Monique, la sacro-sainte sauveuse, déverrouille la porte et laisse sortir Lina qui court jusqu'à ses jambes. Elle les enlace et lui promet, une nouvelle fois, d'être une petite fille exemplaire. Elle assure qu'elle sera bien sage, toujours, afin de ne plus être jetée dans la cave. Notre gardienne demeure insensible devant ce déferlement d'attentions et de promesses, se contentant de la conduire dans notre chambre.

Je revois enfin ma sœur, j'en ai tellement mal au cœur, mal au ventre, je me sens tellement coupable. Sans pouvoir lui sourire ou démontrer quelques gestes de joie, je regarde son visage vide et lugubre. Mince, comment je peux être là alors qu'elle est encore si loin, elle n'est pas revenue de la cave. Les murs se reflètent encore sur ses joues blafardes.

Mais, elle comprend instantanément ma détresse. D'un coup d'œil, elle sait que je l'ai attendue toute la nuit, que je ne pensais pas qu'elle resterait aussi longtemps là-bas, que je suis traumatisée car je n'ai pas l'habitude de dormir sans elle. Elle remarque mes doigts que je dissimule distraitement derrière le dos, surtout mon index que j'ai rongé jusqu'au sang. Il est pire que d'habitude aujourd'hui puisque je l'ai dévoré toute la nuit. Il était mon seul moyen de décompresser. Je ne sais pas ce que j'imagine, si je n'ai plus de doigt, je retrouve ma vie normale. Un doigt contre une vie… Je vous le déconseille, ça ne marche pas. Quoiqu'il en soit, il se tord désormais en une sorte de crochet à force d'être raboté et rogné comme un vulgaire os de poulet.

Une fois de plus, la porte se referme dernière nous, mais, cette fois, c'est un soulagement. Le coup de sifflet de l'arbitre pour une mi-temps après un premier jeu douloureux. Lina se rue sur moi et me serre de toutes ses forces.

— Je suis là Saf', je reste avec toi, ne t'inquiète pas. Je ne veux plus y retourner, je veux pas te quitter. Je pensais à toi tu sais.

— Tu m'as manquée, j'ai eu trop peur, je savais pas quand tu reviendrais, sangloté-je.

— Moi non plus Saf'. Maintenant, on est ensemble, toi et moi, toujours.

— Lina, tu es toute rouge, qu'est-ce qu'il t'arrive ? dis-je à ma sœur après avoir remarqué des gros boutons un peu partout sur sa peau.

Ce jour-là, notre geôlière a refusé d'emmener ma sœur à l'hôpital alors qu'elle était franchement mal en point. Un monsieur est venu par contre. Qui était-ce ? Nous n'en savons rien et nous ne le saurons jamais. Lina a seulement reçu une piqûre dans la fesse. Alors gentil docteur à domicile ou ami conciliant de la famille qui était au courant mais qui a joué leur jeu ? La question reste ouverte. Quoiqu'il en soit, Lina est restée dans son lit plusieurs jours sans aller à l'école. Elle ne ressentait ni la faim ni la soif, elle voulait juste se reposer en sécurité dans un lit. Au final, cette histoire fut oubliée, enfin, pas pour tous… Mais ne dit-on pas que ce qui ne nous tue pas nous rend plus fort ?

Maman

Les mois ont passé et Maman a repris du poil de la bête. Si elle garde en elle ce déchirement de ne plus serrer ses filles contre elle tous les jours, les visites hebdomadaires le mercredi la réconfortent. Plus ragaillardie que jamais, elle tire sa force de sa persévérance, oui elle avance, oui elle se bat, quotidiennement, pour elle et pour ses filles. Après plusieurs semaines de forcing, elle ne travaille plus au noir. La nouvelle est tombée tout juste ce matin, son contrat en CDI a été signé. Bien sûr, elle doit valider une période de mise à l'essai mais n'étant pas étrangère à la maison, elle demeure confiante.

Pour ma mère, les rendez-vous avec l'assistante sociale sont réguliers (mais par contre totalement inexistants pour ma sœur et moi) et bien que cette dernière soit distante et secrète sur le contenu du dossier, Maman sent qu'elle est en bonne voie. Elle se plie docilement à toutes les exigences. En plus, le CDI était une pièce maîtresse du dossier, maintenant en poche, elle est sereine, d'autant qu'elle est toujours épaulée par toute la smala car ma famille suit l'avancée de l'affaire de près !

Et surtout, nos sourires la rassurent. Notre bonheur qui n'est dû qu'à sa visite lui fait croire que nous nous épanouissons chez Monique et que nous sommes bien traitées. En réalité, elle n'est que l'aparté réjouissant dans notre malheur. Nous ne pouvons pas la contredire, ni l'attrister, rien ne se lit sur nos visages. Elle imagine que le splendide pavillon nous fait oublier son absence. Notre amour se ressent au-delà des murs et de notre séparation. C'est tout ce qui compte pour elle. Si seulement nous avions pu lui raconter l'envers du décor, mais comment annoncer à notre mère que nous souffrons quotidiennement et que notre chair est meurtrie par des tortures quasi quotidiennes ?

Parce que l'horreur prend une nouvelle tournure, alors pour celles et ceux qui ont le cœur léger, retenez votre souffle. La suite va se faire dans la souffrance, une apothéose surprise de l'abomination.

Chapitre 5 : Le jeu de l'oie

Ce soir, je n'ai pas faim et en plus, le menu est étonnant : cervelle d'agneau ramollie, grise, pleine de striures violettes. Au moins, j'ai de quoi manger vous allez me dire. Enfin, impossible de déterminer si la viande est cuite, je reste écœurée devant mon assiette et Monique qui insiste « vous savez c'est comme ce que vous avez dans la tête, c'est comme votre cerveau ». Je lève ma fourchette à la bouche mais c'est insurmontable, ça serait comme manger des vers de terre gigotants. Je me force, j'essaie vraiment mais je ne peux pas... Je vomis d'un jet la bouchée sur le mur de la cuisine.

« Tu as sali le mur, crie Monique. Attends, tu vas voir ».

Une nouvelle fois, elle se métamorphose. Ses traits se crispent en un rien de temps. Tout va si vite. Hors d'elle, en ébullition, elle cherche, elle questionne ses plus vils instincts tortionnaires. Ses yeux s'arrêtent sur tous les recoins de la cuisine, se traînent au dehors, inspectent ses mains convulsées puis s'attardent sur mon repas que je ne peux avaler. Je n'ai jamais vu quelqu'un, même elle, aussi énervée. Elle veut de la nouveauté, du sang frais...

D'un seul coup, elle semble avoir été frappée par un flash, comme si une voix intérieure lui avait dit quoi faire, comme si sa barbarie avait trouvé une issue. Une Jeanne d'Arc de la cuillère. Elle récupère la cervelle d'agneau et l'écrase dans un bol, mue par une rage animale, et la mixe avec du lait.

113

Pendant que ses bras massacrent la pauvre cervelle, je remarque ses oreilles couleur feu, hum, mauvais signe.

Elle sort alors un ustensile d'un tiroir, un drôle d'appareil en plastique, en forme de cône qui se prolonge, de plus en plus fin, en tube étroit. Je n'avais jamais vu cet outil auparavant mais il deviendra habituel désormais, alors vous avez deviné ? Oui, bravo, il s'agit d'un entonnoir. Vous allez me dire, pas de quoi paniquer pour le moment.

De retour vers moi, elle insère l'entonnoir dans ma bouche si profondément que le bout allongé touche ma gorge. Des tremblements commencent à me saisir, j'ai peur. J'angoisse de ce qui va arriver. Le plastique irrite l'intérieur de mon palais. Mes petits doigts se crispent et attrapent le rebord de la table. Je ne me sens plus respirer, juste attendre, espérer que ce n'est qu'une technique de grand-mère sans gravité. Lina se fige, haletante, elle reste médusée. On le sait, Monique a plus d'un tour dans son sac.

Sous nos yeux, elle introduit l'espèce de liquide qu'elle a mouliné directement dans l'entonnoir, soit fatalement dans ma gorge. La nourriture arrive en rafales et me submerge. Je suis bloquée, j'étouffe, complètement prise de court. Un raz-de-marée en bouillie. Le liquide gicle de partout, il essaie de sortir à travers ma bouche, je crois même qu'il m'en sort par le nez.

C'est comme si je vomissais dans ma propre bouche, la tête penchée. Affolée, je me débats mais elle enfonce alors encore davantage son instrument au fond de ma gorge. Je réussis à me dégager de sa poigne et tente de retirer l'entonnoir quitte à me griffer sauvagement les lèvres et les joues mais elle me plaque de nouveau en arrière. J'envoie mes pieds voler contre la table pour au moins faire valser au sol mon assiette.

J'émets des cris de supplice, de crainte, de promesses. Tout se mélange dans cette bouillie immonde coulant le long de mon cou. Je ne suis plus une fillette, je ne suis plus humaine, je suis devenue un animal que l'on gave. Malheureusement, je n'ai pas les attributs des oies, mis à part peut-être mes cris, mais mon jabot ne peut stocker autant de nourriture d'un coup. C'est comme si mon cou essayait de s'allonger pour ressembler à ces bestioles blanches à plume.

Toujours plus de mélanges tentent de se frayer un chemin en moi. Ma gorge se serre dans un élan de désespoir, un instinct de survie qui, au lieu de me sauver, empêche la viande de passer. Or, la bouillie s'accumule et entrave ma respiration. Ni par le nez, ni par la bouche, tout est bouché. Mes larmes rejoignent cette immonde mixture à moins qu'il y en ait qui me sorte aussi par les yeux. J'ai quatre ans, mince, quatre ans. Mais que veut-elle ? Que je meurs ?

Lina me regarde dans les premiers temps, puis au fur et à mesure de mes cris, ses yeux se ferment et elle place ses mains sur ses oreilles. Elle ne supporte plus de m'entendre hurler. Elle exècre son impuissance alors qu'elle a peur que je meurs. Peut-être imagine-t-elle que n'entendant plus, ne voyant plus, la scène n'existe plus. Tout n'est qu'invention… Et pourtant ! Je suis bel et bien en train de me faire gaver, gaver comme une oie que l'on veut engraisser avant Noël sauf que pour moi, il n'y a d'autres finalités que ma souffrance.

Je crois que si j'avais pu expliquer ce geste par une quelconque raison même sordide, je me serais dit que ma douleur avait un but. Or, elle n'était que pur jeu, simple plaisir sadique. Elle était l'unique perspective.

Pendant qu'elle m'empiffre, je tombe à genoux et me prosterne à ses pieds pour la supplier d'arrêter. Si j'ai survécu jusque là aux douches glacées, aux enfermements, aux frayeurs en tout genre, je ne survivrai pas à cette torture. Monique est montée en puissance et le cran supplémentaire de son ignominie va me laisser sur le carreau. Je crache. Ses ongles lacèrent ma peau pour me maintenir la tête penchée. On a tous déjà ressenti cette envie de vomir quand vous enfoncez un peu trop profondément votre brosse à dent ou une sucette dans la gorge, mais cette fois, tout est différent. La douleur se vit de l'intérieur. Peu importe ce que je tente, ça ne fait qu'empirer la sensation de brûlure et la peine. J'ai l'impression de mourir noyée alors que l'air est partout.

L'entonnoir égratigne ma gorge incendiée à chaque bouchée qui s'immisce dans mon œsophage. Je suis engraissée, traitée comme un vulgaire animal de ferme. Je n'arrive même plus à réfléchir ni à invoquer la moindre pensée, c'est le néant.

La tambouille de Monique est éjectée sur les murs jusque sur le plafond. C'est un véritable carnage. Jusqu'à ce que, finalement, d'un coup elle s'arrête. J'ai compris la leçon, compris que je ne sortirai sûrement pas vivante de cette maison de l'horreur ou que ma vie ne sera plus jamais pareille, compris que si Maman ne vient pas rapidement, Lina et moi allons crever telles des bêtes quelconques et insignifiantes.

En essuyant les restes de vomi au coin de ma bouche, des gouttes rouges se détachent de l'ensemble. Du sang. Je regarde le mélange des couleurs. Je n'avais jamais été autant impressionnée par mon propre sang. D'habitude, il s'agit juste d'une égratignure, je n'y prête pas vraiment attention. Là, ce n'est pas pareil, il vient de l'intérieur, de mes entrailles. Il n'est pas arrivé par accident. Je ne suis pas tombée sans faire exprès. Elle l'a fait. Elle m'a fait du mal. Elle m'a blessée si profondément que j'en ai saigné. Cette marque est aussi inhabituelle parce qu'à l'accoutumée, Monique ne veut jamais laisser de traces. Rien ne doit se savoir. Mais, cette fois-ci, qui inspecterait le fond de ma gorge ?

Je veux effacer les souvenirs de cette journée alors je commence par passer mes mains et mon visage sous l'eau claire. Doucement, je laisse le filet me débarrasser des saletés. Mais je garde encore l'impression d'avoir un entonnoir... Je me racle la gorge comme pour l'éjecter, mais la douleur sur les parois qui sont irritées me fait grimacer. Je sens qu'elles piquent et j'ai un goût âpre dans la bouche, un goût de métal. Pour le faire disparaître, je force davantage sur ma toux et crache encore un peu de sang.

A la longue, la nourriture deviendra mon nouveau calvaire. Moi qui étais gourmande, je redoute désormais chaque repas. Les gavages sont réguliers et entretiennent un cercle vicieux. Plus je suis gavée, plus je redoute la nourriture, plus je me bloque et donc plus je suis gavée. Logique. Mon ennemi juré : la viande dure. Même en mâchant, il m'est impossible de la faire descendre le long de ma gorge.

Suite au désastre qu'a été ma première séance de gavage, Monique opérera les suivantes dans les toilettes. Sûrement pour ne pas salir les murs. Question de bon sens. Autre issue envisageable, entonnoir ou pas, si ma déglutition n'est pas satisfaisante au final, c'est la cave, enfermement nocturne et bonjour Bobo le crapaud.

Un soir, elle devait être sûrement trop fatiguée pour me gaver et avait la flemme de poireauter des heures que je finisse ma viande. Un programme bien plus palpitant l'attendant, elle a préféré m'envoyer me coucher. Je croyais naïvement être « sauvée » mais c'était sous-estimer sa cruauté. De bon matin, à peine les yeux ouverts, je découvre mon repas de la veille en guise de petit-déjeuner. Mon cauchemar recommence une fois de plus, en roue libre, sans répit. Elle n'oublie jamais et n'épargne encore moins.

Je me souviens également de ce soir où je n'arrivais pas à finir un microscopique bout de viande, je mâchais, je tranchais mais rien à faire, il s'éternisait dans ma bouche. Je suis restée des heures debout devant mon assiette, Monique patientait jusqu'au moment où elle m'a envoyée passer un moment dans la cave pour « m'aider à avaler plus vite », mais en vain. Je me suis endormie avec le morceau dans la bouche.

Par miracle, le lendemain matin, le bout de viande était toujours dans ma bouche. Je m'en suis aperçue quand il s'est glissé avec mes Miel Pops. Aussi incroyable que cela puisse paraître, je n'avais pas senti le rogaton qui avait dû se coincer quelque part dans ma bouche. Je me suis alors exclamée : « ça y est, Monique, je l'ai avalé ! » comme si j'attendais une récompense après avoir accompli un acte héroïque. J'étais tellement heureuse et soulagée parce que j'avais de quoi la contenter. Malgré tout ce qu'elle nous infligeait, nous voulions la satisfaire. Elle avait une emprise incommensurable sur ma sœur et moi.

D'ailleurs, Lina non plus n'est pas épargnée par les sévices culinaires. Elle n'a pas eu la chance de faire la connaissance de mon ami l'entonnoir mais ses repas seront bercés aussi par des étouffements. Tous les mardis, Monique lui prépare son rituel, une assiette de raviolis en boîte alors que ma sœur ne supporte pas ce plat, c'est devenu une phobie. Dès que la cuillère s'introduit dans sa bouche, elle a des haut-le-cœur, sûrement dus à l'aspect pâteux des raviolis. Ma sœur régurgite pitoyablement la mixture dans son assiette. C'est plus fort qu'elle. Cependant, quand Monique a décidé quelque chose, nul ne peut la contredire, et chaque mardi soir, elle avait décidé que Lina avalerait une assiette de raviolis, donc elle devra ployer devant elle, quoi qu'il lui en coûte.

— Tu vas manger maintenant, vocifère Monique en empoignant d'une main la cuillère et de l'autre les cheveux de ma sœur.

— Monique, je t'en supplie, suffoque Lina. Je n'aime pas les raviolis, je ne mange pas c'est pas grave.

La discussion n'ira pas plus loin. Notre seconde maman dépose la cuillère et ramasse les raviolis vomis dans l'assiette directement à la main en enfonçant le liquide dans la gorge de Lina. Des sanglots s'échappent des yeux de ma pauvre sœur, ma moitié qui craque, qui refuse de me regarder pour ne pas me culpabiliser dans la mesure où je ne peux rien faire, je ne peux que contempler le spectacle édifiant que m'offre cette femme en train de torturer un enfant, mon sang. Monique lui écrase la bouillie infecte sur le visage où tout se mélange. Le calvaire dure des heures, je ne suis plus dans la cuisine mais j'entends Lina vomir, je l'entends souffrir et pleurer.

Chaque semaine, elle appréhende le repas du mardi soir... Silencieusement, les yeux rougis, elle ne sait pas comment retarder l'échéance, elle prie, se raconte des histoires. Peut-être que quelqu'un va la sauver ? Peut-être qu'on va l'entendre avoir mal ? Finalement, les semaines se ressemblent toutes, les unes après les autres les mêmes traditionnels tourments, un coup à l'une, un coup à l'autre.

Parce que je suis sûre que vous vous régalez de toutes ces anecdotes, je vais vous en raconter une dernière sur le thème de la haute gastronomie. Depuis que nous avons atterri chez Monique, il nous arrive de vouloir dissimuler les repas de cervelles d'agneau, de salade ou de haddock, vous savez ce poisson légèrement trop salé, derrière le réfrigérateur ou de les donner au chien Billy. Enfin, quand je dis « nous » c'est seulement Lina car moi j'ai bien trop la trouille pour oser défier Monique même sans qu'elle ne l'apprenne.

« Vas-y, laisse tomber, mange pas. Donne-le à Billy», me répète Lina dès que nous restons seules dans la cuisine. Je n'y arrive pas, je ne peux me résoudre à désobéir à Monique, c'est comme si je voyais ses yeux partout qui m'observent et me surveillent. Elle m'épie guettant le moindre geste de travers pour m'envoyer illico à la cave ou me décrasser sous une douche à la froideur brûlante.

« Elle n'en saura rien. Comment veux-tu qu'elle l'apprenne ? » continue Lina. Sauf que cette fois, elle l'a su… La faute à un ménage de printemps impromptu. Et bim, Monique a trouvé les restes surprises de ma sœur derrière le réfrigérateur. Des restes putrides et complètement avariés qui attendaient depuis au moins des mois une bouche à nourrir. La pourriture avait fleuri sur les feuilles de salade, le poisson et des aliments que je ne pourrais pas reconnaître tant ils avaient atteint un stade avancé de décomposition.

Qu'auriez-vous voulu qu'elle fasse ? Les jette ? C'est bien trop ordinaire pour elle. Ils allaient disparaître mais à sa manière. Elle ramasse les aliments gisant sur le sol et nous en donne chacune une moitié directement dans le creux de la main. Nous regardons la scène, trop heureuses de ne pas l'entendre crier pour l'instant. On ne comprend pas bien ou ne voulons pas comprendre jusqu'à ces mots :

— Mangez maintenant, je vous avais prévenues, je sais tout. Tôt ou tard, vous mangerez.

— Mais Monique, c'est pourri, on va être malades. C'est dégoûtant, rechigne Lina.

— Ça, il fallait y réfléchir avant.

Évidemment, dès que Monique a le dos tourné, ma sœur tend discrètement la main vers Billy et le labrador en fait un festin. Pour ma part, j'ai bien trop peur, elle nous a eues cette fois-ci, elle peut encore nous avoir. Je regarde les quelques miettes de l'écœurante mixture et les porte à ma bouche. Je n'ai pas le choix. Je n'ai rien d'une résistante. Je veux vomir mais j'essaie d'oublier, il faut dire que je commence à avoir de l'entraînement avec mes soupers à l'entonnoir.

Les coups m'ont rendue forte, je ne me suis pas plainte, jamais, pas de maux de ventre, rien. J'ai encaissé sagement. La punition a pourtant été longue. Aucune clémence ne me sera faite ce jour-là, je dois finir un point c'est tout, sinon la cave m'attend. J'ai mis du temps à manger en me débattant avec les haut-le-cœur et le sarcasme de notre geôlière. Mais, j'ai choisi le genre de pourriture que je préfère...

121

Elle a récidivé une fois, pas avec la crasse derrière le réfrigérateur mais avec les croquettes de Billy. Ce jour-là, le temps est superbe, les enfants jouent dans le jardin et moi, pour je ne sais quelle raison, je suis punie. Ma punition : finir un énorme plat de coquillettes au beurre. Pas une assiette, non, un saladier aux bords transparents. Je serai autorisée à aller jouer avec les autres seulement quand j'aurai fini ce plat. J'entends les rires des enfants pendant que je reste accoudée à la rallonge de la table de la cuisine qu'ils avaient l'habitude de tirer pour prendre l'apéro. Ce que je dois ingurgiter est bien trop gros pour mon minuscule estomac. Mais surtout, je découvre, horrifiée, qu'elle y a glissé quelques croquettes du chien. Je ne me pose pas de question, je m'exécute. De temps en temps, elle jette un œil afin de jauger l'état d'avancement. « J'ai presque fini Monique » est la phrase que j'articule à chaque fois.

C'est atroce, j'ai un mal de ventre effroyable comme s'il allait exploser. Je continue et mange jusqu'à la dernière pâte. Trop heureuse, je titube à moitié pour lui montrer le plat vide. Je gagne la permission de jouer, sauf que j'ai tellement mal que je ne profite pas.

Chapitre 6 : Des mises en scène réussies

Les jours défilent et se ressemblent. Une douche glaciale ressemble à une autre douche glaciale. La cave garde ses murs bétonnés et humides au fil des mois. Et surtout, l'entonnoir est devenu mon entonnoir, car il ne sert qu'à moi et n'est dédié qu'à moi. Il est aussi le jouet préféré de Monique et m'accompagne régulièrement lors des repas qui se déroulent dans les toilettes pour que je puisse vomir proprement.

Démunies, on imaginait parfois qu'un adulte nous sauverait. L'assistante sociale, Odile, si énergique à nous enlever de chez maman, reviendrait et nous questionnerait sur notre vie quotidienne et nos émotions. On aurait pu lui glisser quelques mots, pas grand chose, mais suffisamment pour que Monique soit davantage surveillée et qu'elle se calme. Sauf que rien ne se passe. Aucun adulte du champ social ne se préoccupe de nous. Notre famille d'accueil n'a jamais été l'objet d'un quelconque contrôle de la part de l'organisme de placement ou de je ne sais quelle structure brandissant la défense des enfants comme un diapason de vertu. Pas de visite, rien, même si on avait voulu, on n'aurait jamais pu parler.

De toute façon, le plus amusant, c'est que personne ne peut se douter de notre situation à ma sœur et à moi. Si nous continuons à nous taire, rien ne trahira Monique qui est diablement intelligente. Le buffet du salon regorge de ıous le visage souriant en train d'apprendre à faire du vélo

ɔanier d'œufs en chocolat pour Pâques. Ces mises en scène

nt Monique excelle dans l'art du paraître.

Lina et moi nous demandons souvent comment ses enfants peuvent rester aussi impassibles face à ce qu'ils constatent et voient de leurs propres yeux. S'ils ne sont pas au courant de tous les sévices en détail ou de leur fréquence, ils ont conscience d'un bon nombre de tortures. Au début de notre placement, nous pensions que nous aurions partagé un lien spécial tous les quatre. Un lien qui se crée d'office entre enfants, le sentiment de correspondre à la même catégorie de personnes, celles sans défense qui ne sont pas encore altérées par d'obscurs desseins. Ce n'est qu'avec l'âge au contact du mal que l'innocence naturelle devient compromise. Chez Laura et Dylan, le sens de la persécution est inné. Il doit couler dans leurs veines car ils sont conscients de ce qui nous est infligé. Ils savaient ce que signifiaient nos punitions dans le sous-sol, lieu qui était loin d'être un cinq étoiles.

Parfois, nous y sommes enfermées en journée, toujours séparément, à tour de rôle. Je ne me retrouve jamais cloîtrée en compagnie de ma sœur, dans l'optique sûrement de nous embrouiller l'esprit. Il ne faut pas que nous ayons quelqu'un sur qui nous puissions nous reposer, un semblant d'espoir.

Toutefois, nous avons le droit à une visite. Oui, oui, comme en prison, sauf qu'ici c'est la serrure de la porte qui fait office de parloir. Il s'agit de Billy, le gentil Labrador de Monique, le seul être aimable de cette famille, le seul qui ait un cœur ! On dirait même qu'on lui fait pitié. Il glapit derrière la cloison de bois comme s'il était heureux de nous entendre. Alors, on lui raconte des histoires, on lui parle tel un véritable ami. Finalement, dans cette maison de fous, ce sont nous, les enfants, qui sont enfermées et les animaux qui vaquent librement à leurs occupations. Billy remplace les adultes là où ils devraient se montrer responsables et attentifs ou juste ne pas être des tortionnaires en puissance !

Petit à petit, nous développons une sorte de syndrome de Stockholm de telle sorte que quand Monique nous apporte un peu d'attention, nous sommes aux anges. Il arrive, rarement, mais c'est arrivé quelques fois, qu'elle veuille m'apprendre à tricoter. N'attendant qu'un soupçon d'intérêt de sa part, je suis preneuse. Elle aurait pu me proposer une partie d'échecs, ramasser des feuilles ou que sais-je, du moment qu'elle est là à mes côtés, j'accours ! Pendant ce moment presque intime, j'oublie toutes les crasses qu'elle m'avait faites avant, comme si rien ne comptait d'autre que ce laps de temps avec elle, posée sur ses genoux. Ses mains saisissent les miennes et nous faisons s'entrechoquer les longues aiguilles en aluminium. Mes cheveux chatouillent sa joue. J'aime le calme de sa voix couplé du tintement vif des bâtons qui s'activent et la douceur de la répétition de l'ouvrage. Je voudrais qu'il ne finisse jamais, je voudrais défaire les mailles une fois la rangée terminée. Lina n'aura jamais le droit à ces moments privilégiés accidentels. Trop retorse, elle n'est pas la préférée et ne profitera d'autant traitement de faveur.

Elle m'apprend aussi à faire du vélo. Je suis tellement comblée quand elle s'intéresse à moi que j'en efface le reste et que tout ce qui m'importe n'est que sa satisfaction. Alors, quand elle brandit son appareil photo, je souris, je souris à en crever pour une parole de gentillesse prononcée devant l'objectif. Elle sait orchestrer sa représentation machiavélique car le reste de la « leçon » n'est que violence. Elle pousse la selle du vélo, n'ayant aucun équilibre et pas l'habitude, je me ramasse à chaque fois. Elle crie, s'énerve parce que j'ai du mal, j'ai mal aussi, les chutes à répétition me désarçonnent. Tout est comme ça, il suffit d'une parole agréable le temps de la photo et c'est dans la boîte, au cas où, pour les services sociaux, on ne sait jamais...

Sauf que les photos ne sont qu'un décor, une pure présentation théâtrale pour affirmer sa légitimité au gain. Parce qu'il faut être honnête aussi, en plus d'un sadisme malsain d'un adulte voulant assouvir ses fantasmes de domination sur des enfants, c'est l'argent le nerf de cette manigance et l'objet de notre souffrance. Alors pour justifier les pépettes, on pose. Des vraies mannequins sur un podium ou pour notre dernier book...

Certes, nous avons des chocolats à Pâques, quelques uns, histoire de montrer que le panier n'est pas vide, mais celui de Laura et Dylan est bourré à craquer. En fin de compte, je n'ai jamais réussi à faire du vélo avec elle.

Je pense que le pire est le sentiment de culpabilité derrière ces instants que j'apprécie. Je voudrais avoir la rage constamment contre Monique mais je ne peux pas, l'envie et le besoin d'attention ne me quittent pas. C'est à travers ces moments ambigus que j'erre sans savoir quoi penser.

Par exemple, pour l'anniversaire de mes cinq ans, Monique annonce une surprise à la fin du repas. Je trépigne, elle a préparé quelque chose pour moi, juste pour moi. J'ai en tête les succulents gâteaux que reçoivent Dylan et Laura alors quand arrive une glace menthe chocolat, quelle déception... Une glace dans son bac, voilà rien d'exceptionnel, un simple petit plus. Je ne peux pas me cacher, je pleure à chaudes larmes. Je ne comprends pas moi-même ma réaction, au moins ce n'est pas une de ses habituelles tortures... L'accumulation des frustrations explique sûrement ma sur-réaction, un décalage constant entre mes rêves et ma vie quotidienne.

Quelques minutes après, mon « vrai » gâteau arrive : la même glace mais disposée dans une grande coupe. C'est vrai d'autres enfants n'ont pas cette chance. Mais je n'arrive pas à me contenter de ça. Ni Lina ni moi ne nous plaignons, c'est bien la première fois que je montre une réaction négative devant eux.

Pas de cadeau, vous vous en doutez. En réalité, le seul jouet que j'arrive à conserver au cours de mon passage chez Monique, ce sont les lucioles dans les paquets de lessive. Elle ne nous les réclame pas et ses enfants préfèrent leurs jouets. Alors, marché conclu, les personnages scintillants récupérés à la hâte feront notre bonheur. We have a deal !

En vérité, nous avons du mal à nous satisfaire de ces misérables jouets ou de mes élastiques se transformant en poupée Barbie ou encore des petits écureuils bavards suspendus dans les arbres voisins de notre chambre. Surtout Lina. Son rêve (sans parler de celui de se sauver loin de cette maison hantée) est de jouer du piano. Or, elle est narguée chaque jour par un magnifique Stradivarius trônant au milieu du salon, un modèle ancien sur lequel s'entraînent Laura et Dylan à produire des sons assez quelconques. Aucun talent n'émerge de leurs multiples leçons, les notes s'évaporent sans vie. Lina s'exerce dans notre chambre en faisant semblant de pianoter sur le bord du bureau en bois et en chantonnant les « do ré mi la sol fa mi ré do » du bout des lèvres.

Toutefois, aujourd'hui, nous sommes seules avec interdiction de sortir, c'est l'un de ces jours qu'ils passent en famille, sans nous. Alors, ma sœur ne peut s'empêcher de faire glisser ses doigts sur un piano, un vrai, le leur, en passant devant sur le chemin des toilettes. Le son qu'elle produit la ravit mais la discrétion n'est pas le fort de cet instrument dont les premières vibrations résonnent dans toute la maison. Manque de bol, c'est le moment que choisit la jolie petite famille pour rentrer. Monique arrive en trombe. Lina a tout juste le temps de sauter par la fenêtre qui donne sur le jardin. Elle sera punie dans la chambre.

Cependant, Lina avait besoin de s'entendre vivre, de sentir qu'elle n'est pas qu'un corps blessé. Elle existe et peut agir non pas que subir. Ces transgressions si minimes soient-elles lui rappellent qu'elle vit. Parce qu'elle ne veut pas s'avouer vaincue, elle veut se venger. Alors, munie d'un Tipp-Ex, l'arme de son désespoir, elle va en renverser dans le bocal du poisson rouge de Monique, pas contre lui, juste pour rappeler qu'elle conserve une force de frappe.

Malheureusement, le petit animal meurt et devient une victime collatérale d'une insurrection sans grande chance de réussite. Lina demeure très affectée, ce n'était pas le but, elle n'a jamais eu l'intention de lui faire du mal. Cependant, sans ces petites extravagances, elle se perd et comment survivre quand on vous pousse à la folie ?

L'assistante sociale qui s'était donné tant de mal à nous poser mille questions sur Maman était beaucoup moins présente maintenant. Au revoir attaché-case, bye-bye Foire du Trône. Nous restons dans l'oubli de tout un système qui pense bien faire, qui décide à la hâte de retirer des enfants à leur mère sans se soucier des conséquences et de leur état.

Maman dépêche-toi, on ne tiendra pas longtemps...

Chapitre 7 : Des bestioles à en perdre la tête

Au bout du compte, je crois que je suis la chouchoute de Monique. Malgré mes tortures et mes manques, je suis préférée à ma sœur qui va subir les conséquences de son caractère plus trempé. Je vous ai déjà raconté l'abandon des leçons de natation faisant suite aux frayeurs de requin de Lina ou les insectes glissés dans son dos. Notre bourreau n'en restera pas là. La terre est bien trop fertile et le jeu bien trop plaisant, d'autant que les nombreux séjours de ma sœur dans la cave ne cessent d'alimenter ses craintes et sa paranoïa.

De même, dans notre chambre, défilent inlassablement des fourmis du haut de la charpente jusqu'à la fenêtre. Ma sœur les guette le soir avant de dormir. Parfois, elle se réveille en pleine nuit en criant croyant être attaquée par une horde d'insectes sanguinaires. Ce qui sera étiqueté comme étant des « crises » se reproduira régulièrement, de plus en plus souvent.

Son corps cherche à crier au secours d'une manière ou d'une autre et avant nos rendez-vous avec maman, elle fait souvent pipi sur elle. « Ne t'inquiète pas, je ne le dirai pas à ta mère pour ne pas la décevoir » lui susurre Monique. Je sens bien que ma sœur ne tiendra pas longtemps. Instinctivement, elle évite de croiser le regard de maman parce qu'elle a peur que notre mère lise dans ses yeux la souffrance qu'elle endure. Et si elle devinait, elle en serait achevée.

Il ne faut surtout pas que maman sache, qu'on puisse lui reprocher et nous laisser avec cette famille...

J'ai peur des yeux de ma sœur qui vacillent et je redoute ses crises de plus en plus récurrentes. Elles me rappellent que Lina n'est pas infaillible. Et si elle devenait folle ? Si elle perdait la boule, que deviendrais-je ? Et si elle ne revenait jamais vraiment de cette maison hantée ?

Un jour, alors que je suis à l'école, la maîtresse de Lina débarque essoufflée dans ma salle de classe. Elle chuchote quelques mots à mon enseignante qui me regarde avec insistance, m'appelle d'un signe de main et me demande de suivre sa collègue. Le cœur battant la chamade, je rejoins ma sœur et la directrice dans la cour. Lina a les joues striées de larmes, des yeux gonflés et la respiration saccadée.

« Safiya, essaie d'expliquer à ta sœur qu'elle n'a pas de bêtes sur elle. Elle s'est mise à crier dans toute la classe que des espèces d'insectes lui grimpaient dessus. Elle a dit qu'elle ne voulait voir que toi », explique la maîtresse.

Je reconnais l'une des crises de Lina mais celle-ci est plus violente. Elle a irradié tout son corps qui peine à trouver une issue. Au bout de plusieurs minutes à lui parler et l'enlacer, elle finit par se calmer.

Est-ce cette prestation irraisonnée ou un simple concours de circonstance, quoiqu'il en soit, quelques jours plus tard, nous sommes changées d'école. Alors, renvoi ou honte de Monique ? Nous ne saurons jamais. De toute façon, cet établissement ne nous manquera pas spécialement, ni les réguliers footings du matin pour s'y rendre.

Dorénavant, Lina doit suivre une thérapie afin d'améliorer son état mental. Ici s'érige toute l'ironie de l'histoire alors que c'est Monique qui insuffle le mal, elle fait mine de vouloir l'éradiquer en prenant soin de ma sœur qui voit un psychiatre toutes les semaines. Je l'accompagne parfois avec Monique. Nous attendons ma sœur dans la salle d'attente pendant la séance.

Cette expérience permet à Lina de rencontrer un chauffeur de taxi en charge de ses accompagnements, il s'agit d'un monsieur très gentil qui l'écoute et l'encourage. Ma sœur lui raconte où elle va et pourquoi. Elle lui fait part de ses inquiétudes paranos du moment, comme celle d'avaler sa langue, crainte discrètement glissée dans son oreille par Monique avant l'un des rendez-vous. A chaque entrevue, cette dernière veut inoculer une nouvelle idée, un nouveau délire anxieux. Le diable ne manque pas d'inspiration. Le chauffeur de taxi rassure ma sœur tant bien que mal en lui prouvant par A + B qu'il est impossible d'avaler sa propre langue. Mais la logique et la peur sont parfois en concurrence et quand la seconde a le dessus, elle est difficilement raisonnée.

Chapitre 8 : Un horizon coloré

Pour la petite histoire, notre changement d'école nous a conduites dans une école catholique. Les cours sont dispensés par des bonnes sœurs, l'environnement est très religieux mais très inclusif. Dans le bus, sur le chemin, je ris toujours beaucoup avec les grandes du bus. Étant leur chouchoute, j'ai le privilège de m'asseoir à côté d'elles pendant le trajet. Tout un honneur, vous imaginez !

Pour s'amuser, on échange des Pim's que ma mère nous donnait contre des bonbons au son de la chanson du commandant Cousteau scandée par les jumeaux, deux garçons sympathiques toujours de bonne humeur. C'est étrange de faire partie d'un groupe, de sentir que tout le monde est gentil avec nous. J'aime cette école, nos camarades, les bonnes sœurs.

J'aime tellement cette école que Monique a dû le sentir. Un mercredi matin, alors qu'il n'y a pas classe, jamais, c'est comme ça toutes les semaines, elle nous y conduit. Un truc à faire urgent j'imagine. Elle nous dépose à l'arrêt de bus devant l'établissement et se barre, en mode « bonne journée les filles, il fait froid mais vous êtes habituées ». Nous restons quelques secondes un peu abasourdies se demandant ce qu'on fait là de si bon matin ? Les minutes s'égrènent dans le froid et le silence quand, tout à coup, une des bonnes sœurs nous aperçoit et vient nous ouvrir. Le petit groupe s'étonne de notre présence mais on fait l'air de rien, « ah bon, mince, Monique a dû nous accompagner machinalement, elle n'a pas dû tilter. Flûte c'est mercredi, on n'avait pas remarqué ».

La matinée se déroule agréablement en compagnie de ces femmes très apaisantes qui nous gâtent d'un bon petit-déjeuner. Lina se confie un peu et elles continuent à s'occuper gentiment de nous jusqu'au douze coups de midi quand Monique est venue nous récupérer sur des airs faussement désolés.

Heureusement, cette école sait m'apaiser car malgré l'évidence que je suis innocente et une simple enfant, la culpabilité des colères de Monique me ronge. Je me remets en question de plus en plus. Je pense souvent à la mort. En classe, je pose ma main sur mon cœur pour vérifier ses battements. Quand j'ai l'impression qu'il s'est arrêté, je cherche mon pouls partout, sur ma poitrine, la gorge, le poignet. La sensation de mort s'est inscrite dans ma chair, j'ai constamment peur de mourir, même dans cet environnement serein que représente l'école.

Parce que, tôt ou tard, il faut rentrer au bercail… Et les fins de journée sont loin d'être tristes… Particulièrement les soirées alcoolisées !

Ce soir, nous sommes initiées à une pratique non conventionnelle pour des gamines : une soirée bien arrosée, non pas de Champomy mais de Malibu coco, du vrai, du pur ! Sur le coup, nous ne nous rendons pas compte de la gravité d'une telle situation. François installe une sorte de rallonge dissimulée sous la table de la cuisine et dispose des verres, accompagnés de quelques cacahuètes, des chips et autres biscuits apéritifs. Pour nous, c'est festif et l'ambiance nous change de la morosité de notre chambre ou de la rudesse de la cave. Se tenant debout, serrés, les adultes distribuent les boissons et nous avons le droit à une noisette de cette liqueur grise couleur noix de coco mélangée à des jus. Finalement, c'est comme un jus de fruit qui pique un peu. Nous n'avons aucune notion de ce que nous buvons. Mais nous apprécions croyant faire l'objet d'une sorte d'initiation. Pour une fois que nous étions conviées à quelque chose !

Les soirées de ce type se répéteront à maintes reprises. Nous ne nous rappelons pas bien comment elles se terminent. Face à ce trou noir, on se questionne. Même à petites doses, comment l'alcool a-t-il pu agir sur nous, sur des enfants ? Y a-t-il des choses que nous avons oubliées ? Qu'a-t-il pu se produire lorsque nous nous endormions ? L'absence de souvenirs ne signifie rien surtout dans les conditions de notre détention et c'est bien ce qui nous inquiète…

A travers ces instants, je me remémore François qui verse les liquides dans les verres. Il a belle allure et pourtant ne représente rien devant elle, c'est Monique qui tient entièrement les rênes. J'en suis mal à l'aise et parfois gênée pour lui. Elle décide, il exécute. Une personnalité ambiguë l'a façonné, celle d'un homme dominé, obstiné par elle, son sous-fifre. Néanmoins, une colère violente sommeille en lui, ses coups ne sont pas anodins, ce sont ceux d'un homme brutal et colérique. Peut-être a-t-elle su dresser ses ardeurs et canaliser ses pulsions dans leurs petits jeux malsains avec les enfants ? De nombreux points de son caractère restent un mystère pour moi.

Un jour, pourtant, alors que nous nous préparions à aller en colonie, François s'est occupé de nous. Monique n'étant pas là, il a pris les choses en main. Peut-être que sans elle, il aurait été plus humain ? Il nous a servi un repas de fête : des petits carrés de frites accompagnés d'un steak haché et de mayonnaise. C'est l'un de mes rares bons souvenirs culinaires. Lina et moi nous sommes exclamées « tu es trop gentil François, merci ! », comme si tout ce qui s'était passé avant ne comptait pas.

Comme les enfants sont résilients, comme ils oublient vite ! Ils ne cherchent qu'à voir le bien chez chacun !

*****

Au fur et à mesure, nous passons de plus en plus de temps avec Maman. Les mercredis se sont transformés en week-end et même en petites vacances. Maman a montré patte blanche, il faut dire que ça a pas mal bougé de son côté.

D'abord, elle a rencontré Francis, un homme d'une quarantaine d'années au physique anglo-saxon, des cheveux châtains cendrés encadrant ses yeux bleus pénétrants, le style de type que l'on imagine assez bien à La City. En dépit de ses airs réservés, une grande complicité s'est créée instantanément avec moi, d'ailleurs plus qu'avec ma sœur. Grand de taille, je m'imagine gravir une montagne dès que j'escalade son dos. Il se laisse faire. A mon sens, il a manqué de la présence d'un enfant et donc nous accepte rapidement, ma sœur et moi, comme si nous étions ses propres filles.

Francis marque un tournant pour nous puisqu'il nous offre une autre perspective du monde des adultes qui ne nous sont pas directement familiers comme ma mère ou ma famille proche. Il symbolise un renouveau, non seulement dans la vie de ma mère mais dans la nôtre car il nous montre que non, un adulte ne tire pas de plaisir sadique à torturer un enfant et oui, nous sommes dignes d'être aimées.

Les week-ends et quelques jours prolongés que nous passons chez Maman nous apportent un intense bien-être tant espéré que, malheureusement, nous n'attendions plus. Nous gardons en mémoire ses refrains chantés dans la voiture sur le chemin de Crespières. Sa voix résonne dans notre tête plusieurs jours après sur les airs de Whitney Houston comme pour mobiliser au plus profond de nous-mêmes nos dernières forces. A partir de cet instant, nous prenons notre mal en patience, je vis les enfermements et les gavages avec davantage de recul. Je souffre mais je me dis que si je tiens encore quelques mois, peut-être quelques semaines, tout sera bientôt fini.

En parallèle, je vis des moments de joie y compris avec Monique, des instants éclair certes, mais dont je me souviens avec acuité. Aujourd'hui, c'est une grosse journée, c'est la kermesse qui clôture nos deux années au sein de l'école catholique. Je me suis préparée pendant des jours et des jours. Sur l'estrade, je me donne à 100%. J'ondule mon corps sur le rythme de la Panthère rose. Je connais ma choré par cœur. Monique est là, au milieu de la foule, venue spécialement pour moi, pour me regarder. Elle sourit et ses yeux brillent d'émerveillement comme si j'étais sa fille, j'ai l'impression de la rendre fière. Peut-être m'aime-t-elle après tout ? Rien qu'un peu. Peut-être ne sait-elle pas comment me montrer qu'elle me trouve bien et que j'ai des qualités ?

J'ai terriblement cru à ces quelques minutes de sincérité à mon égard pendant des années. Seulement, les morceaux ne collent pas. Elle n'a fait que montrer son visage « public », celui enjoué de celle qui s'occupe bien de nous tous sans distinction. Je la hais tellement pour ça, pour s'être jouée de nous, d'avoir tout prémédité, tout était calculé. Les sévices sont une chose, mais avoir le sentiment qu'elle s'est amusée avec nous me rend malade.

Le dernier véritable souvenir joyeux, qui restera dans notre cœur pour toujours, est l'arrivée d'un autre enfant chez notre « seconde maman », Arnaud, un petit garçon d'environ un an. Il nous fait beaucoup rire en formant de drôles de mimiques avec son visage potelé. Rapidement, un véritable lien se crée entre nous trois et il deviendra alors notre petit frère, comme on aime l'appeler, un petit frère d'adoption. Peut-être voulons-nous le protéger puisque personne ne nous a protégées nous ? Nous jouons sans cesse avec lui, les jouets n'ont pas d'importance à cet âge, les cliquetis de notre langue ou les claquements de doigts sont déjà un pur divertissement. En dehors de lui, seul compte notre départ.

Heureusement, toutes les bonnes choses ont une fin. Trois ans se sont écoulés depuis notre arrivée et le jour tant attendu, désespérément prié, a été exaucé : nous partons aujourd'hui. Nous quittons cette maison de malheur et pourtant mon cœur tremble.

Alors que tout le monde est déjà sorti, je me cache dans une petite pièce parce que je suis triste de partir. Au fil des mois, je me suis attachée à mon bourreau et c'est cette dépendance qui sera la plus dure à combattre tout au long de ma vie parce qu'on imagine toujours que la personne qui vous a fait tant de mal n'a pas pu vous haïr de bout en bout, que derrière ses coups, il y avait un infime sentiment d'affection et qu'elle a décelé ce que vous aviez de bon. Se rendre compte que nous avons été abusées sur toute la ligne est douloureux et prend du temps.

Lina me console bien qu'elle soit sidérée devant ma réaction. Je crois que la colère ne la quittera jamais vraiment. Bien sûr, notre retour est notre joie mais ces années chez Monique laisseront des traces bien plus profondes que nous aurions pu l'imaginer.

J'éprouve beaucoup de difficultés à dire au revoir. J'en garde un souvenir déchirant et je conserverai cette hantise des adieux même adulte. C'est aussi vis-à-vis d'Arnaud que nous sommes effondrées. Arnaud, ce tout jeune garçon d'un naturel foncièrement attachant, va nous manquer. Aussi, on se demande ce qu'il va lui arriver. Il est seul lui, ni frère, ni sœur pour tenir le coup. On lui promet, naïvement, de venir le chercher, dès que nous le pourrons. Ma respiration s'accélère en pensant à Sonia.

Mais bien vite, je suis tirée de mes pensées par Maman et le vrombissement de sa voiture. J'ai encore quelques sanglots mais je veux oublier. Je ne pense plus à rien, qu'à maman et à notre nouveau chez nous. Déjà les notes de « I will always love you » emplissent le véhicule et nous enveloppent dans une douceur ancienne au parfum de nouveauté.

Partie 4

Chapitre 1 : Le bout du tunnel

Nous revoilà, plus optimistes que jamais, plus vivantes que nous ne l'avons jamais été. Nous faisons nos gammes dans un tout nouvel univers, le 77, un département vert légèrement ennuyeux, plus exactement la petite commune de Chauconin-Neufmontiers, de son petit nom entre connaisseurs : Chauconin. Mais tant que nous ne sommes pas à Crespières, on prend ! Maman pouvait nous emmener à Anchorage en Alaska vivre dans un igloo, nous l'aurions suivie avec plaisir. Tout sauf Monique et son entonnoir. Tout sauf cette chambre lambrissée et son bureau monotone.

Nous connaissions l'endroit et le nouvel appartement de Maman lorsque nous venions le week-end et les vacances, toutefois, nous nous sentons toutes drôles d'y vivre de manière permanente dorénavant. Nous n'osons pas nous approprier les lieux de peur de s'y habituer et d'être deux fois plus peinées si nous devions retourner encore dans une famille d'accueil.

Nous n'arrivons plus à nous dire que nous sommes chez nous, que nous allons rester et qu'un foyer doit être rassurant. Ça a pris du temps avant que je parle de « ma » chambre. On n'était plus sures de rien. On attendait comme des déracinées. Par exemple, pour maximiser nos chances de ne pas être replacées chez la famille je-fais-manger-du-vomi-aux-enfants, Lina et moi jouons les Cendrillon. On astique chaque recoin et on ne laisse jamais une cuillère sale dans l'évier. A 7 et 9 ans, nous sommes des expertes dans l'art de l'entretien de la maison, des vraies fées du logis. C'est bête mais on se dit que si on est bien sages, des modèles de docilité et d'exemplarité, nous ne partirons pas d'ici. Notre mère est franchement surprise, elle ne comprend pas vraiment quelle mouche nous a piquées mais à la longue elle s'y habitue !

Par contre, si les vieilles habitudes ont la peau dure et que j'ai pris du temps à me faire à ma nouvelle vie, le logement m'a plu instantanément. Francis avait donné à ma mère la mission de personnaliser les lieux et le résultat avait beaucoup de charme. Il s'agit d'un beau duplex implanté dans une résidence privée sécurisée. On grimpe jusqu'à notre chambre par un escalier en bois. Le petit plus dont je raffole est ce yucca qui donne une touche nature et chic à l'appart. L'ensemble général s'accorde harmonieusement autour d'un majestueux buffet en marbre de très bon goût assorti à une grande table de living room. Il n'y a rien en trop, tout a sa place et apporte le je-ne-sais-quoi d'un appartement familial comme on l'imagine dans les films.

Notre chambre à l'étage du duplex est chargée de jouets et décorée de belles couleurs rosées et violettes. D'ailleurs, nous avons retrouvé un sommeil serein et apaisé. Ce qui me séduit dans ce duplex est la vue panoramique depuis le salon où nous pouvons admirer quelques étincelles des feux d'artifice de Disneyland Paris, implanté il y a peu. En quelque sorte, le parc nous appartient, il brille pour nous. Nous nous y rendons régulièrement pour nous émerveiller devant des personnages féeriques et des mises en scène spectaculaires. Pour des gosses, ces virées constituent de purs moments de magie. Comme souvenir, nous collectionnons des pins Disney distribués aux enfants à chaque visite. Ainsi, Mickey, Minnie et tous leurs copains sont accrochés à tour de rôle sur nos vêtements.

Au fur et à mesure que les jours défilent, je m'habitue à la résidence. De toute façon, je ne suis pas pressée, je profite de chaque jour comme si ça pouvait être le dernier. Cette sensation s'estompera avec le temps mais il faudra encore compter quelques mois pour que je n'y pense plus du tout. On se rend souvent au Mc Do, Maman regarde notre capacité à ingurgiter des nuggets en un rien de temps de manière assez suspecte. « Eh bien, vous aviez faim, qu'est-ce que vous avez comme appétit ! » On fait figure de vraies crève-la-faim.

Ma sœur et moi avons recomposé notre fameux duo, plus solide que jamais, pour s'approprier le monde. Ayant conservé notre aisance relationnelle, nous nous sommes rapidement fait de nouveaux amis que nous retrouvons souvent en bas de chez nous. Aujourd'hui, nous avons joué tout l'après-midi avec des gosses du quartier, des gamins bon chic bon genre très agréables et avec qui nous inventons des histoires abracadabrantes. La plupart du temps, nous jouons dans des cabanes que nous construisons au gré de notre créativité, tantôt un igloo, tantôt un navire de pirate. Sinon, nous montons sur nos rollers ou un skate pour dévaler les pentes de la résidence.

Mais aujourd'hui, c'était spécial. Inspirés par les lectures des grands portant sur la célèbre romancière Agatha Christie, nous nous sommes lancés dans une chasse au meurtrier. Nous cherchions qui pouvait bientôt commettre un meurtre. Qui serait suspecté ? La gentille voisine qui sort son chien l'air de rien ? Le jeune lycéen au baggy large comme s'il pouvait mettre une autre personne dedans ? Un rien aiguisait notre curiosité. Une montre cassée, un sac à dos bien trop garni. C'était hilarant, je me suis amusée comme une folle. J'attends avec impatience notre prochaine sortie pour vérifier mes prédispositions d'enquêtrice hors pair.

Mais pour le moment, destination vacances. Nous partons pour Sisteron, une ville des Alpes-de-Haute-Provence du côté de Gap, près de la maison des parents de Francis, notre beau-père. Nous y avons loué une villa. Bien qu'anxieuses à l'idée de rencontrer de nouveaux grands-parents, nous sautons comme des puces d'excitation. Le voyage se passe bien, un peu trop long à notre goût mais les chants mélancoliques de Maman rythment plutôt bien le trajet.

Nous sommes à peine sorties de la voiture que Mamie nous offre des Kinder Bueno et des Kinder Délices, ce qui sera sa signature tout au long de notre séjour. Elle nous fait visiter sa maison provinciale, un mât imposant dans un écrin de verdure bucolique. Nous goûtons des fruits cueillis de son propre champ d'abricotiers. Quelques jours plus tard, tata Nora nous rejoint aussi et, avec elle, commencent les courses à perdre haleine dans les hectares de terrain. Dans l'optique de tester tout ce qui peut l'être, nos parents nous emmènent même faire du bateau sur un joli lac.

En plus d'avoir une grande maison, la famille de Francis fourmille d'enfants. Il a beaucoup de neveux et nièces qui nous initient aux nombreuses joies du Sud comme les baignades au plan d'eau. Notre beau-père, lui, nous apprend l'art de la pêche, surtout moi qui apprécie attendre les poissons mordre à l'hameçon. Parfois, nous nous rendons à Marseille afin de déguster des bouillabaisses maison sur le vieux port, surtout les adultes car si j'aime le pêcher, je ne mange pas tellement de poisson.

Ce sont des vacances fabuleuses, et pour faire durer le plaisir, en rentrant à Chauconin, notre tante reste quelques semaines supplémentaires, histoire de nous garder pendant que maman travaille, de nous emmener au centre aéré et de nous y récupérer les bras chargés de chocolats. Tante Nora, c'est aussi les longues matinées à regarder le Prince de Bel Air avachies sur le canapé à rire bêtement à tous les enchaînements d'événements farfelus de Will Smith. La bonne époque !

Néanmoins, un léger bémol vient casser subrepticement l'ambiance, une broutille mais qui montera en puissance, crescendo, lentement avec le temps. En pleine partie de cache-cache avec tata et Lina, je choisis le placard de ma chambre. C'est un coup sûr, menue comme je suis, elles ne me verront pas sous les vêtements épars. Après avoir refermé délicatement la porte pour ne pas que l'on m'entende, je m'installe sous des manteaux et autres bouts de tissus et je regarde. Le noir et les contours nets du meuble tout autour de moi me crispent et me laissent une drôle d'impression, comme s'ils se refermaient sur moi, comme si l'issue s'obstruait et l'air venait à manquer. Comment l'air fait-il au juste pour rentrer dans le placard ? Est-ce que je suis sure qu'il rentre bien ? Ce n'est peut-être pas suffisant... Je sens qu'il me manque de l'oxygène. Les suffocations s'emparent de moi au fur et à mesure de mon stress qui monte. Ne faisant plus attention au jeu, je préfère sortir, j'ai même oublié ce que j'étais venue faire dans ce foutu placard. Mais quelle idée ! Qu'est-ce que je fabrique ?!

Ces légères crises se reproduiront, souvent, à intervalles réguliers. Quand je vais voir mes cousines qui habitent aux neuvième et treizième étages dans le

149

94, j'opte pour les escaliers, jamais l'ascenseur parce que ma crainte d'être coincée dans une boîte métallique façon sardines dans une conserve est trop forte. Sans le savoir à cette époque, je suis devenue claustrophobe, un reste sûrement des enfermements récurrents chez ma chère famille d'accueil.

En dépit de cet aléa en oxygène, ces vacances sont d'autant plus sympathiques que, habituellement, nous n'avons pas le droit de sortir loin et bien longtemps. Notre beau-père étant de la vieille école, en dehors de la résidence, nos escapades sont limitées. Ce n'est pas plus mal, je m'épanouis dans cet univers et j'apprécie de plus en plus Francis.

Au fil de nos discussions et de ses réactions, il m'apparaît comme quelqu'un de serein et de fiable. Il n'a qu'une parole. Et surtout, ce qui m'a tant manqué, il transpire l'amour ! Il nous aime ma sœur et moi, nous ne sommes pas ses filles biologiques et pourtant il suinte la tendresse et la gentillesse à notre égard. En y repensant, je me dis qu'il est franchement sympa parce qu'il me laissait lui faire des coiffures extravagantes alors que je devais lui arracher des dizaines de cheveux par coupe mais il ne disait rien.

Il n'évoque pas notre précédente vie chez madame M, Maman non plus et nous ne reparlons pas de cette période, même l'évocation d'un bon souvenir. Une tentative désespérée d'oublier, non pas les horreurs que nous avons vécues mais le simple fait que cette période ait pu exister. On ne veut plus en voir une trace. Comme si de rien n'était. La vie est un long fleuve tranquille, à ce qu'il parait...

Sauf cette fois, plusieurs mois après notre retour au bercail. Nous sommes à Carrefour toutes les trois, le trio de choc en formation. Le caddie en mode remplissage de cargaison au cas où les magasins seraient vidés de nourriture le lendemain, maman nous permet de prendre quelques bêtises superflues. Alors en passant devant le rayon alcool qui se trouve être juste sur notre chemin, je repère les fameuses bouteilles Malibu Coco dont le goût ne me déplaisait pas.

— Maman, viens on prend ça, c'est trop bon, ai-je proposé innocemment.

— Comment tu connais ça toi ? demande Maman, abasourdie.

— Bah c'est chez Monique, on en buvait. »

La discussion prend fin aussi vite qu'elle a commencé. Je perçois le malaise sans en comprendre l'ampleur, je pensais que c'était juste du jus de fruit. Le lendemain seulement, maman nous fait asseoir sur le canapé et nous demande de lui raconter. Alors, on déballe notre sac, enfin grosso modo, car beaucoup de sévices sont encore coincés dans notre gorge... On lui dit que Monique nous enfermait souvent, qu'elle criait beaucoup, qu'elle nous donnait des douches très froides. En dépit de son écœurement et de sa peine, Maman tente de ne rien laisser transparaître mais elle est choquée que nous ne lui ayons rien annoncé plus tôt. « Maintenant c'est trop tard » murmure-t-elle. Peur de retourner dans la spirale des assistantes sociales et furieuse contre une période qu'elle a déjà eu du mal à digérer, elle n'en a jamais reparlé. Pas un mot.

La seule trace de ce séjour persiste lors des repas quand il faut avaler de la viande rouge, je la mastique sans relâche, sans résultat, elle ne passe pas. Maman évite cette viande sans comprendre mon acharnement à mâchouiller inlassablement de longues heures durant.

De même, un léger soubresaut de mes frayeurs passées est revenu le temps d'une classe de neige. Bien que je sois ravie de participer à un voyage scolaire, il m'arrive de suffoquer. La journée étant bien chargée, je ris, je profite, je m'amuse. Mais le soir, le manque de maman s'installe insidieusement. Des pensées enfouies refont surface et s'imposent à moi. Des craintes que j'avais oubliées se mettent à me hanter. Je n'en parle à personne, une bonne vieille habitude, le silence. Je décide alors de prendre mon mal en patience. J'arrive à me calmer, seule en me focalisant sur ma classe et les autres enfants qui sont dans la même situation que moi. Après tout, nous sommes là pour prendre du bon temps.

A part ces quelques épisodes, nous continuons de profiter de notre vie familiale remplie de nombreux plaisirs. Maman et Francis reçoivent souvent des amis pour jouer aux cartes. On est conviées à les rejoindre la majeure partie du temps, les accompagnant alors dans leurs éclats de rire. En retour, nous sommes pas mal invités.

Par contre, la semaine, Maman travaille dur. Je dirais même qu'elle est légèrement exploitée. Elle enchaîne des missions d'un mois ou deux sans interruption. Il lui est arrivé d'avoir un creux d'une semaine à peu près sans job mais ça la minait, elle voulait absolument retrouver un boulot rapidement et ne pas rien faire. Elle ne s'accorde jamais de grasse matinée, toujours présente pour nous préparer nos repas et s'occuper de nous.

Aussi, depuis que nous vivons avec eux, Francis et maman nous emmènent souvent apprendre à nager, environ deux à trois fois par mois. Cette fois, les séances se passent dans la sérénité et rapidement, nous sommes à l'aise comme des petits poissons. Lina a ainsi pu goûter à nouveau au plaisir de la natation et s'est réconciliée avec ses talents de nageuse. De mon côté, je suis remontée sur un vélo en confiance, Lina me promettant autant de bonbons que je fais de tours avec mes pédales, vous imaginez bien que mes progrès seront assez spectaculaires !

*****

Malheureusement, notre éloignement de Vitry chez Monique nous a fait perdre nos habitudes familiales. Cette proximité que nous apprécions tant s'est légèrement estompée. Tant bien que mal, nous nous y rendons une à deux fois par mois depuis que nous avons emménagé dans le 77, mais nous avons senti une différence. Pas quelque chose de clairement palpable, juste l'impression que nous étions moins au fait de la vie de tous, que beaucoup d'événements se sont déroulés sans nous et continuent d'avoir lieu sans nous. Nous sommes accueillies à chaque fois comme des princesses, rien n'est laissé au hasard afin que nous nous sentions bien. Peut-être pour compenser ces années de manque... Mais c'est comme si nous n'étions pas à la page. Nous sommes toujours les derniers à arriver, les premiers à repartir.

Avec Laila et Sabrina, les retrouvailles ont tout de même été plus faciles et naturelles. Notre lien n'a pas été coupé par notre placement, il ne le sera jamais. Nous nous sommes vues quelques fois quand nous étions chez Monique durant nos visites. Notre complicité a été comme mise en pause mais elle a repris de plus belle dès notre libération. En grandissant, les délires prennent de l'ampleur, nos enfantillages se métamorphosent en jeux de grandes. Tout est plus intense. On pourrait discuter des heures à se raconter nos vies, à détailler les élèves de nos écoles respectives et à faire des plans sur la comète de nos vies futures, à deviner celles que nous deviendrons quand nous serons grandes !

Pour l'heure, question scolarité, tout suit son cours. Lina et moi sommes assez bonnes élèves, pas exceptionnelles mais ça roule, pas de quoi cacher notre bulletin scolaire, enfin pas toutes les matières ! Je me suis rapidement acclimatée à ma nouvelle école et idem pour Lina dans son collège. En vérité, Lina a toujours son caractère bien trempé. Elle ne mâche pas ses mots, jamais sa langue dans la poche, ce qui lui a valu quelques embrouilles. Mais, fidèle à elle-même, elle mène sa barque et ne se défile jamais. Elle est plus que jamais cette boule de feu pétillante. Une petite bonne femme déterminée. Une fois de plus, je suis ses traces. Plus tard, quand je serai dans le même collège qu'elle, je serai chouchoutée parce qu'elle y est respectée. Qui aurait voulu une dispute avec la sœur de Lina ? Ça aurait été comme de proposer un fight entre Mike Tyson et Mister Bean. Évidemment, je suis une fille plutôt sympa aussi, donc forcément, les gens m'apprécient ! Mais disons que ma sœur m'a évité quelques déconvenues.

Chapitre 2 : La grande nouvelle

Voilà environ deux ans que nous avons retrouvé notre famille greffée d'un nouveau membre, Francis. Bercées par des sorties régulières et des invitations amicales, nous nous épanouissons et n'avons besoin de rien de plus. Sauf qu'un petit changement de taille va poindre le bout de son joli nez, un bouleversement qui va propulser notre famille au rang de vraie famille recomposée.

Depuis quelques jours, maman ne va pas bien. Elle vomit souvent ce qui suffit à nous inquiéter. La voyant réapparaître dans le salon avec une mine de déterrée, je lui demande si ça va.

« Oui très bien ma chérie, je suis juste un peu fatiguée en ce moment, mais tu as raison, il faut que je vous parle de quelque chose à toi et à ta sœur. Rassure-toi, c'est une très bonne nouvelle ! » sourit maman.

Mille idées bondissent dans ma tête sans réelle logique pendant que les yeux de Lina deviennent aussi globuleux que ceux d'une grenouille. On s'assoit sur le canapé entre trépignement et incompréhension.

« Bien les filles, je suis ravie de vous avoir et Francis aussi, ça fait plaisir de voir tout le monde s'aimer comme ça, que tout soit facile entre nous. C'est pourquoi Francis et moi avons décidé que nous pourrions multiplier notre bonheur en accueillant un nouvel enfant parce que j'attends un petit bébé. »

La nouvelle a fait l'effet d'une bombe, on est passées par tous les sentiments, entre l'incompréhension, la surprise, la joie, la crainte tout en attrapant fort maman par le cou. Les pronostics vont bon train quant au sexe de l'enfant, chacun y va de son commentaire. On modélise son visage, un peu du menton de Francis et ses yeux, nos cils et notre bouche, les cheveux de maman. Un bébé puzzle est né à notre façon !

Au fur et à mesure, maman nous annonce les évolutions de sa grossesse. Le bébé est en bonne santé, sa courbe de poids et de taille suit son cours. Aucune anomalie. Assez vite, nous apprenons que c'est un garçon alors la machine se met en route ! Les meubles, les vêtements et les diverses parures sont achetés avec notre validation. Maman et Francis prennent toujours notre avis en considération. Il n'a pas de chambre à proprement parler pour le moment mais celle de maman est si grande qu'un coin spécial lui est aménagé avec tout le mobilier nécessaire : berceau, table à langer, armoire et un coffre pour ses premiers jouets. Lina et moi avons d'ailleurs rassemblé nos économies pour lui offrir sa première peluche, un lapin blanc tout doux aux grandes oreilles.

Le jour J, ou plutôt la nuit N, je suis restée chez Nathalie, une voisine et amie, comme j'ai souvent l'habitude de le faire quand je l'accompagne au marché et que nous devons partir le matin de bonne heure. Lina, elle, est restée chez nous avec tata. Nous étions dans un profond sommeil quand le bébé est arrivé mais Francis a vite appelé le matin pour nous convier à venir voir notre petit frère. Ou devrais-je dire, un poupon tout mignon, tout blondinet, tout joufflu. Il est choyé par toute la famille. Je mets tout mon cœur à l'ouvrage. Je le couve, lui change les couches, le badigeonne de crèmes hydratantes, lui donne ses biberons puis ses délicieuses purées verdâtres.

Nous nous sommes promis qu'on empêcherait quiconque de lui faire du mal. Je murmure à ma sœur :

— Personne ne pourra toucher à un seul de ses cheveux.

Lina comprend instantanément où je veux en venir. Nous n'avions jamais vraiment reparlé de l'épopée Crespières, on avait voulu tirer un trait même entre nous, comme si rien ne s'était jamais passé, croyant naïvement qu'au bout d'un moment, peut-être, nous pourrions oublier.

Elle ne me répondra pas, toutefois je capte sa culpabilité à travers son regard. Ces quelques mots ont appuyé sur sa corde sensible, elle a manqué à son devoir, à ce que Maman lui avait fait promettre, me protéger. Je voudrais lui dire qu'elle n'y est pour rien, qu'une folle reste une folle, que des gamines ne peuvent rien y changer. Mais je me tais, je ne peux pas parler encore de ces horreurs. C'est la dernière fois d'ailleurs que nous en reparlerons toutes les deux.

Malgré tout, on en reste imbibées. Le dimanche surtout, ce jour qui sonne comme un vide, l'arrêt dans le temps, une sorte de mise en pause de la semaine sans qu'on en comprenne la raison. Ce jour nous rappelle nos précédents dimanches enfermés dans la chambre de chez Monique et nous place dans un état léthargique comme pour nous préparer à la mort.

On a donc pris l'habitude, pour contrer ce maléfice temporel, de nous « perdre dans notre lit ». On appelle cet exercice comme ça, pourquoi ? Tout simplement, parce que nous ressentons l'enfermement. Alors, il arrive à ma sœur de pleurer sous la couverture, sans pouvoir trouver l'issue. Je crois que Monique la hante bien plus qu'elle ne voudrait l'admettre. L'angoisse remonte, on joue à prendre le dessus et à la combattre alors on glisse du lit jusqu'au sol bien ferme et Lina rampe vers la porte pour retrouver la lumière qui nous a tant manqué.

La nuit aussi a imposé son enveloppe obscure jusqu'au foyer serein de maman. C'est sûrement dû au fait que Monique nous faisait changer de chambre, de temps en temps, en pleine nuit. Elle nous réveillait brutalement, prétextant une urgence de déménagement de chambre et nous faisait déambuler dans la maison à moitié endormies, à moitié perdues, à moitié effrayées. A cause de cette manœuvre, on perdait nos repères, on se réveillait sans savoir où nous étions et mettions davantage de temps à réaliser ce qui se passait.

Même plus âgées, même mamans, nous ne dormirons jamais sans lumière, sans les volets ouverts et une veilleuse censée nous réconforter de monstres invisibles venus de notre enfance. C'est tellement dommage de ne pas pouvoir penser à cette période sans avoir la gorge serrée et des palpitations, même ce sentiment de légèreté qui va de pair avec l'âge de l'insouciance, elle nous l'a arraché...

Aujourd'hui, on s'est lancées à l'assaut d'un nouvel horizon ou plutôt on a réinvesti un territoire abandonné laissé en jachère. C'était une journée peu ordinaire. Le début a commencé comme un refrain que l'on connaît bien et que l'on fredonne par habitude. On se rend chez nos grands-parents, on salue toute la famille. Puis, on a fait une rencontre imprévue et pourtant tellement naturelle, on l'a revu. Lui. Il avait déserté notre vie, mais son retour a vivifié l'essor de notre stabilité. Notre père, notre sang. Il s'est présenté à nous dans le salon de nos grands-parents, Djeda et Djede.

On ne l'avait quasiment jamais vu de notre vie. Lina seulement bébé, donc elle n'a aucun souvenir, et moi jamais. Il est revenu d'Algérie. C'est toujours un homme de caractère. Nous sommes fières de nous rendre compte qu'il nous ressemble. Il a refait sa vie. Nous nous sentons bien avec lui, il nous met à l'aise, une franche complicité s'installe au fur et à mesure de nos rencontres, surtout avec Lina.

Finalement, au fil des mois, on passe un cap : on a le droit de le voir chez lui, à Paris. On y va comme des grandes par le train, ou plutôt, Lina, débrouillarde, se repère comme si elle était née dans ce labyrinthe de stations alors que moi, je la suis bêtement, docilement, toujours trimbalée comme un baluchon titubant sur ses épaules, lui tenant la main avec fermeté de peur de m'envoler. Ces escapades parisiennes me donnent des grands airs de grande dame qui s'accapare une liberté que Francis nous refuse de plus en plus.

Petit à petit, la famille de Papa s'agrandit. Nous vivons de bons moments et construisons une entente agréable et sincère. Ce que je préfère c'est le « je t'aime » de Papa dès que nous arrivons et quand nous partons, et tous ses câlins, à tout moment de notre visite, parsemés un peu, beaucoup, passionnément, à la folie. Nos liens se resserrent à chaque entrevue un peu plus. Lina et lui créent une complicité singulière et fluide. D'un regard, ils se comprennent.

159

Nos habitudes sont chamboulées aussi dans le 77. Notre frère grandissant, et parce que la maison est le rêve de bons nombres de personnes, Maman et Francis finissent par louer un charmant pavillon. Nous restons dans la même ville mais nous nous rapprochons du centre, juste en face de l'école. La coïncidence sympa c'est que nos amis de la résidence ont déménagé dans la maison mitoyenne à la nôtre. On n'est pas dépaysées au moins, on joue toujours avec eux sur la place devant chez nous.

Le pavillon fait partie de ces nouvelles maisons construites à foison à la fin du XXe siècle, plutôt grandes et bâties sur le même modèle à répétition. L'intérieur se démarque par l'utilisation de matériaux modernes et des murs blancs. Nous découvrons le plaisir d'avoir chacune notre chambre mais surtout, ce déménagement marque le début de notre adolescence, une période plus tumultueuse durant laquelle, comme la plupart des jeunes, nous avons testé les limites des adultes et les nôtres...

Chapitre 3 : Les pirouettes de la jeunesse

— Francis ! Safiya et moi, on peut aller jouer avec Cédric et Chloé en face sur la place, demande Lina d'un ton timide, s'attendant trop bien à la réponse de notre beau-père qui fuse, électrique.

— Comment ça ? Il est 13h là, on vient de finir de manger, attendez un peu. Vous sortirez vers 15h jusqu'à 17h.

— Oh non, s'il-te-plaît, à 14h, on n'a rien à faire là, supplie Lina.

— Trouvez quelque chose à faire, lisez un livre, jouez avec vos jeux, vous en avez pleins, mais pas de sortie tout de suite.

Ainsi, avait parlé Francis, le grand manitou. Bien que je sois proche de lui, son côté rigide commence à me taper sur le système. Au fil des ans, on s'éloigne de lui, de ses désaccords intempestifs, de son intransigeance bornée.

En grandissant nos centres d'intérêt évoluent aussi. Nos disputes deviennent de plus en plus fréquentes entre restrictions d'horaires et lieux de sorties, les accrochages se multiplient ! Aujourd'hui, on a mis trop de temps à aller chercher le pain, hier, on a dépassé de six mètres le périmètre légal de sortie autorisé...

Pareil, certains sujets comme les amourettes ou le simple fait d'avoir un ami garçon s'érigent comme des menhirs de tabou. Mieux vaut ne pas titiller Francis. Ça serait plus facile de lui dire qu'on va escalader l'Everest que d'introduire un amoureux. En vrai, je lui donne entièrement raison mais les interdictions perpétuelles à cette époque commencent à nous ronger, Lina et moi. On se frotte de plus en plus souvent à sa personnalité rigido-implacable. Le silence de maman confirme son alignement et nous donne un sentiment plus intense d'isolement face à des adultes qui nous empêchent de nous épanouir. Une crise d'adolescence, quoi de plus banale finalement !

Lina est encore plus dure que moi avec lui. Elle le teste constamment. C'est comme si elle cherchait à le faire déraper, à vouloir aller au clash. Et pourtant, lui et maman font tout pour nous. Ils nous inculquent patiemment le respect et des valeurs d'altruisme, qualité que ma sœur et moi cultivons avec ferveur, ce qui ne nous empêche pas de commettre certaines bêtises.

Notre nature passionnée aidant, nous avons plus d'un tour dans notre sac face à la dureté de notre beau-père. On a trouvé le bon plan, l'échappatoire idéale sans que Francis ne puisse nous contredire : la bibliothèque, notre nouveau repaire. « Je vais faire mes devoirs, j'ai un travail à préparer sur les dinosaures », « je vais à la biblio avec Clarisse, je ne comprends pas l'exo de mathématiques ». Bref, les excuses pleuvent. Allez, parfois, il nous arrive de réellement faire nos devoirs, mais il faut être honnête, on y va davantage pour nous amuser et bien rigoler !

En parallèle de nos escapades bibliophiles, Lina et moi acquérons une complicité plus charnelle avec Vitry. La ville se réinscrit dans notre peau et redevient notre deuxième maison. Nous avons repris nos bonnes habitudes. On dort de plus en plus souvent là-bas le week-end voire quelques jours pendant les vacances. On veut y rester le plus possible, maximiser le nombre de jours de vacances auprès de nos cousines, de nos grands-parents, des oncles et tantes. Et même notre père, nous le voyons plus, de temps en temps, pour passer quelques week-ends, puis, progressivement, quelques jours de vacances, chez lui aussi. Ainsi, nous évoluons dans des champs plus vastes que Chauconin et goûtons à des horizons moins exigus, où nous nous sentons plus nous.

De cette connexion, alors, a germé une idée: aller vivre chez ma cousine Nejma, une femme de caractère, sur le même moule que Lina, qui sait concocter à merveille des fous rires de gosse à la sauce de notre jeunesse impertinente. Elle me plaît tellement parce qu'elle m'entoure de son halo d'indépendance et d'autonomie ce qui, paradoxalement, dompte mes envies de grand air. Elle vit avec son jeune bébé et me donne ainsi l'occasion de tâter à quoi ressemble la vie de maman, sérieuse mais à la cool.

« Maman, je suis bien avec toi mais je me sens mieux à Vitry, il y a toute la famille, Djeda, Djede. Je serais pas perdue si je vais vivre avec Nejma ». Voilà comment commence une sempiternelle tentative pour déménager chez ma cousine sans heurter maman mais avec franchise. La réponse que j'ai déjà entendue mille fois s'échappe tel un vrombissement dans la bouche de maman, « c'est non, non, je te l'ai déjà dit, tu es trop jeune ». Mes demandes ne s'arrêteront pas à ses refus, je retenterai inlassablement mon coup, jusqu'à ce qu'elle craque et j'en suis sure, elle craquera ! Je guette, tapie, son fléchissement.

163

Ma sœur et moi sommes tout feu tout flamme, deux êtres à vif. On veut vivre, s'éclater, faire comme nos copines alors les conneries s'enchaînent.

A l'adolescence, je m'initie à l'escalade... Ou plus exactement, je fais croire que je dors sagement chez Géraldine, ma meilleure amie, une boule d'énergie, pleine de vie, un peu fofolle dirait-on. Puis, nous sortons par la fenêtre de sa chambre pour nous balader dans la nuit, nous prenant pour des chats... On n'a jamais fait de grosses bêtises comme fumer de la drogue mais on expérimente les folies de l'adolescence à enfreindre les règles. Encore une fois, j'avais besoin d'air, de m'évader de ce sentiment d'enfermement et de contrôle.

Petit à petit, malheureusement, les rencontres se font obscures. Auparavant, on se contentait d'un clair de lune, insouciantes. On se prenait pour des papillons de nuit. Fidèle à moi-même, je continue de butiner et de suivre notre petite troupe de joyeux lurons. Je veux faire comme tout le monde. Ce n'est que maintenant que je remercie Dieu que rien de grave ne se soit produit. Heureusement, je n'ai pas poursuivi dans cette voie même si j'aurais préféré éviter de croiser la route de certains individus et de vivre certaines péripéties...

*****

En parallèle, sonne l'heure des grandes décisions d'orientation. « Alors quel métier veux-tu faire plus tard ? » Lina et moi conservons nos velléités d'entraide et de solidarité depuis l'enfance. Au collège, ma sœur veut être éducatrice en foyer en suivant un BEP sanitaire et social. Cette orientation correspond à sa personnalité renforcée par notre propre histoire l'ayant sculptée et fait mûrir. Désespérément, nous refusons que ce que nous avons vécu ne se reproduise sur des êtres innocents et sans défense. Je penche vers ce métier également.

Avec les années, suivant son tempérament bien trempé, un bélier contre les injustices, Lina veut se mettre au service d'une cause humanitaire en aidant les plus faibles et en faisant respecter un nouvel ordre social. Elle envisage cette voie à travers la carrière d'avocate. Elle s'imagine déjà terrasser ses adversaires, en faisant voler les manches de la fameuse robe noire à travers la pièce du tribunal, devant la barre en plein plaidoyer. Pour ma part, je reste fidèle au métier d'éducatrice en foyer qui me fera rêver longtemps. Rapidement, à la fin du collège, Lina, elle, bifurque vers l'adulation de la business woman, la femme active toujours bien habillée à l'instar des mannequins des magasines les 3 Suisses ou La Redoute. Bien que nos rêves professionnels d'enfants soient au stade de balbutiement, ils comptent à nos yeux. Ils permettraient de renverser une injustice qui se tait en nous et qui, selon nous, ne pourrait trouver d'autres alternatives pour être évacuées.

Je garderai longtemps ce cap jusqu'à ce que les conseillères d'orientation m'incitent à emprunter des filières moins sociales, plus terre à terre, plus fourre-tout. Elles brandissent le secrétariat comme voie royale d'une réussite prometteuse. Lina sculpte son look branché chic et se féminise en portant de délicieux tailleurs très modernes. Venant compléter sa personnalité entière, elle consacre un temps fou au sport notamment à l'athlétisme et à la boxe française en s'entraînant quatre fois par semaine. Elle envisage d'ailleurs d'intégrer l'équipe de France de boxe française.

Cependant, stimulée par un second souffle, devenir maman, elle laisse de côté ses études et le sport. Elle a trouvé un jeune homme attentionné, un peu gauche mais plutôt sympa avec qui elle envisage de fonder une famille. Rapidement, son ventre s'arrondit et j'ai la joie de devenir tata, pour la première fois ! C'est un petit bonhomme aux traits fins mais aux joues délicieuses qu'elle prénomme Yanis.

Lina se consacre à la maternité. Elle veut une coupure sérieuse avec l'enfance et l'adolescence, avec ce statut incertain qui lui colle à la peau et l'empêche de se construire. Elle sait qu'elle pourra entourer son enfant d'un amour qui la dépasse, qui sera plus fort que ce qu'elle a connu.

Elle vit toujours avec nous, à Chauconin, parce que trouver un logement quand on est jeune est toujours un casse-tête. Elle mène donc une existence de princesse, chouchoutée par toute la famille.

Après la naissance de son fils, Maman lui vient en aide. Elle la relaie et les six premiers mois du bébé passent comme une lettre à la poste. Je me sens très proche de cet enfant. Devenir tata est une expérience saisissante surtout quand on n'a pas encore d'enfant soi-même. Je profite des bonheurs que le bébé nous apporte et qui apaise un peu l'ambiance de la maison.

A force d'harceler le maire de la ville, Lina trouve un appartement dans la commune voisine. Elle s'y installe avec toute sa petite famille. Aussi, chose qui arrive, Lina se sépare du père de son fils rapidement après leur installation. Alors, elle devra mener de front toutes les tâches qui incombent à une mère seule.

A ce moment, un lien va se distendre entre elle et moi. Nous nous voyons toujours avec beaucoup de plaisir, souvent chez nos grands-parents, mais elle mène une tout autre existence que moi. Elle est une maman qui doit goûter aux tracas des factures et de la gestion d'un foyer, je suis une jeune un peu paumée qui profite de sa vie. En soi, l'éloignement ne m'affecte pas, ainsi vont les choses, mes journées étaient chargées avant, elles le sont toujours.

Suivant les conseils éclairés des conseillères d'orientation, je choisis un BEP secrétariat et je deviens une fourmi dans une masse plus ou moins turbulente d'étudiants. Je n'accroche pas spécialement. Je ne sais pas si c'est à cause du type d'études, des autres élèves qui ne ressemblent pas du tout à mes amis ou d'une ambiance générale mi maussade, mi désabusée, comme si je devinais que cet établissement n'allait pas me mener bien loin, mais je n'y ferai pas long feu. J'aurais préféré une orientation qui ait du sens, qui m'implique plutôt qu'une filière trop tournée vers le monde de l'entreprise.

Lina, elle, enchaîne les petits boulots qui la vident de l'intérêt qu'elle portait à la vie, à ce qui la faisait espérer un meilleur futur. A l'inverse, elle se remplit d'ennui et d'amertume. Lorsqu'elle commence son travail de préparatrice de commandes de produits pharmaceutiques, elle y trouve une motivation financière qui l'incite à s'accrocher. Sans ces pauvres mille euros par mois, comment pourrait-elle élever Yanis ? Comment pourrait-elle s'en sortir ?

Or, à force de répéter toujours les mêmes gestes, son énergie s'étiole. Le matin, c'est lever à cinq heures pour être fin prête à six heures et déposer Yanis chez la nourrice. C'est parti pour une journée qui se termine à 19h avec uniquement deux heures de pause le midi. L'ambiance générale est glaciale : le temps à l'extérieur, dans les locaux où personne ne s'adresse le moindre mot en dehors d'un bonjour taciturne en arrivant et le silence envahissant qui neutralise la possibilité d'en extraire des conversations amicales.

La journée se résume à trier, emballer et compartimenter des commandes très spécifiques destinées à des personnes gravement malades à l'hôpital y compris des enfants. Elle ne relève quasiment jamais la tête. Ses objectifs de préparation sont très serrés et elle doit être certaine de ne pas se tromper. La moindre erreur pourrait coûter cher. Rébarbatif, le ton est donné, il faut être efficace, empaqueter le plus rapidement possible. Non pas que ce soit un problème pour Lina, la célérité, ça la connaît. Ses doigts glissent et agrippent les colis dans une chorégraphie inlassablement répétée. D'ailleurs, elle est la plus rapide de son équipe. Déjà à ses débuts professionnels, elle est la première.

En revanche, elle déplore de n'être qu'un maillon d'une chaîne qui la dévore. Elle se perd et se confond avec un robot, un gentil mécanisme similaire à ceux avec lesquels joue Yanis. Elle se laisse aller à une vie d'automate et se parle à elle-même. Elle le faisait régulièrement chez Monique et en avait perdu l'habitude. Maintenant, elle se motive pour se donner de la force : « Tu vas y arriver, tu vas trouver une solution ».

Elle tient pour son fils qui devient un petit garçon de trois ans irrésistible avec une énergie débordante. Ce n'est pas une simple tournure de phrase qui décrirait une mère légèrement dépassée par son rejeton. Yanis a été diagnostiqué hyper-actif par son médecin traitant. Ce gosse est speed H24, aucun répit, même la nuit, il préfère jouer au ballon avec son doudou coccinelle plutôt que d'aller dormir.

Chapitre 4 : Mon jardin secret

Jusqu'à présent, j'ai passé sous silence un pan de ma vie, qui même à travers cet écrit a eu besoin de mûrir, de se présenter doucement à vous, peut-être parce qu'il demeure le plus intime : ma spiritualité ou du moins ce qui ressemble à ce que je crois au fond de moi.

Petite, chez Monique, j'implorais mes grands-parents de me venir en aide en croyant invoquer Dieu. C'était confus, un mix entre le sentiment de sécurité et l'écoute. Il faut dire que je n'ai jamais reçu d'éducation religieuse à proprement parler par ma famille.

Il n'y a eu que mon passage de deux ans à l'école catholique qui m'a permis de palper, de loin, l'impression d'un Dieu. Je ne participais pas aux cours religieux mais la présence des bonnes sœurs et l'ambiance générale inscrivaient la religion dans quelque chose de concret, qui existe, qui se discute et vers lequel c'est logique de se tourner. Je ne me suis pourtant jamais considérée comme catholique, j'étais simplement une sorte de déiste en quête d'inspiration et de réalisation.

Après Monique, chez maman, pendant l'enfance et l'adolescence, la prière continue de marquer mes nuits. Seule, quand tout est silencieux, allongée dans mon lit, je joins mes mains l'une dans l'autre afin de réciter mes invocations : « Mon Dieu, protège ma famille, guéris les enfants malades, prends soin de maman ». Cette habitude perdurera au fil des années, je ne loupe pas une nuit. Même avec Géraldine, après nos folles ballades au clair de lune, bien que nous soyons en plein débriefing, je me réserve un moment avec Dieu. Ça peut me prendre au beau milieu de notre conversation, quand je sens que je dois le faire à cet instant. Ma copine s'en rend compte quand je ne participe plus à nos éternelles discussions en me disant « Ah oui pardon, tu fais ta prière ».

En plus de faire partie de mes habitudes, me recueillir me permet d'y voir plus clair et me donne un espoir que j'ai du mal à puiser ailleurs. Par exemple, un ami que j'apprécie particulièrement s'est éteint à cause d'un accident de moto. Je demande continuellement à Dieu de l'accepter, de lui accorder le Paradis et qu'il soit bien là où il est.

Bien que je n'aie pas été initiée à la religion par ma mère, j'ai toujours vu mes grands-parents prier, pas comme moi, pas dans leur lit, mais suivant des génuflexions successives rythmées par des mots en arabe, des prières musulmanes. Ma grand-mère les accomplira assez tôt sur une chaise pour des questions de santé, ce qui n'empêchera ni mes cousines ni ma sœur ni moi de lui tourner autour, de monter sur elle ou de la rendre folle d'une manière ou d'une autre pendant qu'elle les accomplit.

Chaque matin, mes grands-parents se lèvent pour effectuer leurs ablutions, ce qui, quand j'étais petite, n'était qu'une espèce de toilette du matin. Ils se lavaient les mains, le visage, les pieds. Je ne me posais pas de questions.

C'était habituel, comme un rituel. Je n'y voyais aucun aspect spirituel derrière, juste une routine, leurs petites manies de vieux parce qu'il n'y avait qu'eux qui priaient. Tous les autres membres de ma famille se disaient musulmans sans toutefois pratiquer, seule ma grand-mère portait le voile.

Aussi, ni ma sœur ni moi ne parlons arabe. On en comprend quelques mots mais rien de sérieux. On comprend que la prière se fait dans cette langue mais ça nous en éloigne d'autant plus que nous sommes mal à l'aise dans ce fourre-tout de vocabulaire incompréhensible. Pourtant, nos grands-parents ne s'expriment quasiment qu'en arabe mais, ballottées entre Crespières et Chauconin, sûrement, nous n'en maîtrisons pas les bases et pour être honnêtes, ça ne nous intéresse pas plus que ça. Je sais qu'un jour je ferai la prière mais c'est lointain, un acte qui s'exécute à l'âge adulte, voire au début de la vieillesse.

Un événement annuel, cependant, retenait mon attention et nous ramenait tous à notre religion sans que nous n'ayons vraiment conscience de ce qui se passait : l'Aïd, ou plutôt une vaste fête familiale qui nous réunissait tous à Vitry, toujours chez nos grands-parents, et ce, depuis que ma sœur et moi étions petites.

— Bon les filles, vous vous souvenez bien, qu'est-ce que vous dites à Djede et Djeda aujourd'hui ? nous faisait réviser maman dans la voiture en route pour Vitry.

— On sait maman, s'impatientait Lina, Aïd moubarouk ».

Maman la coupait avec un rire amusé.

171

« Aïd moubarak », corrigeait-elle avec un léger accent algérien guttural.

Devant le seuil de leur porte, je me répétais inlassablement ces deux mots comme une formule magique. Et à peine la porte s'écartait légèrement, de peur de l'oublier, je me ruais sur ma grand-mère pour lui jeter un Aïd Moubarak prononcé avec un accent à couper au couteau.

Ce rappel à la langue arabe et à notre tradition musulmane s'évaporait aussi vite que nous entrions dans leur appartement. Notre « ouvre-toi sésame » a fonctionné, la fête pouvait commencer et on oubliait aussi vite la raison de notre venue.

La vie en compagnie de Francis accentue notre distanciation avec la religion musulmane. Notre beau-père est incontestablement quelqu'un d'ouvert mais, malgré tout, je ne me sens pas à l'aise pour aborder le sujet avec lui. Peut-être de facto, n'étant pas musulman, je me dis qu'il ne comprendrait pas. Je ne sais pas mais je préfère éviter le sujet.

Surtout que depuis mon arrivée au collège, les élèves viennent d'horizons variés. Alors qu'à l'école primaire, très peu d'élèves étaient musulmans, ils furent beaucoup plus nombreux dans mon nouvel établissement. Très vite, je me suis retrouvée à être la seule à aller à la cantine quand sonnait l'heure du Ramadan et que les élèves musulmans restaient en classe ou rentraient chez eux. Après les vacances de Noël, je racontais mes veillées festives tandis que ces camarades n'avaient ni cadeau, ni sapin, ni chant, rien. Parce que Noël ne faisait tout simplement pas partie de leurs traditions.

Je me sens fragilisée, je m'appelle Safiya, je suis d'origine algérienne, et pourtant, ma vie ressemble bien plus à celle de mes amis athées ou catholiques qu'à mes coreligionnaires musulmans. Cette fois, je ne suis plus un chemin tracé, je suis différente des autres. Je me suis écartée du sentier et pour la première fois, je ne sais plus qui suivre.

Ce décalage me conduit à faire mon premier ramadan, vers mes quinze ans, quasiment en cachette de ma famille. Non pas que Francis aurait refusé, mais j'appréhende sa réaction et je ne me sens pas encore prête à m'affirmer sur ces questions. C'est un jeûne couci-couça, un ramadan de l'à peu près, plutôt un test histoire de recoller les morceaux. Je reconstitue mon moi, mon puzzle éparpillé entre deux villes, entre mon origine et ma francité.

Les pièces ne sont pas encore complètement assemblées, je me pose de plus en plus de questions sur la prière notamment. Or, personne n'est présent pour me montrer comment la réaliser. Ne parlant pas l'arabe, comment pourrais-je réciter des prières ?

En parallèle, je continue mon combat pour partir à Vitry et me rapprocher de ma famille, de Nejma. Je suis d'autant plus convaincue, d'autant plus seule que Lina est déjà partie de la maison, elle a sa vie avec son fils. On se téléphone souvent, on se voit chez nos grands-parents ou pendant les entraînements de football de Yanis. Chacun mène son bonhomme de chemin, elle, sa vie de maman avec son copain et moi, mon quotidien et mes envies de jeune.

Une jeune de plus en plus conflictuelle avec mon beau-père et ma mère, les tensions sont fréquentes. Alors ma crise d'adolescence aidant et dans un dernier effort, une dernière salve de ma cousine, Maman cède, vaincue à l'usure, et accepte mon emménagement dans le 94. Alors âgée de dix-sept ans, je m'installe dans ma nouvelle chambre avec le sentiment que cette vie me ressemble davantage.

Sous ses cheveux blonds, lissés et brillants, Nejma pétille. Adroitement, elle m'initie à la vie d'adulte et à la liberté tout en me responsabilisant. Je fais ce que je veux et pourtant je n'abuse pas. Je m'occupe régulièrement de son fils et lui ai fait découvrir l'un des meilleurs dessins animés du monde : le Grinch, un redoutable bonhomme vert qui déteste Noël et qui fait trembler tout le village de Whoville ne désirant que faire la fête.

Pour l'heure, c'est journée entre filles, shopping et UV aujourd'hui. Nejma c'est ma meilleure amie, une cousine en or qui n'hésite pas à m'offrir le pull de mes rêves lors de nos aprems qui font chauffer la carte bleue. On a les mêmes goûts et on se prête nos affaires. On ressort légèrement bronzées de notre séance d'UV du mois. J'aime prendre soin de moi, je suis devenue une jeune femme très coquette qui porte une grande attention à ses tenues et son look. Je ne me sépare jamais de mon crayon noir qui fait ressortir l'amande de mes yeux. Bref, je retrouve petit à petit une vie normale, j'oublie Monique. Je m'ouvre à d'autres horizons. Sauf que le passé nous rattrape toujours...

Chapitre 5 : Un rendez-vous étonnant inattendu

Un jour, chez nos grands-parents, Lina me saisit violemment par le bras, le visage soucieux. Je comprends instantanément de quoi elle veut me parler. Moi aussi, j'ai voulu l'appeler après avoir reçu un drôle de courrier mais je ne m'en sentais pas la force. Elle veut que l'on confronte cette lettre mystérieuse que l'on a reçue il y a quelques jours. Un courrier qui nous a ramenées plus de dix ans en arrière. En quelques mots, c'est comme si on se prenait un coup de poing dans le ventre ou qu'on nous mettait la tête sous l'eau afin de nous faire encore ressentir le froid et l'impuissance.

– Tu l'as reçue toi aussi ? me demande ma sœur, nerveuse.

– Tu parles de la convocation à la gendarmerie ? Viens, on va dans la chambre. On sera plus tranquilles pour parler.

– Tu as vu d'où vient la lettre ? lance Lina.

– Oui de la gendarmerie de Versailles, dans les Yvelines.

– Les Yvelines, comme Crespières.

– De toute façon, ça ne peut être que ça, ça ne peut être qu'elle.

– On se montre respectivement les deux courriers, strictement identiques, seuls nos deux prénoms diffèrent. Le rendez-vous est fixé dans un mois, même date, même heure, même lieu pour nous deux. Lina reprend :

– J'étais choquée de recevoir ça. J'ai pris le bout de papier et je suis restée debout comme une imbécile.

– Pareil.

– Mais en même temps, je me dis, pourquoi maintenant ? Pourquoi nous ? Il n'y a pas une histoire de prescription ? ça date tellement pour nous, se demande Lina.

– Elle a dû recommencer sur d'autres enfants. Elle leur a fait du mal comme elle nous a fait du mal mais cette fois, les gosses ne se sont pas laissé faire.

– Oui, ils doivent avoir les dossiers des enfants qui ont été placés chez ces gens. Ils ont dû se renseigner auprès de la structure d'aide à l'enfance. Ils veulent savoir comment ça se passe là-bas.

Le mois fut long. Je suis prise entre l'envie que le rendez-vous porte effectivement sur ce que cette dingue nous a fait endurer mais paradoxalement, j'en ai terriblement peur. Je ne me sens pas de repenser à tout ça. J'en ai les doigts qui tremblent et la respiration qui s'accélère.

Le jour J, par téléphone, Lina m'annonce qu'elle et maman arrivent bientôt à Vitry. En les attendant, une boule grossit dans mon ventre à m'en donner la nausée. Dès que j'entends le klaxon, je descends et déstresse avec les deux femmes de ma vie. Direction la gendarmerie.

A peine arrivées, ma sœur et moi sommes dispatchées dans deux salles différentes. Première surprise de la journée, on ne s'y attendait pas à celle-là ! Je pensais l'avoir à mes côtés pour être plus forte quoiqu'il se passe.

Et bingo, c'est bien notre chère Monique qui est au centre des attentions ! Je ne suis pas vraiment surprise. Au vu du lieu de la gendarmerie, dans les Yvelines, ça ne pouvait émaner que d'elle. L'affaire était forcément connectée à elle. Les questions fusent du côté des gendarmes.

Comment s'est passé votre placement ? Que faisiez-vous ? Comment se comportait Monique ? Son mari ? Où dormiez-vous ? Que mangiez-vous ? Je réponds crescendo, oui je mangeais, mais pas toujours à ma faim, je dormais, mais pas toujours dans le lit de la chambre, parfois dans la cave. L'hygiène, ça pour être propres on l'était, décapées comme un sou neuf.

Je crache le morceau, comme si je déroulais une bobine de fil, comme si je vomissais une nouvelle fois tout ce qui était resté coincé depuis toutes ces années. J'insiste sur l'entonnoir. Lina me racontera après qu'elle aussi a tout lâché. Elle a été accueillie par les dessins que lui faisait faire Monique, ses fameux cimetières ornementés de fleurs colorées autour de pierres tombales, les nôtres, celles de notre famille, de ceux que nous chérissons le plus. Ma sœur a pris conscience à ce moment-là que rien ne serait plus pareil. Cette page qu'elle avait tant voulu ignorée était en train de lui gifler le visage. Elle a tout avoué.

Seulement, la douleur n'est pas venue de nos propres souffrances. Les verbaliser a été une épreuve, surtout devant des personnes inconnues, qui plus est des représentants de l'autorité... Mais ce ne fut rien à côté de ce qu'ils nous ont annoncé eux...

D'abord, ils nous ont informées que l'affaire pour laquelle nous sommes interrogées concerne treize chefs d'inculpation. Nos dénonciations qui sont venues compléter le dossier ont été qualifiées de sévices corporels, de tortures et d'actes de barbarie. A l'entente de ces mots, c'est comme si je réalisais d'où je venais, de quoi je m'étais extirpée. Pour moi, c'était le vocabulaire de la guerre, du nazisme, de la violence dans son acceptation la plus sauvage et il s'appliquait à mon cas, à ma personne, à mon parcours. Le sadisme et l'inhumanité de Monique avaient enfin un nom, ils étaient verbalisés et reconnus pour ce qu'ils étaient, de la cruauté à l'état pur.

La confrontation avec mon passé n'est pas finie. Les gendarmes vont lier les relents de mes souvenirs directement avec mon présent en nous annonçant une atrocité de plus, une de trop, celle que ni ma sœur ni moi ne pourrons supporter.

Ils ont parlé d'Arnaud, ce petit garçon d'environ un an qui était arrivé quelques semaines avant notre départ. Il est désormais autiste parce qu'il aurait subi des horreurs chez cette femme. On craque littéralement, on fond en larmes. Pas lui, pas cet enfant innocent à qui on avait promis de revenir... Il est resté livré à lui-même et on comprend qu'il aurait été victime de quelque chose de l'ordre du viol. Nous nous étions tues pour ne pas que maman ait des problèmes mais notre lâcheté a coûté cher à Arnaud. Je ne peux pas m'arrêter de pleurer, ça coule tout seul. Je me sens tellement minable.

Lina ne se relèvera pas vraiment de ce rendez-vous. Elle prend cher. Sa culpabilité la noie et l'empêche d'apprécier qui elle est devenue. Dans sa tête, une phrase résonne encore plus fort que quand elle était enfermée dans le cellier « Lina, c'est de ta faute, tu n'es pas venue le sauver, ni ta sœur, ni lui, honte à toi ». On a pensé à nous, à se reconstruire mais on a oublié Arnaud, ou du moins on se rassurait en se disant que tout irait bien pour lui. Sauf que nous étions des gosses nous aussi, des mômes choquées qui se réveillent adultes avec ce fardeau. On se sent presque complices de crimes sur un bébé. On ne pouvait pas savoir, on pensait que c'était de notre faute, qu'on faisait trop de bêtises... Arnaud était mignon lui, il aurait été sage...

Mais Monique est une prédatrice, elle a besoin de nouveaux enfants constamment, de la chair fraîche à se mettre sous la dent... Elle n'allait pas s'arrêter en si bon chemin et se restreindre à deux gamines paumées de Vitry, il lui en fallait davantage, toujours plus, comme une addiction. La motivation financière ne pouvait expliquer à elle seule son fonctionnement. Ses besoins dépassaient la soif d'argent. Elle s'abreuvait d'un autre remède, celui du désespoir et de l'impuissance de ses victimes, de ses proies alors qu'elle n'avait aucun mal à les maîtriser entièrement.

A bien y réfléchir, elle détenait un certain pouvoir aussi sur François qui lui était soumis et obéissait. Elle l'avait choisi bon benêt qui ne devait pas se douter de toutes les atrocités qui se déroulaient sous son toit. Il rentrait la plupart du temps fatigué par une journée de boulot harassante et ne cherchait pas à savoir comment sa femme avait comblé les trous de son emploi du temps. Il ne pouvait que constater l'esprit diabolique de sa chère et tendre qui fourmillait d'innovations ignobles. Néanmoins, elles ne l'intéressaient guère. Il se pliait à certaines mais n'avait pas l'air de se préoccuper outre mesure des occupations des uns et des autres. Après tout, que l'on martyrise des gamines était sûrement le cadet de ses soucis...

Après le rendez-vous, je sens Lina fébrile, c'est comme si elle avait perdu un proche, comme si le monde croulait sur ses épaules. Son comportement m'est étranger, d'autant qu'à cette époque, je me sens davantage soulagée d'avoir survécu à l'époque Monique, plutôt que mortifiée par ce passé. On espère avoir rapidement des nouvelles de l'instruction du dossier mais on se fait peu d'illusions, ce genre d'affaire criminelle prend du temps.

Chapitre 6 : Seule dans sa tourmente

S'en suit une sale période pour Lina. D'abord, je ne prends pas la mesure de son dérapage et de son mal-être. Je la vois juste changer physiquement, s'amaigrir entre chaque visite et alors qu'elle était si belle, son visage devient celui d'un macchabée. Est-ce qu'elle fait ça pour qu'on la remarque ? On plaisante devant elle, on la charrie. Au début, elle évoque une difficulté à manger, une angoisse, quelque chose qui ne passe pas. Puis, elle s'est enfermée dans un mutisme inexpliqué. Même à moi. C'est plus tard que j'ai compris ce qu'elle a enduré pendant trois ans...

Après la convocation à la gendarmerie, une sorte de trappe imaginaire s'est formée dans la gorge de Lina qui paraît coupée en deux, même déglutir sa salive lui coûte. Quand elle palpe son cou, elle ne sent rien, mais la sensation d'avoir une boule est persistante. Dans un premier temps, elle s'inquiète pas. Avec l'émotion et le stress du rendez-vous tant attendu et redouté, elle se dit que sa réaction paraît normale.

Lorsqu'elle veut manger des yaourts avec des morceaux, du pain ou même des biscuits mous, ils se bloquent. Rien ne passe et elle s'étouffe. Le réflexe de déglutition semble bloqué. Le mouvement de la gorge en mangeant est désarticulé, ses muscles n'ondulent plus pour faire coulisser les aliments. Elle peut s'étrangler avec une simple cuillère de céréales. Afin de retrouver sa respiration, elle tousse à s'érafler les parois de sa gorge. Les heures passent et la faim la tiraille, il est temps de contenter son estomac. Mais toujours rien. Alors, Lina comprend que le problème prend de l'ampleur, que sa vie se complique : elle n'arrive plus à avaler le moindre aliment. Tout n'est qu'engrenage, ses premiers étouffements conduisent aux suivants, à chaque fois plus violents et plus capricieux.

Acharnée, elle essaye, elle tente encore et encore. Mais Monique s'invite dans sa cuisine, tout le temps, et lui susurre « tu vas mal avaler, ça va passer par le tuyau de gauche ou de droite et tu vas t'étouffer». Ses chuchotements fonctionnent, Lina arrête de se nourrir, désespérée, ne sachant plus quoi tester à part des boissons qu'elle ingère au compte-gouttes. Monique apparaît sans prévenir, inopinément. Au début, c'était uniquement durant les repas, puis elle est venue mettre son grain de sel au travail, la nuit, en compagnie d'amis.

Tant bien que mal, elle découvre que les madeleines trempées dans du chocolat chaud sont parfaitement dissoutes et plus faciles à ingurgiter. Elles se glissent à travers sa gorge, péniblement mais elles font l'affaire. Pendant plusieurs semaines, elle ne se nourrit que de madeleines, puis les semaines deviennent des mois.

Une seule bouchée lui demande de se contorsionner dans tous les sens. Un coup, elle penche la tête à gauche, puis à droite et encore à gauche. Son cou dodeline afin de compenser l'absence des ondulations de sa gorge, accompagné de ses doigts qui pétrissent la nourriture à travers la peau. Il ne lui resterait plus qu'à picorer pour compléter ce lamentable tableau, se dit-elle.

Tous ses exercices hauts en originalité lui déclenchent des sueurs froides et font redoubler son angoisse d'avaler. Son angoisse aussi de la vie, d'un tout qui s'accumule, et qui l'encercle. Elle a chaud, son visage s'empourpre. Ses palpitations, accentuées par l'accumulation de pensées qui arrivent de partout, l'empêchent de respirer. Son cerveau se remplit d'images, de mots, de visages, ceux de Monique et son mari muni d'une pantoufle, la grille de la maison de Crespières, les allers-retours en voiture, prier que ce voyage sera le dernier. Les informations fusent en la submergeant et se percutent la faisant suffoquer. Ses jambes vacillent et l'engourdissement se généralise à ses bras et son cou. Punaise, elle veut juste manger, rien qu'une bouchée pour apaiser sa faim. Sa tête est pleine mais son estomac se tord de douleur d'un vide qui reste vide.

Son corps ne répond plus à son cerveau. D'un côté, il y a son ventre qui meurt de faim ne transmettant plus aucune énergie à ses muscles qui s'amaigrissent. Elle pèse désormais trente six kilos. De l'autre côté, son esprit cherche à tenir, il voudrait manger, dévorer à pleines dents des plats entiers, de la viande, des pâtisseries, des chips. Les odeurs la torturent et quand les aliments se posent sur sa langue, c'est comme une bombe qu'elle enclenche volontairement. Le goût se répand dans sa bouche et irradie ses sens. Mais l'expérience en reste là, à un rêve fantasmé qui s'anéantit de lui-même, par sa faute. Il lui est déjà arrivé de rester huit heures devant la même assiette, crevant de faim mais ne pouvant se nourrir. Elle se lève, se rassoit, essuie ses larmes, pleure de nouveau. Un manège qu'elle ne supporte plus, qui la rend hystérique et qui se reproduit tous les jours. Cette séparation entre sa tête et son corps rappelle un mythe, celui d'une princesse coincée par une malédiction qui la forcerait à se dédoubler, à muter. Ce rendez-vous à la gendarmerie l'a mise à mort, guillotinée. Sa tête n'ayant plus d'ascendant sur le reste, elle demeure perdue comme dans un conte à la Allan Edgar Poe ou Théophile Gautier.

Dans l'optique de leurrer les gens qui l'entourent, elle enfile deux pantalons pour paraître plus grosse, moins affaiblie, en oubliant que son visage ne peut mentir. Sa fatigue et son désespoir se lisent ouvertement par le biais de ses traits lacérés par la maigreur. Même le vent est capable de la déstabiliser et de lui faire oublier sa destination.

Avec du recul, j'imagine que c'était sa façon d'expier ses fautes, de se pardonner à elle-même sa culpabilité et son impuissance. Elle se démène contre sa personne, avec des fantômes qui viennent de loin, mais qui l'accablent sans cesse, de jour comme de nuit. Ou simplement, parce qu'elle ne peut plus rien avaler littéralement, son passé et son éternelle accusation la détruisent et l'étouffent. Trop, c'est trop.

Elle se réveille en sueur, deux à trois fois par mois, comme si elle revenait dix ans en arrière ou, plus pervers encore, elle prend l'apparence d'Arnaud. Elle se voit devenir lui, ressentir ce qu'il a pu endurer. Et en reprenant ses esprits, elle ne sait pas si c'est mieux ainsi, si c'est mieux d'être elle, si c'est préférable de vivre en n'ayant rien fait pour Arnaud, en n'étant rien, rien qu'une loque qui se débat.

Parfois, elle se met à crier dans son sommeil, un hurlement assourdissant qui vous attrape les tripes et qui réveille même son fils. On dirait qu'elle a encore son timbre de petite fille apeurée. La nuit, elle vogue constamment entre son enfance et son adolescence. Ce ne sont pas des cauchemars, plutôt des voyages temporels. Comme en proie à une malédiction, elle se transforme en la Lina de ses huit ans où elle est condamnée à revivre les supplices de Monique. Toutes les nuits sont des dimanches enfermés, sans repère. Ses yeux, à demi ouverts, trahissent qu'elle dort encore à moitié. Elle s'assoit par terre. Son unique but est d'allumer la lumière, elle se concentre sur cette idée qui la sauve d'une peur enfouie en elle. Telle une rescapée, elle rampe jusqu'à l'interrupteur, dans un état lamentable. Une fois la lumière allumée, elle se met en boule au sol pendant deux ou trois minutes afin de reprendre ses esprits, haletante, et elle attend de pouvoir enfin se remettre au lit.

Elle me confie avoir peur de la mort dans ces moments de perdition, peur de tout, du noir, des bestioles qui reviennent, des bruits de tambour, celui du vide, peur de mourir en s'étouffant. Elle se sent morte et enfermée, seuls les cris lui permettent de canaliser son angoisse sur quelque chose de concret. Crier, juste crier se dit-elle. « J'ai honte Saf', tellement honte, tu n'imagines pas.. Je ne sais pas quoi dire à Yanis, comment je peux lui expliquer ? Ne t'inquiète pas mon fils, c'est normal, maman se met à hurler de temps en temps, je suis une somnambule convulsive... » m'avoue-t-elle souvent quand on aborde le sujet. Elle reste désœuvrée car je ne sais pas quoi lui dire pour arranger son état que je ne comprends pas. Que lui dire ? De manger ? Que tout est dans sa tête ?

Je ne suis pas la seule à demeurer réservée face au changement brutal mais persistant de ma sœur : son copain s'exaspère continuellement des nouvelles conditions de vie qu'elle impose. Les disputes explosent de plus en plus souvent, mettant en péril leur relation qui dure depuis plusieurs années. Au lieu de lui apporter le soutien qu'elle quémande, il campe sur ses positions et même, amplifie sa détresse. Quand elle est attablée depuis une heure avec sa madeleine au chocolat chaud, il dépose, goguenard, une grosse entrecôte dans son assiette à lui. Avec un couteau tranchant, il plante le morceau de viande et commence à le découper en faisant apparaître une chair tendre et saignante, cuite à point. L'odeur de viande façon barbecue chatouille les narines de Lina courbée par des nausées, à tel point la faim devient trop forte. Il s'empiffre sans limite alors que ma sœur reste affamée sans rien pouvoir manger...

Les repas de famille constituent un catalyseur prolongeant ces nombreuses altercations qui prennent des proportions débordantes. Vu qu'elle mange telle une poule, Lina refuse de se rendre à des déjeuners avec d'autres personnes en dehors de ses proches les plus familiers. Afin d'éviter de froisser Pierre, Paul, Jacques, elle prétexte un empêchement. Quand elle ne peut s'y soustraire, on l'accable d'un « Mais tu es anorexique ou quoi ? » lancé à tout-va, la bouche pleine de nourriture et de fiel. Elle regarde ces nigauds qui serrent leur fourchette comme on saisit un trophée, se goinfrant et grognant d'un rire rauque. « Je fais un régime », répond ma sœur afin de garder la face alors qu'elle crève la dalle.

Au fur et à mesure des tensions, Lina esquive de plus en plus de repas et évite même ceux avec son copain. La nuit, elle ne dort plus. Elle flirte avec un état second entre frayeurs nocturnes et ivresse d'une fatigue persistante. Elle ne parvient à trouver le sommeil seulement quand percent les premiers rayons du soleil. Alors, elle s'endort pour environ deux heures et va travailler aussitôt levée.

Ne trouvant de réconfort chez personne et face à son incapacité de comprendre son nouveau fonctionnement, elle se replie sur elle-même. Son couple ne tiendra pas. Il n'est pas capable de l'accompagner, ni de faire le moindre effort, alors leur relation se termine. Il y a cette dispute de trop qui a scellé leur avenir, Lina ne veut plus de lui, d'une personne aussi égoïste. Le problème, c'est que peu de monde cadre avec elle. Sa propre personne l'indispose. Seule notre grand-mère ne la juge pas et lui apporte un mieux-être en lui répétant que les choses vont rentrer dans l'ordre et qu'elle doit avancer petit à petit, surtout sans se précipiter.

« Prends ton temps pour manger Lina, dit Djeda en arabe, ce n'est pas grave, je reste avec toi, j'ai tout mon temps à mon âge. Regarde, fais comme moi, utilise tes doigts, c'est plus facile ».

Elle a raison, ma sœur a une meilleure prise des aliments. Elle les écrase entre son pouce, son index et son majeur. Peut-être aussi, le corps prend conscience de ce qu'il va devoir avaler et son appréhension s'amenuise en palpant la texture des morceaux, en les malaxant et les façonnant à son goût. Ce répit est de courte durée parce qu'elle se rend compte que ses confessions coûtent cher. Notre grand-mère n'en sort pas indemne, elle est marquée par les blessures de Lina et perçoit, grâce à son expérience, que ses difficultés sont plus profondes. Les mystères de la jeunesse paraissent limpides pour une femme qui a tant vécu. La nourriture ne constitue pas l'unique problème, sa petite-fille est rongée de l'intérieur par un mal plus saisissant et envahissant. Étant à la limite de l'aide qu'elle peut lui apporter, le désespoir de Lina la rend malade. Djede n'est pas épargné non plus à la vue de ma sœur aussi maigre.

Par effet domino, voir qu'elle est la cause de la souffrance de notre famille amplifie l'impuissance de ma sœur et elle préfère ne plus rien dire. Se taire

187

devient la meilleure option puisque les mots ne lui sont plus d'aucun secours et la font davantage culpabiliser.

Toutes les deux, nous évoquons de temps en temps ce fameux rendez-vous à la gendarmerie en éludant notre passage de trois ans chez Monique bien sûr, on n'a plus rien à en dire. On espère ou plutôt on est certaines que le couple de Crespières croupit en prison, que Monique et son mari et peut-être même leurs enfants ont été humiliés par la justice française. On imagine les parents derrière les barreaux et les deux gosses qui leur apportent de quoi tenir. Plus de Pâques et de chocolat, plus de Noël au pied du sapin, plus de crapaud. On rêve de leur rendre visite là-bas, de les rabaisser plus bas que terre. Plus puissant encore, on pense à leurs voisins qui voient désormais clair dans leur jeu. Le rideau d'apparence que Monique s'était appliquée à mettre en place s'est effondré. Lina se rattache à ces fantasmes qui ne sont rien de plus que ça et qui ne suffisent pas à la retaper.

Chapitre 7 : Merci Aziza

Le rendez-vous à la gendarmerie est bien moins ancré chez moi qu'il ne l'a été chez Lina. J'y pense, surtout à Arnaud, mais j'ai continué ma petite vie, mon BEP secrétariat d'abord. Mais, dans ce nouveau lycée, l'ambiance est désagréable. Lina n'est plus là pour me défendre et les autres étudiants sont irritants voire odieux envers moi. J'ai pas mal de prises de bec avec eux. A cette époque, étant plus apprêtée que la moyenne pour aller en cours, je deviens moins invisible que je ne l'étais au collège ce qui amplifie les moqueries des autres élèves. Entre autres, ils me charrient de me changer à la pause du midi et tournent en ridicule mon côté maniéré, ma façon de parler avec les mains dont les ongles sont toujours impeccablement manucurés. Ils ont constamment quelque chose à redire sur mon comportement, mes vêtements et même ils surveillent mes absences.

J'ai l'impression d'être harcelée, à tel point qu'après une altercation plus virulente que les autres j'en suis venue aux mains en mettant une bonne claque à une fille. Elle ne m'en a pas tenu rigueur puisqu'au final nous sommes devenues copines. C'est vraiment le premier abord qui freine les gens avec moi. Il faut un peu de temps pour que ça se débloque.

Quoiqu'il en soit, les cours ne me correspondent pas, ce n'est pas ce que j'attendais. Bref, ne me sentant pas dans mon élément, je préfère opter pour la vie active. J'arrête tout à dix-huit ans pour partir travailler dans un bowling. L'univers y est totalement différent, je continue à me responsabiliser et à apprendre. Mes collègues me sortent de ma routine et se forme une équipe qui s'apprécie.

En parallèle, une amitié, assez improbable, naît sur les pistes de bowling avec ma responsable Nadia, le bras droit du patron. Au début, c'était loin d'être l'amour fou de mon côté, je percevais négativement ses ordres et ses attitudes comme si elle voulait me commander. Mais à force de se voir, de discuter, de déborder de notre travail en chahutant pendant nos heures de pause, nous nous sommes rapprochées. Nous avons commencé à se confier l'une à l'autre et une belle amitié que j'entretiens précieusement encore aujourd'hui, à plus de trente ans, a éclos.

Ce nouveau boulot et cette nouvelle amitié ont été complétés par une soirée qui a changé ma vie, une soirée déclic que j'attendais depuis longtemps sans trop savoir quand ce moment allait arriver et sous quelle forme il allait se présenter. Il sera un repas, un soir de Ramadan de l'année 2004 chez une amie, Aziza, en compagnie d'une autre complice, Imane, mais je vous reparlerai d'elle plus longuement très prochainement. Je suis invitée pour bien manger dès que sonne le gong du coucher du soleil. Mais avant de commencer, Aziza accomplit sa prière, elle ne le fait pas habituellement, c'est un acte qu'elle réserve exclusivement à ce mois sacré.

—   Aziza, montre-moi comment tu fais ! Je peux te regarder ? lui ai-je demandé curieuse.

—   Bien sûr, prends en de la graine et admire la boss ! Plaisante-t-elle.

Je la regarde se baisser, se relever, psalmodier des mots incompréhensibles et j'admire les circonvolutions de ses bras autour de son corps. C'est comme si ses gestes s'imprégnaient dans ma mémoire. Elle n'a plus besoin de me montrer, tous les mouvements se sont inscrits de manière indélébile dans mon esprit. Quand quelque chose me tient à cœur, je me donne les moyens pour y arriver. Elle me confie un livre à la fin de la soirée, un ouvrage sur la prière que je ne quitterai plus. J'ai commencé la prière ce soir-là et je ne l'ai plus jamais arrêtée.

Ces simples gestes orchestrés en harmonie avec les bras, les jambes, les pieds et la tête m'ont fait monter les larmes aux yeux. Je n'ai jamais ressenti quelque chose d'aussi fort de ma vie. Un vide s'est comblé ce soir-là, la conscience d'être complète. Désormais, je suis convaincue d'être sur la bonne voie, celle qui satisfait Dieu. Je mets en scène ce qui m'a toujours manqué, un apaisement à travers mes actes. Mes prières prennent forme, je leur donne un corps et elles sont magnifiées par cette chorégraphie répétée sans cesse. De cette manière, j'en suis sûre, elles vont être exaucées. J'en tire une certaine fierté que je garde pour moi, c'est mon petit univers que je construis, dans mon coin.

Parce que j'ai envie de me retrouver et parce que j'ai peur d'être un poids pour ma cousine malgré ses sempiternelles injonctions pour que je reste, je me trouve un logement juste pour moi. Il se situe à Vitry, toujours. Je l'arrange à ma sauce, des couleurs vives pour la gaieté mais une sobriété qui me ressemble pour l'ambiance générale.

J'ai essayé la vie en solo mais finalement ça me pèse. Après le travail, je rentre chez moi, seule, je mange seule, c'est badant. Pour contrer mon isolement, j'invite autant que faire se peut ma famille, des cousines, des amies, peu importe tant que je ne suis pas en quarantaine entre mes quatre murs.

Une amie, dont je vous avais déjà un peu parlé, prend de plus en plus de place dans mon cœur et dans mes journées : Imane. Elle est mon coup de foudre amical. Elle a commencé par dormir à la maison, puis a déposé sa brosse à dent à côté de la mienne et de longues nuits de papotage infinies ont suivi pendant des mois. On se complète, chacune connaît l'autre par cœur. Même nos disputes reflètent notre proximité et notre côté fusionnel. On s'embrouille comme un couple marié depuis des années. Nos parents nous comparent à des sœurs inséparables.

Au bout du compte, je suis retournée vivre avec ma coloc Nejma. Mais, je garde mes bonnes habitudes avec Imane puisque nous passons toujours beaucoup de temps ensemble, chez sa famille avec ses parents, ses frères et sœurs. Son père dit que je suis sa troisième fille. J'entretiens un lien fort avec lui et elle est la chouchoute de mon grand-père.

Partie 5

Chapitre 1 : Train-train quotidien

Les trois années qui ont suivi le rendez-vous à la gendarmerie ont été douloureuses pour Lina. Elle est l'ombre de ce qu'elle était, pouvant s'habiller en douze ans, fuyant les invitations autour d'un goûter et les restaurants. Son corps parle bien plus que sa langue qui préfère le mutisme. Personne ne comprend vraiment son état qui, bien qu'il soit visible objectivement à travers son apparence et son physique, ne s'explique pas. Il ne trouve aucune source dans une maladie que l'on aurait pu nommer et soigner. La sienne est intérieure, son traumatisme cherche à rugir mais comment le nommer ainsi quand on n'a pas conscience qu'il est là. Et pourquoi maintenant ?

Pourtant, Lina sait interpréter d'où provient son malaise, Monique a refait surface comme un monstre qui patientait, terré dans sa tanière, silencieux mais toujours aussi obstiné. La convocation à la gendarmerie a suffi à propager l'onde de choc qui a réveillé ses souffrances endormies. Elle devrait s'affirmer en tant qu'adulte responsable, maman d'un gentil garçon. Néanmoins, la bête de l'enfance désormais éveillée l'empoigne sans prévenir et l'emporte dans les profondeurs de ses souvenirs. Lina appelle notre mère en hurlant, comme le ferait une fillette apeurée en pleine nuit. Ayant perdu le sens du sommeil, le jour et la nuit sont des opposés ambigus pour ma sœur. Monique surgit constamment, son visage lui apparaît, ses manières, la tenue de son corps, nets comme si tout était réel.

Ces crises d'angoisse et l'impossibilité persistante de manger la conduisent à l'hôpital, parfois jusqu'à trois fois par semaine durant ces années tourmentées. Lors de ses premières visites, le personnel médical lui fait passer une batterie d'examens, vérifie l'état de son cœur, de ses poumons, lui prélève quantité d'échantillons sanguins qui dévoileraient un dysfonctionnement et apporteraient, enfin, l'explication à son inexplicable, chronique et perpétuel mal-être. Mais, Lina va parfaitement bien, aucune anomalie médicalement justifiable n'est à signaler.

Alors, l'étau se resserre encore davantage puisque, concrètement, scientifiquement, il est impossible de comprendre Lina. Le problème ne vient pas de son entourage mais d'elle. Tout devrait bien se passer et pourtant, pourquoi complique-t-elle tout ? Ma sœur ne veut pas se laisser aller à parler de son enfance ou de ses frayeurs, les regards condescendants des médecins, parfois presque dédaigneux sont suffisants et n'incitent pas aux confidences. Malgré tout, elle ne leur en veut pas. Ils vivent pour la science qui est encore imperméable à la sensibilité et une empathie plus profonde. De toute façon, ils n'en ont pas le temps.

Ma sœur en vient à s'excuser de se rendre à l'hôpital. C'est limite si on ne lui dit pas « alors c'est pour quoi cette fois ? » quand elle franchit la porte des urgences. Elle se justifie, explique que cette fois-ci encore, elle pensait vraiment s'étouffer au point de ne plus trouver son souffle. Elle ne pouvait plus reprendre sa respiration. Le personnel minimise son problème. Elle attend de plus en plus longtemps avant de mettre le cap vers un centre médical quand une crise survient. Elle guette l'oppression ultime au fond de sa gorge qui ne lui laisserait plus le choix. Imprégnée par son sentiment de culpabilité et les réactions insensibles des autres, elle se sent inutile. Mérite-t-elle ce temps qu'on lui consacre ? Doit-elle se faire soigner ou préférer attendre que tout finisse naturellement, étouffée par un morceau de banane, seule, dans sa cuisine?

Notre mère l'incite à lutter, à se ressaisir et à se battre pour sa vie. Mais Lina ne voit plus le bout de cette vie rébarbative, où les colis de préparation de commandes pharmaceutiques se succèdent les uns après les autres. Chaque minute est identique à la précédente et les minutes font place aux heures qui s'évaporent les unes à la suite des autres, toutes les mêmes. Sa vie ressemble à ces cartons, plats, desséchés. Elle se sent consumée par une vie qu'elle déteste, qui ne lui correspond pas. Tout lui échappe, les horaires, l'ambiance, l'absence de motivation quelconque.

– Si tu ne le fais pas pour toi, fais-le pour Yanis ! soutient Maman. Il a besoin de te voir en forme, de te voir rire, de profiter de la vie avec lui. Regarde comme le temps passe vite, comme toi et ta sœur êtes déjà grandes.

– J'aimerais qu'on reprenne notre enfance à zéro, que je sois une petite fille dans une bulle, répond Lina.

– Pourquoi dis-tu ça ? demande Maman.

– Rien Maman. Je t'admire, tout ce que tu as fait pour nous. J'aimerais avoir ta force.

– Tu l'as ma chérie, tu es ma fille, c'est de famille, sourit Maman. Yanis est un garçon à croquer ! Vous formez un beau duo.

Lina sait que Maman a raison. S'apitoyer et se renfermer ne la mèneront nulle part. Ce n'est pas elle, ni ce corps informe ou ce manque d'entrain. En rentrant dans son appartement, elle se regarde dans le miroir qui lui renvoie une image effrayante. Les réflexions de la maîtresse de Yanis lui reviennent en mémoire : « Vous allez bien madame ? Vous avez l'air fatigué », lui a-t-elle dit un soir après l'école. Ou une autre fois encore : « Vous avez beaucoup maigri, madame, tout va bien ? ». Son comportement qui est désormais analysé par son entourage, n'est pas anodin. On s'inquiète pour elle et par extension, pour son fils. Elle ne doit plus montrer que ça va mal ou qu'elle se laisse aller.

Lassée mais déterminée, elle enclenche le bouton play de son baladeur et retrouve sa chanson préférée, celle qu'elle écoute dix fois peut-être même vingt fois par jour, « Sous le vent » de Céline Dion et Garou. Pourquoi ce rythme l'incite à se dépasser ? Les instruments mêlés aux voix des chanteurs réveillent ses instincts de conquête et réaniment tous ses possibles. Elle ne se laissera pas engloutir, elle n'est plus une enfant, elle peut choisir maintenant et agir.

Quelques jours plus tard, elle tombe sur une émission de « Ça se discute » qui a pour sujet les soucis de déglutition. Les intervenants expliquent comment ils sont tombés dans l'engrenage des difficultés d'alimentation suite à un choc émotionnel puis reviennent sur leur combat quotidien et comment ils s'en sont sortis petit à petit, pas complètement mais suffisamment pour reprendre une vie normale. Lina s'est inspirée de leurs conseils et a entamé un régime alimentaire à base de purée. La consistance habitue l'estomac et la gorge à de la nourriture plus épaisse sans pour autant représenter une gêne importante. Progressivement, elle diversifie son alimentation.

Bien que je ne saisisse pas le pourquoi du comment de son affliction, je cherche à la soutenir aussi. Je me poste donc avec elle pendant ses repas et la regarde manger en la rassurant. « Ne t'inquiète pas, tu ne peux pas t'étouffer, je suis là ». Je veille sur elle et la surveille comme le ferait une mère avec un jeune enfant. Cette inversion des rôles n'a pas été simple pour elle au début parce qu'elle tenait tellement à être forte pour moi, à être celle qui panse mes blessures. Mais elle s'est laissé faire. Quoiqu'il en soit, elle n'avait plus la force de résister. Elle n'a plus le choix que d'aller mieux.

Elle se surprend à prier dans la cuisine, assise par terre, la tête dans les bras, elle pleure. Bien qu'elle travaille comme une dératée, l'argent manque. Aujourd'hui, une facture qu'elle n'avait pas vu venir lui est tombée dessus. Elle n'a pas les moyens. Alors, elle vide son corps de toutes les larmes dont il peut se débarrasser. Dans un souffle, entre deux hoquets, elle supplie Dieu de l'aider, de lui venir en aide, en fermant les yeux comme pour donner plus de puissance à sa demande. Elle reste prostrée de longues minutes. Et aussi surprenant que ça puisse paraître, le lendemain, en ouvrant son courrier, elle découvre une lettre. Il s'agit d'une prime de participation qui sera largement suffisante pour couvrir sa facture. Adossée contre le mur du hall d'entrée, elle sourit béate, après avoir relu dix fois le document. Est-ce la roue qui tourne ?

Au travail, les murmures qu'elle se chuchote deviennent plus virulents, plus acharnés : « Ta place n'est pas ici, tu vas trouver autre chose, tu ne resteras pas dans ce boulot pourri toute ta vie ma grande, bouge-toi, sors-toi d'ici avant de craquer, BOUGE-TOI, fais quelque chose ».

Alors quand elle regarde l'émission Capital portant sur des gens qui ont réussi en exerçant le métier de commercial, elle se dit qu'elle a trouvé sa voie. La vocation dont le reportage traite est la sienne, ce goût pour le challenge, pour se dépasser. Et surtout l'engrenage vertueux : plus on travaille, plus on gagne d'argent. Le relationnel combiné à l'appât du gain matchent avec sa personnalité en quête de motivation. Elle veut s'extraire coûte que coûte d'une vie qui ne ressemble à rien, qui se résume à un salaire minable obtenu sous le coup d'un stress permanent sans discussion ou rencontre en contrepartie.

Décidée, elle postule pour l'une des plus célèbres enseignes d'ameublement et de décoration françaises. En se rendant à l'entretien, elle reconnaît les pulsations de son cœur, le rythme cadencé de sa respiration et la fluidité de ses mouvements ; elle va réussir. Tout son épiderme lui crie qu'elle est aux commandes et qu'elle va ne faire qu'une bouchée du responsable des ressources humaines. C'est le cas. Le recruteur est resté bluffé par son tempérament et voit en elle une réelle opportunité. L'embauche est conclue et signée en deux temps trois mouvements.

Embarquée dans un système complètement neuf, Lina découvre son mentor en matière de commerce avec qui elle apprend le B.a-ba de la vente autant que les subtilités du métier. Il se nomme Dgily et est apprécié dans le magasin mais il est dur. Avec elle, il est d'autant plus impitoyable qu'il estime qu'elle a moins le droit à l'erreur que les autres commerciaux, étant maman célibataire, sans formation, débarquant sans rien connaître du monde de la vente. Il veut absolument qu'elle excelle. « Si je suis inflexible avec toi, c'est pour toi, tu comprendras plus tard », lui avoue-t-il un jour.

200

En parallèle, ce secteur d'activité conduit Lina vers le chemin de l'argent gagné à la sueur de son front. Elle réincorpore ses aspirations de jeunesse où elle se voyait déjà en business woman over-bookée.

Si la motivation financière est ce qu'elle avait recherchée lors de ses débuts, elle va surtout découvrir un sentiment nouveau : être vivante. Dès ses premiers pas en rayon, l'adrénaline envahit chacun de ses pores. Ce boulot, c'est son souffle, il la possède. Saisir en seulement quelques mots ce dont les clients ont besoin lui procure une douce excitation qui lui apprend qu'elle est bel et bien capable. Monique lui martelait sans cesse qu'elle était une bonne à rien qui ne fera rien de sa vie. Alors, quand Lina participe à la réussite de véritables projets de vie, elle se sent utile. En assistant ses clients pour se sentir bien chez eux, elle prend sa revanche. Non, elle n'est pas ce que Monique a voulu lui faire croire, elle vaut quelque chose. Un petit bout de femme compétente qui a su sortir d'une spirale néfaste.

Assez rapidement, son salaire double voire triple car elle découvre la paye à la commission. Tous les mois, elle touche une prime récompensant le nombre de ses ventes, la plupart du temps deux fois plus que les autres vendeurs ce qui lui permet de faire plaisir autour d'elle. L'argent qu'elle gagne n'est pas pour elle, il sert à Yanis, notre mère, même moi. Elle ne travaille pas pour elle, elle le fait pour faciliter ses proches, nous rendre heureux. Elle a érigé notre bonheur comme étant sa mission. Fidèle à ce qu'elle était petite, elle me considère toujours comme étant sa responsabilité alors que je suis adulte !

Lina fonde sa technique sur les méthodes de son référent en les affinant avec ses qualités personnelles et son enthousiasme. Grâce à sa ténacité, elle grimpe les échelons et conquiert la confiance de ses responsables. Elle pénètre alors la sphère prisée, parce que lucrative, des ventes de salons, salles à manger, cuisines, bref du gros mobilier. On lui réserve les clients aux gros porte-monnaie, ceux qui vont se lâcher si on les pousse un peu. Une suggestion par-ci, une suggestion par-là, elle a le contact facile et s'immisce dans les pensées des clients en anticipant leurs envies et analysant leur comportement, leur façon de parler, de regarder ce qu'ils n'osent se permettre.

Bien que le succès soit au rendez-vous, Lina n'est pas friande du rayon literie qui renvoie à l'antre de l'amour à deux et à la sphère du privé par excellence. Quand un couple se présente, elle prend ses jambes à son cou et fait mine d'avoir quantité de travail dans l'aile cuisine et électroménager. Gênée, elle n'ose regarder les doux amoureux dans les yeux. Malgré elle, le couple lui apparaît transposé dans une chambre, leur chambre, leur intimité. Alors Dgily remet les points sur les « i » et, obligée, elle se force à dépasser ses a priori et sa pudeur. S'habituant petit à petit à l'univers feutré du couple, elle va jusqu'à participer à des formations organisées par les grandes marques de literie françaises.

Marquée par le fer de l'expérience et l'envie d'atteindre des sommets, elle se professionnalise au fil des formations et devient experte literie en plus des autres rayons. Dgily lui avait d'ailleurs signalé qu'elle devait être meilleure que les représentants des marques eux-mêmes et c'est ce qu'elle fit. Les matelas et les sommiers n'ont plus aucun secret pour elle, leur toucher, leur fermeté, rien n'est laissé au hasard. Son embarras initial se transforme en déférence pudique et délicatesse justifiée par les doutes des acheteurs qui apprécient qu'elle ne pénètre pas lourdement dans leur vie mais plutôt qu'elle les accompagne efficacement, répondant à leur méfiance et à chacune de leurs incertitudes. C'est la qualité de Lina, transformer un défaut en qualité.

De fil en aiguille, elle mène sa barque, assurée, assoiffée de challenge, fière de ce qu'elle accomplit non sans peine mais avec entrain et détermination. Cette vigueur se répercute sur l'autre versant de sa vie, l'autre part d'elle-même, celle qu'elle ne dévoile pas à tout le monde et qui dépeint une Lina plus femme, plus douce : son rôle de mère. Elle ne serait rien sans l'énergie que lui procure Yanis, non parce qu'il est un gamin débordant de vitalité à ne plus savoir quoi en faire, mais parce qu'il lui apporte l'évidence que les minutes qui s'écoulent ont un sens. A travers son fils, elle comprend que les circonstances lui ont laissé une nouvelle chance ; elle a échoué à protéger Lina mais elle n'échouera pas à le préserver, lui. Elle donne alors une raison à ce qu'elle a enduré. Lui et elle sont un duo qui s'inscrit dans la chair au-delà des mots, du passé et des imperfections. Il vit en elle ou elle vit en lui, elle confond l'ordre de leur amour mais peu importe.

Dès les trois ans du petit et son compte en banque mieux garni depuis sa vocation de commerciale, un rituel s'est instauré : un repas au restaurant du coin, un italien, deux fois par semaine. En voyant la bouche de Yanis pleine de sauce tomate dégoulinante, elle inspire avec fierté, elle y arrive. Bien que seule, elle a les moyens de faire plaisir à son fils à volonté. Un mélange de tranquillité et d'orgueil glisse sur sa peau qui s'hérisse, satisfaite.

A la fin du repas, Yanis peut profiter de la terrasse derrière le restaurant, une cour où traînent toujours quelques jouets des enfants du propriétaire. Assise devant la grande baie vitrée donnant sur l'extérieur, Lina regarde son

203

fils qui a déniché un ballon, évidemment ! En apportant son café, le serveur plaisante avec Lina : « Il joue bien au ballon votre petit frère, je suis impressionné ! » Ma sœur fait moins que son âge, sa corpulence et son visage angélique lui donnent des airs d'éternelle jeune fille. Il n'est pas rare que ce genre de quiproquo se produise.

Par contre, le serveur a vu juste en ce qui concerne le jeu de jambes de son fils qui développe un talent hors pair pour le foot, un don inné qu'elle n'a jamais cherché à amplifier. Il s'est imposé à elle, à leur vie petit à petit. Yanis ne se sépare jamais d'un ballon et s'il n'en a pas, il improvise avec un doudou, une bouteille vide, peu importe tant qu'il peut taper dedans. Lors de son match pour l'équipe de Brétigny, à l'âge de six ans, le coach a sifflé, estomaqué « Il a mangé de la harissa ce gosse, c'est pas possible! »

Ces encouragements ont consolidé la passion grandissante de Yanis et l'ont conforté dans ses choix de miser sur le ballon rond, renforçant la fierté de toute la famille à son égard. Un gamin doué, débrouillard, déterminé comme sa mère.

Avec beaucoup de patience et de courage, ma sœur se remet doucement. Elle a commencé à mieux manger et à se remplumer progressivement. Pour moi, le déclin sera plus lent, différent. On s'est relayées, elle et moi, y compris dans cette souffrance silencieuse incomprise par les autres, incompréhensible y compris pour nous. On partage notre peine, une part de détresse pour Lina, une part d'agonie pour Safiya. Peut-être tentons-nous, subrepticement, de diviser la douleur ? Je suis convaincue que nous ne serions plus là, que je ne pourrais vous écrire ces pages si ma sœur n'avait pas été là. J'aurais été submergée et emportée. C'est un partage que je ne souhaite à personne et pourtant, c'est seulement parce que j'ai pu morceler ma souffrance que je suis encore debout.

Malgré tout, ma blessure attendait son heure et guettait le moment opportun pour attaquer. Elle est arrivée quand tout allait bien, quand je pensais avoir presque oublié et que je me construisais en tant que femme. Je vous raconte ma soirée à la noix...

Chapitre 2 : Une soirée à la noix

Ce soir, je suis épuisée. La journée a été éreintante. Je suis maintenant assistante technique dans une société spécialisée dans la maintenance et la gestion de câbles. En dépit du ton bureaucratique du job, mes missions sont assez diversifiées et j'apprécie le cadre général. Mais aujourd'hui, ma journée a été épique, je n'ai plus la force pour quoi que ce soit.

Mon téléphone sonne, sonne et sonne. J'ignore les premières mélodies en jetant un coup d'œil au nom de mon correspondant «Imane». J'aime cette fille mais je la connais, si elle m'appelle à cette heure-ci, c'est pour sortir. J'ai franchement la flemme alors je fais mine de ne pas entendre les plaintes de mon portable. Mais devant l'insistance des sonneries stridentes, je finis par décrocher.

– Allez viens manger avec nous Saf', l'endroit est super sympa ! s'exclame Imane. (Qu'est-ce que je vous disais, je la connais par cœur).

– Non, vas-y une prochaine fois, ce soir je suis épuisée, j'ai eu une journée de dingue, je te raconterai, laisse tomber.

– Allez fais pas ta vieille. Je suis avec deux copines, l'ambiance est parfaite, c'est le resto de Nation, tu t'en souviens ?

– Bien sûr que je me rappelle, ce resto typiquement français.

– Alors sors de ton trou, tu auras toute la nuit après pour dormir ! persévère Imane.

– Tu veux dire les quelques heures que cette sortie va me laisser ?! Bon d'accord, commencez sans moi et je vous rattrape au dessert, conclus-je.

D'un coup de poignet maîtrisé, j'attrape mes clés, mon manteau et mon sac. En sortant, j'embrasse Nejma qui me souhaite une bonne soirée. En seulement trente secondes, je me suis retrouvée dehors et j'ai enfourché ma voiture, démarrant en trombe.

Quand j'ai rejoint les filles, elles étaient déjà en plein fou rire, attablées autour de mets gastronomiques, assises sur des chaises grises et envoûtées par des lumières imitant le style des chandeliers qui nappaient l'ambiance d'un certain chic. Alors, oui, en voyant leur visage radieux, je me suis dit que j'avais bien fait de venir. Ma fatigue s'évapore et les discussions enflammées et hilarantes commencent. Je commande une part de gâteau au chocolat sur lequel trône un cerneau de noix flottant sur un nappage tout chocolat.

Alors que je mange en riant mon morceau de chocolat et noix, d'un seul coup, je sens ma respiration se couper. Le bout de noix est comme resté en travers de ma gorge. J'ai l'impression de manquer d'air. Je tousse, je crache, je m'époumone. Je ne comprends pas ce qui m'arrive, j'ai pourtant mâché. Je fonce dans les toilettes avec mes amies qui me donnent à boire, qui m'épongent le front et m'incitent à respirer tranquillement. Mais rien à faire, je continue à ressentir quelque chose de coincé dans ma gorge, sûrement la noix qui n'est pas passée. J'attends de pouvoir respirer normalement mais c'est bloqué. Je m'évertue à inspirer et expirer tranquillement malgré mes difficultés respiratoires.

Mon visage écarlate alerte mes amies qui, en dépit de tous leurs efforts, demeurent impuissantes à me venir en aide. Elles ont beau tapoter mon dos, m'encercler la taille et exercer de légères pressions pour m'aider à cracher, je reste suffocante. Je commence sérieusement à paniquer et ne peux plus me raisonner. A cet instant, je crois avoir quelque chose coincé dans la gorge et pourtant, je n'ai rien. Je l'ai compris plus tard mais sur le coup, le sentiment d'étouffement est tellement impressionnant qu'il m'empêche d'aller au-delà de ma panique. Surtout qu'un morceau de noix, c'est commode comme coupable. Mes copines appellent, affolées, les pompiers qui arrivent en un temps record. Elles leur ont expliqué l'urgence de la situation et ma détresse qui ne cesse de croître.

Fort de leur expérience, ils m'ont donné un café salé qui me fait immédiatement vomir. Instantanément, je me sens mieux. Ils me réconfortent avec de douces paroles que j'écoute à moitié, encore sous le choc. Je me souviens seulement de leur ton délicat et professionnel. J'ai besoin de ces mots calmes même si je ne les retiens pas, je crois même que je ne les comprenais pas vraiment. Je voulais juste être rassérénée et ça fonctionne. Je rentre chez moi rassurée et raconte mes péripéties à Nejma avant de m'endormir profondément.

Au petit matin, je me réveille en sursaut avec encore cette sensation de gorge serrée. La brutalité des sensations qui se mélangent m'empêchent de réfléchir. « Eh merde, c'est cette foutue noix qui n'est toujours pas passée ! Mais comment est-ce possible ? » me dis-je en me demandant si je n'étais pas en train de perdre la tête. Comment ce cerneau a-t-il pu passer toute la nuit dans ma gorge sans que je ne m'en aperçoive ? Qu'est-ce qu'il m'arrive ?

Petit à petit, une vive chaleur se propage dans mon corps. J'ai chaud, je me sens si mal. Maladroitement, mes doigts palpent désespérément mon cou à la recherche d'un indice, d'une noix, d'une pomme d'Adam, n'importe quoi ! Ne rien trouver me fait trembler, j'aurais préféré savoir pourquoi je m'étouffe.

J'ai compris plus tard... Je vivais mes premières crises d'angoisse. Une nouvelle expérience à mon arc... Quel palmarès ! Ce fut la première mais ce fut loin d'être la dernière. Pendant plusieurs jours, je ne peux plus manger, du moins rien de solide. Seulement la purée fait l'affaire.

Sur les conseils de ma sœur, au bout d'une semaine à déambuler dans mon appartement parcourue de tremblements, j'ai vu un ORL qui a pratiqué une fibroscopie par le nez. Rien. Tout va bien. Enfin, il détecte une petite ride au niveau de la gorge qui peut recueillir des aliments qui vont s'y loger mais qui doivent finir par partir d'eux-mêmes, spontanément, sans douleur. Mais cette ride, comment est-elle apparue ? Pourquoi est-elle là ? Est-ce que les gavages répétitifs à l'entonnoir n'ont-ils pas laissé une trace, l'ustensile ayant entaillé les parois de ma gorge ? Monique l'enfonçait si profondément et avec une force décuplée par la rage que mon interrogation trotte toujours dans ma tête.

Sur le coup, je ne sais pas comment interpréter le résultat ambigu de l'ORL puisque je ne développe aucune spécificité physique prouvant mon état, tout devrait aller à merveille et pourtant, je m'étiole. J'ai bel et bien le sentiment d'avoir un bouchon en travers de la gorge.

Cette justification ni ne me convainc, ni ne me rassure. Plus les jours passent, plus je me sens mal. Ayant décollé au niveau du poids vitesse grand V, j'ajoute de la mayonnaise à mes purées pour feinter avec moi-même. Je cherche à donner l'illusion que j'ai encore un pseudo contrôle sur la situation, sur ma vie. En l'espace de quelques semaines, je perds sept ou huit kilos parce qu'aucun aliment solide ne passe, même de tout petits morceaux. J'ai l'impression que les aliments vont rester coincer dans ma gorge et qu'ils vont m'étouffer. Je tente d'ingurgiter des petits morceaux du style lamelle de fromage mais je sens ma gorge se resserrer et je suis forcée de recracher le rogaton de fromage.

Une pensée me traverse l'esprit, je revois Lina, sa souffrance, mon incompréhension. Dorénavant, je prends le relais, ma sœur m'a cédé sa place. Paradoxalement, à cet instant, l'idée ne fait qu'un bref passage, je n'y songe pas plus que ça. D'un sens, peut-être parce que je ne prends pas la mesure du problème ni de ses conséquences. Ou était-ce ma façon de singulariser ma peine ? Elle et moi sommes un miroir, l'écho d'une même trajectoire.

Chapitre 3 : Métamorphose

Le changement est si brutal que j'ai la vision d'un avant et un après de moi-même. La Safiya avant, joyeuse et ouverte aux autres et maintenant, une Safiya déconfite, qui reste enfermée à longueur de journée sans voir personne, sans contact aucun, en évitant soigneusement le téléphone.

Lorsque je dois sortir pour une raison impérieuse, je donne le change, je souris aux gens qui me sourient mais à l'intérieur de moi c'est l'apocalypse. Mon corps fait figure de bouclier que j'envoie au casse-pipe alors qu'au fond, je suis vidée, il n'y a plus rien, mes forces m'ont quittée. Je lutte perpétuellement contre moi-même, contre ma propre autodestruction. Je ne veux plus de ce corps qui me fait honte. Si je crois reconnaître quelqu'un au loin, j'esquive et je change de chemin de peur que l'on me voie aussi amaigrie. Devant mon changement physique, je ne me supporte plus. Alors que j'ai toujours été bien dans ma peau, je développe au fur et à mesure de mon amaigrissement un mépris vis-à-vis de moi, de mon image. Mon ventre qui se creuse, mes bras qui me font penser à ce que j'étais à huit ans, mes jambes squelettiques, tout me dégoûte.

Chaque fois que je croise quelqu'un, j'ai le droit à un « Waoh, comment tu as maigri ! ». Cette phrase est tout ce que je redoute et elle m'enfonce encore un peu plus dans le stress de me voir dépérir à vue d'œil. Et encore, elle fait partie des gentillesses...

Vous n'imaginez pas le nombre de moqueries que l'on peut recevoir. Les gens ne se rendent pas compte de la difficulté de vivre sans pouvoir manger le moindre aliment solide et se permettent d'en rire, de se moquer et de juger en disant « Vas-y arrête ton cinéma l'anorexique », « tu veux que je te mixe ton hamburger ? » suivi d'un éclat de rire bien gras, ou encore « ce n'est pas compliqué de manger ». Si vous saviez ! Et si vous saviez comme je souffre, j'ai tellement mal que les larmes me montent aux yeux aussitôt, je ne peux même pas les contenir, mon visage me trahit.

Je fais un constat aussi c'est que l'on imagine que l'on peut se moquer sans aucune pression d'une personne fine ou maigre et qu'elle n'en sera pas vexée mais c'est tout aussi humiliant que de se moquer d'une personne en surpoids. Même mes amies ont du mal à cerner mes difficultés, chose qu'elles m'ont confiée des années après. Elles me connaissent mais se disent « elle abuse, c'est pas difficile de manger. Fais un effort, ça va revenir. » Lorsqu'on en discute maintenant, elles m'avouent être tombées dans le jugement facile. Je ne leur en veux pas car moi-même je ne comprends pas certaines maladies comme l'anorexie et d'ailleurs, je ne me comprends pas moi-même, surtout à cette période. Leurs paroles ne me blessent pas en soi mais plutôt me confirment mon sentiment d'isolement.

Imane, elle, reste à mes côtés mais me confiera plus tard qu'elle a énormément culpabilisé de m'avoir forcée à venir au restaurant. Elle a crû que ma « métamorphose », comme elle l'a appelée, était due à cette soirée. Je la rassure en quelques lignes, ce qui devait arriver est arrivé, un point c'est tout.

Mais elle a été tellement choquée par ma transformation, elle m'a toujours connue grosse mangeuse, qu'elle s'en est voulu pendant longtemps.

Certes, vous me direz que ma vie n'est plus celle qu'elle était sous l'empire Monique, toutefois cette période est la suite du cauchemar et découle naturellement de ce que j'ai vécu. Les sévices appellent les traumatismes. Alors, oui, ma vie n'est plus trash, oui, je ne vis plus de drames quasi quotidiens, et pourtant, c'est une nouvelle souffrance pour moi. Se nourrir est devenu un enfer, une lutte constante. Chaque déglutition s'apparente à une épreuve, je me demande si je vais y arriver, si je ne vais pas m'étouffer. Parce que je me débats pour manger, je ne parle plus de vivre mais de survivre. Je mange juste ce qu'il faut d'aliments pour me maintenir en vie.

Sans le vivre, on a du mal à le comprendre et en fin de compte, cet handicap mine le moindre plaisir que peut représenter la nourriture. Sur un plan plus large, il réaménage aussi ma vie dans la mesure où chaque repas s'est transformé en véritable organisation. Les morceaux doivent être mixés ou écrasés selon la texture originale et selon mon état du jour. Ensuite, j'inspecte ma bouillie, je vérifie qu'il n'y ait pas de morceaux récalcitrants, un bout qui serait passé entre les mailles du filet.

Et commence alors le long voyage des aliments entre le moment où ils sont dans mon assiette et celui où ils atterrissent dans mon estomac. Du bout d'une cuillère, je pioche un peu de ma mixtion que je dépose sur ma langue. Alors, la panique me gagne petit à petit. Impossible de faire passer cette bouchée de rien du tout directement dans ma gorge. Je la tourne et retourne des dizaines de fois entre ma langue et mon palais, voire plus. Tant bien que mal, je tente d'exercer ma gorge, de sentir le mouvement de déglutition que je faisais pourtant si naturellement il y a encore quelques semaines. Mais, ma gorge est bloquée, c'est comme si un barrage s'était formé pour empêcher toute nourriture d'y pénétrer.

Je sens des bouffées de chaleur monter, mon visage s'empourprer. J'ai l'impression que quelqu'un a enroulé un foulard autour de mon cou et le serre de plus en plus fort. Les aliments font toujours le grand huit dans ma bouche. Ils attendent patiemment que je me décide mais je ne peux pas.

Comment ai-je pu perdre un réflexe aussi inné qui ne m'a jamais demandé aucun effort auparavant? Je ne comprends rien ce qui amplifie ma panique. Je puise au fond de moi l'envie de manger, mais il n'y a plus rien. Je ne veux plus manger, mais je me sens tellement faible, tellement maigre. Je n'ai rien demandé, je veux juste retrouver ma vie d'avant.

Alors, péniblement, dans un effort de coordination entre ma langue et ma gorge, parce qu'il ne faut pas que j'abandonne, je ne peux pas m'avouer vaincue, je fais descendre la bouchée qui passe douloureusement. Je regarde le reste de l'assiette et me retiens de pleurer de toutes mes forces devant l'immensité qu'il me reste à engloutir... Parfois, j'ai tellement faim que je me perds à repenser au goût de chaque aliment, surtout des spaghettis à la bolognaise. Alors, en cachette, quand Nejma ne me voit pas, je mâche des bouchées de certains plats juste pour retrouver la sensation de manger et faire semblant d'apprécier la saveur d'une assiette. Une fois qu'elles perdent en intensité, je les recrache dans la poubelle.

Je cherche à être forte comme quand les gens se moquent ne serait-ce que pour plaisanter, comme face à mon reflet devant le miroir car je n'arrive pas à accepter ce que je suis devenue. Je hais le visage creusé que je vois en face de moi. Ces joues, je ne supporte plus ces joues qu'on a trop sculptées, auxquelles on a retiré tout attrait. La peau sur les os comme on dit. Je ne m'aime pas, je ne m'aime plus...

Cet état de malaise permanent est cadencé par des spasmes qui se répandent le long de mon corps. Ces tremblements réguliers rythment le marasme de mes journées. Je me mets à frissonner comme une feuille pour un oui ou pour un non. Sans le savoir, je tombe dans une forme de dépression précipitée. En ne comprenant pas ce qu'il m'arrive, ça ne fait qu'empirer les choses.

Je touche le fonds lentement. Les abysses deviennent de plus en plus profondes... Je vais vous confier un secret, un des plus inavouables, celui qu'on a du mal à reconnaître même quelques années plus tard quand l'once d'espoir est reparue. Celui que j'ai hésité à vous raconter, que j'avais presque omis inconsciemment, mais parce que je veux être honnête, parce que j'aurais aimer lire ces lignes à cette époque, je vais vous l'écrire.

La gestion désastreuse de mes émotions et ma détestation de moi-même créent un double choc : d'un côté je ne vais pas bien et de l'autre, je ne me sens pas suffisamment forte et légitime pour mériter d'aller mieux, renforcé par l'idée que tout est vain. A quoi bon me forcer à vivre ? A quoi bon me raccrocher à cette vie médiocre qui m'engloutit ? Depuis petite, je lutte mais maintenant tout est différent, je n'ai pas d'ennemi déterminé, clairement défini. Monique n'est plus là pour que je m'en prenne à elle. C'est contre moi que je lutte. Je m'en veux à moi-même. Je voudrais disparaître, voilà c'est dit, je voudrais mourir. Je souhaite du plus profond de mon âme de ne plus être là, ne plus endurer. C'est comme si la fenêtre du huitième étage de chez Nejma m'appelait constamment. Je n'y arrive plus. Je maigris petit à petit parce que je dois disparaître, c'est mieux ainsi. Le monde n'a pas besoin de moi, d'une folle qui n'est plus capable de manger.

Mais la raison et la foi m'ont empêchée de concrétiser mes pensées obscures. Alors je m'accroche, je me persuade, même si mes espoirs sont minces, que j'ai un but et que Dieu me soutient. Pourtant, je meurs à petit feu et je veux mourir...

Chapitre 4 : Le phœnix

Durant cette période sombre pour moi, Lina s'en sort beaucoup mieux. Malgré la nécessité de beaucoup mastiquer, elle mange à nouveau et a repris goût au plaisir simple de déguster ce qu'elle avale. Elle cartonne purement et simplement dans son travail. Pendant plusieurs années, elle s'est épanouie dans l'univers de l'ameublement et de l'électroménager, puis, elle a changé de cap pour la bureautique et les télécoms. Elle endosse désormais la casquette d'ingénieure commerciale auprès d'associations et de sociétés. D'ailleurs, c'est elle qui choisit ses clients. Elle fait en sorte que ce soit surtout des associations et des avocats.

Toutefois, son acharnement au travail et son tempérament pugnace ne lui favorisent pas le volet plus relationnel en interne. Tout le monde la définit comme une personnalité atypique qui se donne au maximum et ne voit pas le travail comme une corvée mais plutôt un moyen de se dépasser. Par exemple, elle était devenue vendeuse volante auprès de la grande enseigne d'ameublement, c'est-à-dire qu'elle intervenait en support lorsqu'une carence en marge était observée. Trop peu de réfrigérateurs vendus ou de canapés ? Lina était appelée en back-up pour faire la différence et combler les creux. De facto, son profil de boute-en-train ne laisse personne indifférent, que ce soit en bien ou en mal...

Au cours de ces divers postes, elle a affaire à de la jalousie de bas étage. Non pas qu'elle blâme les gens autour d'elle, leur comportement est compréhensible. Elle conçoit que sa persévérance puisse être déroutante ou que son entièreté puisse agacer. On ne peut pas plaire à tout le monde comme on dit ! En revanche, elle aimerait que ces individus discutent avec elle plutôt que de la charger. Personne n'a cherché à comprendre pourquoi elle fonce tête baissée dans le travail, pourquoi quand elle y est, elle ne pense qu'à ça, comment des œillères se dressent entre elle et son passé grâce à ses clients. Ses responsables la décrivent souvent comme étant une martienne qui aurait débarqué d'on-ne-sait quelle planète tellement sa capacité à bosser est hors du commun.

Pourtant, son comportement ne montre aucun signe arrogant ou qui pourrait être interprété comme de la vantardise. Elle fait son job à fond parce qu'il est un exutoire quand les souvenirs de Monique prennent trop de place. Elle s'échappe du monde de l'enfance qui veut la retenir et de sa mémoire qui voudrait la maintenir à l'état de petite fille. Alors, la barrière contre ces raz-de-marée embryonnaires réside dans son travail et ses clients qui lui procurent une amnésie momentanée mais salutaire.

Son caractère se renforce aussi par l'intermédiaire du sport. Lina a toujours été sportive, d'où sa passion pour la boxe durant son adolescence. Cette fois, elle se donne à 100% en musculation et tout sport en général, avec son meilleur ami et coach sportif Rolando. Quand je dis 100%, c'est même 1000%. Elle se rend à la salle tous les jours, minimum deux heures, une vraie dératée.

Le vent a également porté ma sœur plus près de chez moi suite à sa séparation avec son ancien copain. Sa proximité a été une source de réconfort pour moi parce qu'en plus de retrouver notre relation fusionnelle, Lina a déjà vécu ce que je vis, pas exactement de la même manière, mais elle connaît les sensations que j'éprouve. Je n'ai pas besoin de m'épancher des heures avant qu'elle comprenne les méandres de ma vie. Elle sait et ça me suffit.

D'autant que notre duo réconfortant s'est désormais transformé en trio puisque son fils, Yanis, est une source de consolation. Lors de sa sieste, mon moment préféré de la journée, je me glisse sous sa couette et m'approche de lui. Avec ses petits bras d'enfant, il me tient contre lui et m'enlace. Son bras sur le mien forme ma protection. Ainsi, toute la fatigue que j'accumule lors de mes nuits insomniaques surgit et m'envahit ne me laissant plus d'autre choix que le sommeil. Je me colle alors contre sa peau molle et douce. Il me transporte avec lui vers une enfance que je n'ai pu avoir, que l'on m'a refusée. Consciente de mon statut d'adulte dans ses yeux, je lui envoie tout ce que je peux lui transmettre comme sentiment de sécurité. C'est l'un des rares moments au cours duquel je me sens utile.

Le talent inné de Yanis pour le foot, qui rend fière toute la famille, s'est transformé en pur don. D'un mouvement léger du pied, il fait tournoyer le ballon autour de sa cheville, d'un rebond, il le lance sur sa cuisse, puis sur l'autre, pour finalement faire danser la balle sur son dos. Il s'entraîne quasiment tous les jours et je me rends de temps en temps à ses séances durant lesquelles il feinte ses adversaires en les enjambant ou en se décalant par demi-cercles. La vitalité de ce gosse me fait du bien. Il arrive à donner un coup de fouet à mon moral. Alors bien que ce soit temporaire, son énergie m'aide.

Lina et moi l'accompagnons aujourd'hui à sa première détection au PSG. Pour les non initiés, une détection dans un club de football est une journée décisive, parfois un week-end voire une semaine, dans la vie d'un jeune qui joue sa place devant les grosses têtes du club en question. Plusieurs footballeurs de son âge sont présents et s'affrontent sur le terrain qui me fait penser à une arène de gladiateurs. Yanis maintient son cap, je le sens stressé mais il est tellement à l'aise la balle aux pieds que sa retenue s'évapore. Comme deux groupies, on sautille et on s'exclame à chacun de ses dribbles.

Le gosse passe les tests avec brio : slaloms, tires au but, passes rapides, en profondeur, il excelle sans problème et fait partie, à coup sûr, du haut du panier. Deux entraîneurs et des éducateurs l'observent pour un match final. Durant les quatre-vingt dix minutes, il assure et tient sa position d'ailier droit avec habileté et intelligence de jeu. Tout le monde est impressionné. Déjà, le match en lui-même dévoile des échanges de haut niveau, mais Yanis se démarque par sa rapidité et ses gestes techniques, ses deux points forts.

Il tape dans l'œil d'un des coachs qui souhaite l'intégrer aux jeunes du club. Cependant, il n'a pas eu l'aval du deuxième coach qui estime que, bien que son jeu affiche une grande maîtrise, il est trop petit de taille. Ce rejet fondé, non sur des critiques sportives, mais seulement sur des normes physiques a profondément peiné Yanis. S'il avait été question de ses dribbles sur le gazon, il aurait pu promettre de redoubler d'efforts, de se donner deux fois plus aux entraînements. Mais, on lui reproche une faille physique à laquelle il ne peut rien changer. Le seul conseil qu'il reçoit est de revenir plus tard, quand il sera plus grand.

Sur le chemin du retour, personne ne parle. Yanis encaisse silencieusement, lugubre. La douleur de son espoir qui s'envole pèse mais

222

moins que la rage d'un refus qu'il estime non mérité. Pour Lina aussi, la pilule est douloureuse à avaler, sans mauvais jeux de mots. Yanis a le physique d'un Messi ou d'un Mahrez dans leur début. Aujourd'hui, on n'a pas jugé les compétences sportives de son fils sur le terrain, on l'a ramenée à une défaillance, à un détail aussi trivial que la taille. Elle bouillonne. Qu'à cela ne tienne, pour ça aussi elle se battra, plus qu'elle n'a lutté pour elle-même. Même si le talent de mon neveu n'a pas été sanctionné à sa juste valeur, je garde un sacré souvenir de ce jour où les émotions ont été puissantes.

$$*****$$

Mon second souffle vient de ma religion retrouvée. Je tâtonne dans ma vie mais une certitude naît de mes lectures et de l'espoir que me laissent entrevoir mes prières. Dans la religion musulmane, les prières sont prescrites à heure fixe, cinq par jour. Alors, chaque heure, chaque minute, j'attends la prochaine. J'ai appris plus tard qu'on pouvait très bien en faire d'autres et les multiplier à notre guise mais à cet instant, je me cramponnais à ce que je savais, à ce que je comprenais. A travers mes maladresses, je prends conscience de ce que représente le fait d'être musulmane, des frissons me parcourent pendant mes recueillements. Je suis musulmane, vraiment. Je m'accroche à ma prière et à ma foi en Dieu comme à une bouée de sauvetage. Alors, je Lui parle, un peu comme je le faisais petite, dans mon lit.

En dehors de Dieu et de ma sœur, je ne me confie à personne, y compris ma cousine, Nejma avec qui je vis toujours. Elle réalise que je ne vais pas bien mais elle n'est pas en mesure de m'aider. En dépit de tous ses efforts, elle sent bien que je lui échappe, que je m'échappe de ce monde. Je deviens si maigre que, matériellement, s'en est presque possible.

Avec du recul, je me dis que le lien avec mon enfance est évident, d'autant que Lina a vécu quasiment les mêmes syndromes post-traumatiques. Les mêmes réactions physiologiques et somatiques pour les mêmes souffrances durant l'enfance, ce même bain gelé à s'en brûler la chair... Pourtant, sur le moment, je n'y pense pas vraiment. Crespières et Monique sont si loin, pourquoi faudrait-il les faire revenir ? Les invoquer à tout bout de champ ?

Parfois, évidemment, cette vieille chouette pénètre insidieusement dans mes pensées. En voiture, la radio allumée, j'entends le jingle d'Intermarché, le même qui retentissait des années auparavant dans sa cuisine. Alors c'est comme si tout le décor se remettait en place, la longue table dure, les pots à ustensiles et le tiroir de l'entonnoir... Mon corps est transposé dans cette cuisine si parfaite et qui, en dépit de ses ornements et de son mobilier de standing, m'a fait vivre les pires horreurs de ma vie.

C'est pareil quand je sens le parfum Cacharel, son parfum. Ses tons musqués font irruption dans mes narines et c'est comme si ses composés chimiques réactivaient sa présence. Elle m'entoure à nouveau d'un sourire qui se veut doux mais trompé par ses yeux narquois qui trahissent la préparation de ses prochains sévices. Immédiatement, je ferme mes paupières en espérant que mes visions disparaissent.

Lina me conseille de ne pas rester comme ça et de m'offrir les moyens de me battre. Au bout de plusieurs semaines, je me sens tellement mal, si seule et désespérée que j'envisage de voir un psychologue. Je ne vois pas le bout de mes tourments alors peut-être en parler à quelqu'un m'aidera-t-il ? J'ai peu d'espoir parce que je ne sais pas moi-même où se situe mon mal, Monique est si lointaine, ça ne peut pas être ça. Mais je n'en peux plus, je veux vraiment que ça s'arrange, que je reprenne une vie normale, là où je l'ai laissée.

Chapitre 5 : Electrochocs

J'ai rendez-vous dans un grand immeuble à Paris. Le psychologue est un homme d'une cinquantaine d'années. Il pousse la porte et m'invite à entrer dans son cabinet en me toisant à travers ses petites lunettes rondes. Au moins lui ne me connaissait pas avant, il ne peut pas se rendre compte que je suis moche maintenant... Il ne me juge pas et j'ai besoin de ce détachement.

La séance se déroule plutôt bien, il pose des questions, je réponds par des banalités d'abord puis nous rentrons dans le vif du sujet en abordant mes souffrances actuelles. Je lui détaille comment a débuté mon incapacité à manger. Il est ouvert, m'écoute, me propose des pistes de réflexion mais ce que je retiens c'est sa dernière question :

– Vous êtes croyante ? me demande-t-il.

– Oui, enfin j'essaie de l'être.

– Est-ce que vous avez peur de la mort ? poursuit-il.

– Oui, évidemment, je veux dire comme tout le monde, dis-je perplexe parce qu'au fond, il est en train de lire en moi, de me poser la question qui résume mon enfance et ma crainte de l'avenir. A force de frôler la mort, je l'ai absorbée, je la côtoie depuis l'époque de Crespières. Elle rode et bien sûr elle m'effraie. Je ne l'ai pas domptée, je l'ai laissée m'envahir et m'infantiliser. Je l'ai laissée prendre le dessus sur moi, sur mon plaisir de vivre.

– Si vous êtes croyante, vous n'avez pas de raison d'avoir peur de la mort, argumente simplement le psychologue.

En somme, il a raison. Je suis obnubilée par la mort. A dix ans, quinze ans, vingt ans, peu importe mon âge, je suis sure que je mourrais jeune. Je le pense toujours aujourd'hui et je suis choquée d'avoir atteint les trente-quatre ans !

En fin de compte, cet homme est revenu aux fondamentaux : je me débats contre la mort mais qui est-elle pour une croyante ? Un moment passager, une étape. Elle est la fin d'une vie mais pas la fin de la vie. Son raisonnement et la simplicité de sa formulation me donnent du courage et de la force pour appréhender ma situation différemment, d'autant qu'elle fait écho à mes recherches en matière de religion et mon insatiable envie de prière.

Heureusement que j'ai fait la rencontre de cet homme, car d'un point de vue médical, tous les médecins ou le personnel de santé que je vois passent à côté de mes ennuis alimentaires. Je ne trouve aucune aide dans le milieu médical. Pire, je ne sens que du mépris pour ma personne et je comprends qu'on ne m'accorde aucune considération, au mieux, ils prétendent que je suis anorexique ou, la plupart du temps, une affabulatrice.

Dès mes premières consultations, quand je tente d'expliquer ma difficulté à avaler, les médecins sont méprisants et ne font aucun effort de compréhension. Ils traduisent ma gêne par une volonté de ma part de me rendre intéressante, parce que je veux seulement rester maigre. Aucune compassion, aucune écoute, que du dédain. Comme si c'était moi qui refusais de me nourrir, volontairement. C'est limite si on ne me jette pas dehors en s'esclaffant que je dérange. Un docteur m'a d'ailleurs lancé : « Bah, il faut manger madame ». Prends-toi ça.

Comme dernier recours, je demande des compléments alimentaires. La plupart des médecins refusent, je finis par en trouver un qui me prescrit une boisson contenant du lait en protéines ce qui me permet d'éviter de perdre trop de poids. Je ne dirais pas que cette solution lactée soit miraculeuse mais, symboliquement, j'ai matériellement une issue et le moyen de freiner mon amaigrissement vertigineux.

Lina, ce psychologue, Yanis et quelques rencontres par-ci, par-là me donnent aussi un coup de fouet au moral et m'incitent à me reprendre en main. L'un dans l'autre, une frêle motivation se dessine. Un déclic signant le début d'une amélioration progressive s'enclenche. Parce qu'il faut bien commencer par quelque chose, je me dis que je devrais trouver un emploi. L'inactivité me fait tourner en bourrique, je reste enfermée chez moi ce qui n'a rien de bon. Je me sens comme recroquevillée sur moi-même et sur mon nombril. J'ai besoin d'air, de sortir vraiment, de voir des personnes différentes qui ne me connaissent pas et que je n'avais jamais vues auparavant.

Je postule pour un emploi dans une société de transport de personnes handicapées à plus de 80% du nom de la Pam75. Lors de l'entretien, nous sommes plusieurs, de tous les styles, des hommes, des femmes, des jeunes, des vieux, c'est très diversifié. Le test fatidique réside dans notre capacité à pousser l'un des formateurs - qui pèse plus de 100 kilos soit dit en passant -

assis sur un fauteuil roulant, jusqu'à le faire monter dans un camion par le biais d'une rampe métallique. Si j'échoue, je suis cuite, je peux dire adieu au job. Je regarde mes poignets tout frêles et palpe la minceur de mes bras. Pendant que le formateur montre le chemin à parcourir, mon regard descend vers mes jambes, enfin plutôt deux piquets qui font office de jambes, et je me dis que ce n'est pas gagné !

Tout à coup, une pensée se met à trotter dans ma tête, je ne peux plus rester cette fille paumée et maigrichonne. Je suis saisie d'une ultime ardeur, comme si ma vie toute entière dépendait de ma réussite à ce test, alors je décide de me surpasser. J'oublie ma maigreur et je mets de côté mes doutes et mes angoisses qui m'avaient assaillie sans me quitter des semaines durant. Je passe en premier. J'attrape le fauteuil roulant sur lequel attend patiemment le formateur qui scrute mes réactions comme à l'affût de secrets que je pourrais dissimuler. J'ai l'impression qu'il me dit « non mais tu n'es pas sérieuse, vu ta corpulence tu ne vas pas faire un mètre », mais je m'en fiche.

Mon poids plume et moi poussons le fauteuil en prétendant que ce n'est rien, qu'il est léger, tiens, il flotte presque ! Ma mise en scène de la parfaite travailleuse me convainc moi-même. J'ai l'impression de redevenir celle que j'ai toujours connue, une fonceuse, une fille motivée qui ne se pose pas de questions. Arrivée devant la rampe, je puise en moi des forces enfouies dans mes muscles, mon esprit, partout, et je manipule parfaitement l'engin, comme une pro. En quelques tours de roues, me voilà dans le camion, brandissant fièrement les anses du fauteuil à l'image d'un alpiniste qui aurait gravi l'Everest !

Et ça a marché ! Je commence ma formation lundi. Le jour J, un formateur chauffeur est placé avec moi afin de m'aider et de me montrer les astuces du métier. Notre binôme me permet de me redécouvrir et de m'ouvrir aux autres ce qui, en parallèle, m'aide à mieux me connaître. Ce mieux être est dû, pour beaucoup, à ce fameux formateur, David, un homme d'une vingtaine d'années au sourire pétillant.

Chaque jour à ses côtés, je retrouve la joie de vivre parce qu'il me fait rire du matin au soir. Son don pour la rigolade n'a d'égal que ses qualités d'écoute et de gentillesse. Au fur et à mesure, je ne le vois pas seulement comme un ami mais plutôt comme un frère, un soutien. Avec lui, je sais que je peux me confier, je lui rapporte les moindres de mes angoisses jusqu'à détailler toutes mes crises.

Jamais je ne le sens lassé de mes épanchements et il ne me montre aucune gêne. Tout vient naturellement entre nous, on se parle de tout. Il s'agit d'une relation limpide à laquelle je tiens énormément. Il me confie que lui aussi est sujet aux crises d'angoisse mais qu'il arrive à se contenir au travail ou devant les gens, il prend sur lui. Même en privé, ce problème rentre dans l'ordre petit à petit. J'ai l'impression que nous sommes dans le même bateau, sur tout. D'ailleurs, j'apprends qu'il est français et reconverti à l'islam, ce qui nous lie encore davantage et alimente de nombreuses conversations.

Être sur la même longueur d'onde que lui décuple mon acharnement à vivre, d'autant que la fréquentation quasi quotidienne de personnes handicapées me flanque une bonne claque. En dépit des difficultés qu'elles rencontrent dans leurs moindres faits et gestes, elles sont combatives et ne se plaignent jamais ou seulement sur le ton de l'humour. On a du mal à concevoir que s'habiller, ramasser un objet ou se brosser les dents puissent être compliqués. Alors que dire d'avoir un travail ou d'entretenir des relations amicales ? Je n'interviens auprès de ces personnes que quelques heures dans la semaine et ne gère que les trajets d'un point A à un point B mais justement je ne pensais pas que j'allais être mise autant à contribution. Leur situation est une lutte de tous les instants, y compris sur une distance minime. Et pourtant, elles conservent un beau sourire qu'elles m'offrent chaque jour. Je les remercie du fond du cœur de m'avoir aiguillée bien plus que je n'aie pu le faire pour elles.

En leur compagnie, je me remets en question et me culpabilise, non pas pour m'apitoyer sur mon sort mais dans l'optique de me ressaisir. En fin de compte, je suis en parfaite santé, mes deux jambes tiennent debout, je peux aller où je veux, faire ce que je veux. Au lieu de me ramollir, je devrais vivre. C'est moi qui devrais leur apporter du soutien et leur communiquer mon énergie, non l'inverse. La santé est notre principal moteur et je me décide à aller mieux.

Grâce à cette leçon de vie impromptue, je me rebooste. Je mange mieux, pas parfaitement, toujours en petite quantité et en écrasant la nourriture mais c'est une amélioration notoire. Étape par étape, les aliments en bouillie deviennent des morceaux microscopiques, puis des petits bouts. Il me faudra plusieurs années mais ne dit-on pas : petit à petit l'oiseau fait son nid ?

Évidemment, cette rémission idyllique n'est pas un long fleuve tranquille, elle est entrecoupée par des périodes de rechute à cause de sensations bien trop ancrées et enfouies en moi.

Le corps a une mémoire plus profonde parfois que celle de notre cerveau. Une citation de John Irving résume mon cas : « La mémoire est un monstre : on oublie, pas elle. Elle archive ; elle tient à disposition ou bien elle dissimule.

Et puis elle nous rappelle avec une volonté qui lui est propre. On croit avoir de la mémoire, on se fait avoir par elle ».

Alors, parfois, engluée dans ces souvenirs trop imposants pour moi, je ne peux plus penser, ni avancer. Je reste interdite, perdue dans un monde que j'aimerais fuir, comme ces personnages dans les contes pour enfants qui sont enfermés dans une tour ou bloqués dans un livre. A la différence que j'ai appris qu'aucun prince ne viendra pour moi et ma marraine la fée n'a pas de baguette magique. Bien sûr, il y a ma famille, Lina, Yanis, Maman, Nejma, même David et une nouvelle amitié qui compte de plus en plus et que je détaillerai beintôt, mais l'effort doit venir de moi. La guérison n'est pas un acte magique, elle provient d'une lutte quotidienne que je suis seule à pouvoir mener. Je suis épaulée mais c'est uniquement moi qui peux mettre un pied devant l'autre et mener à bien le processus de cicatrisation.

Et même si, dans l'ensemble, je sens que je vais mieux, exception faite de ces rechutes qui entravent toujours mon alimentation, je ne sors plus et je ne vais plus au restaurant. Mon expérience avec le gâteau au chocolat et son cerneau de noix a scellé mon incapacité à me rendre dans des endroits publics pour manger. Au demeurant, je n'affectionne pas non plus les repas chez des amis vis-à-vis desquels je ressens une immense gêne à leur expliquer que je dois écraser et mettre en bouillie tous les aliments. Alors je préfère esquiver ou venir après le repas ou encore prétexter un manque d'appétit quitte à paraître mal polie.

En dehors de mon travail, je me rends de plus en plus souvent à la mosquée. Les premières fois, j'étais impressionnée par l'immensité de la salle.

Je me sentais minuscule par rapport à la hauteur du plafond et la beauté des moulages. Au fur et à mesure, je ressens le besoin d'y rester plus longtemps. Alors, j'effectue mes cinq prières quotidiennes, tôt le matin, tard le soir, je veux être de la partie ! Certains matins, je suis la seule femme. La mosquée est pour moi une connexion avec Dieu, une maison dans laquelle je peux plus facilement Lui parler. Ici, je ne suis dérangée par personne, les légèretés de la vie prennent moins de place et les angoisses que je traîne partout avec moi d'habitude ont moins d'emprise. Je me sens plus proche de Dieu. Alors que ce soit en bus, à pied, en voiture, bien que je travaille, je fais en sorte de ne manquer aucune prière.

Sur place, je fais de belles rencontres, notamment Caroline et Amel, deux coups de cœur. Nous discutons de la vie. Elles me montrent que la spiritualité n'est pas qu'un mot. La foi transcende nos propres limites et se combine à un véritable mode de vie, plus optimiste et plus proche des autres. Je le constate par exemple à travers les sourires que nous échangeons avec les autres femmes sans nous connaître. On se salue toutes sans considérer l'âge, l'origine, la beauté des vêtements que nous portons. Rien n'a d'importance en dehors de notre recueillement commun. Nous cherchons toutes une sensibilité singulière dans la prière dans l'optique d'atteindre, ne serait-ce qu'une minute, une sérénité hors du temps.

Les femmes portent un voile qui peut être de toutes les couleurs. Certains sont enroulés autour du cou et de la tête, d'autres sont simplement attachés par un nœud sous le menton. Il y en a quelques uns qui sont posés sur le sommet du crâne, l'un des bouts est ramené devant le cou puis, rejeté par derrière en pendant le long du dos. J'aime ses formes élancées que l'on devine à peine. Les femmes sont gracieuses et élégantes. Pour le moment, je ne me voile pas. J'ai besoin d'avoir du recul sur la question et de ne pas prendre de décision à la hâte. Mon choix doit être réfléchi et mon cœur convaincu. Mais, en plus de mes prières, je jeûne le mois du Ramadan. Au début, j'avais peur de trop maigrir et pourtant, Dieu m'a facilitée à chaque fois. Ni je n'ai perdu de poids, ni je ne l'ai mal supporté. Ainsi, je continue ma route en découvrant de nouvelles personnalités qui ouvrent mon cœur.

Rencontrée lors d'une soirée avec des amies en commun, une femme va compter dans ma vie. Elle s'appelle Sarah et notre amitié a été instantanée. Je crois ne pas me tromper si je parle d'amour car je l'aime comme une sœur. D'ailleurs, on se surnomme les jumelles en découvrant nos similitudes que ce soit physiques ou dans la façon d'agir et de se comporter. Sauf qu'elle a bien plus de sagesse que moi et elle trouve toujours les mots pour me rassurer. A chacune de mes crises, elle me réconforte en me rapportant les témoignages de personnes dans mon cas et les explications de médecins, trouvailles qu'elle avait débusquées en farfouillant sur internet. Car c'est bien le genre de Sarah, prendre de son temps et se donner la peine de chercher d'où pouvait provenir mon mal, quel nom on pouvait mettre dessus, quels en étaient les symptômes, comment le guérir. Elle était devenue une vraie spécialiste.

Figurez-vous que grâce à Sarah j'ai découvert que ma pathologie avait un nom... Oui car je ne suis pas la seule sur terre à ressentir ces angoisses mais il existe des dizaines de milliers de personnes comme moi sauf qu'on n'en entend jamais parler puisque, tout comme moi, elles se referment sur elles-mêmes, se cachent et n'en parlent surtout pas tellement elles ont honte d'être ce qu'elles sont.

J'apprends donc que mon problème s'appelle une phagophobie, c'est-à-dire que mon réflexe de déglutition est coupé par la peur d'avaler. Mettre un mot et des explications rationnelles sur ma détresse est déjà un profond soulagement. Je ne suis pas folle, il se passe réellement quelque chose en moi, je n'ai rien inventé. De surcroît, savoir que d'autres personnes sont dans mon cas me sort de mon isolement.

Les mots ont le pouvoir de nous réconcilier avec les autres mais surtout avec nous-mêmes. Mon corps ne peut plus rien avaler mais maintenant, je peux me l'expliquer. Sarah me montre comment être bienveillante envers moi-même. A chaque fois que je perds pied, elle m'apprend à me laisser aller et à penser à moi et non à ce que les autres peuvent imaginer. Elle m'explique que ne pas perdre espoir c'est d'abord savoir que je vaux la peine de me battre.

Sarah a été pour moi un exemple de courage et de gentillesse. Elle m'inspire par sa force de caractère et la sérénité que lui apporte la religion musulmane. Elle répond aux questions que je me pose toujours sur ma spiritualité. Elle aussi a été dans ma situation et a eu les mêmes interrogations. Je l'imite dans sa façon de se vêtir et m'initie doucement à la pudeur en m'enveloppant dans des vêtements plus amples et en dissimulant mes cheveux petit à petit. C'est en me regardant dans une glace vêtue d'un voile et d'habits plus couvrants qu'à mon habitude que je me sens complète. J'ai l'impression que mon parcours prend sens dans cette nouvelle trajectoire à travers laquelle je me vois évoluer. C'est comme si j'avais toujours cherché quelque chose, toute mon enfance, toute ma jeunesse, et que je le trouvais enfin. Cette sérénité, cette paix intérieure se reflète sur mon apparence extérieure. A l'image de ces gens qui enfilent une brassière de sport et se munissent d'un tapis de yoga, je revêts mon foulard parce que je ressens un besoin permanent de méditation que je n'arrive plus à restreindre à mes instants de prière mais que je veux constamment avec moi, dans la rue, dans les magasins, dans les transports en commun. Il me représente partout où je passe.

Parce que je me sens moi et en même temps différente, plus proche d'un état spirituel, je remercie Sarah. Elle m'a ouvert les yeux sur les possibles qui s'offrent à moi et, surtout, m'a permis de voir au-delà de mes crises d'angoisse. Elle m'a montré que je ne me résume pas à ça, pas à cette moitié de personne qui tente de survivre. Grâce à elle, j'ai perçu la vie autrement, j'ai touché du doigt les multiples facettes que peut revêtir le bonheur. Je l'ai trouvé dans la difficulté en voyant plus loin que ce qu'était mon malheur.

Les paroles de Sarah ou David ou encore Imane m'aident à tenir durant les moments où j'ai peur de ne jamais m'en sortir. Des versets du Coran issus de la sourate 94 font également écho à mes efforts, les cinquième et sixième : « Après la difficulté vient certes la facilité ». Je me répète ça dans ma tête et me rend compte que ce verset s'avère être vrai maintes et maintes fois.

Entre temps, en vue d'évoluer professionnellement, je postule à la RATP. On m'avait vanté les multiples avantages du boulot, bons horaires, salaire correct, alors je tente. A cette époque, je ne porte pas le voile puis le temps passe, un bon moment durant lequel je change mes habitudes vestimentaires. Un beau jour, je reçois une réponse à ma candidature. Elle est positive ce qui me donne la possibilité de passer les épreuves. D'abord, je réalise un premier test par écrit pour évaluer mon niveau général, puis j'ai une épreuve psychomoteur/psychotechnique et enfin psychologique. Pour ces examens, je choisis de retirer mon voile tout en étant gênée parce que j'avais l'impression de trahir mon parcours. J'ai préféré m'en remettre au destin, si je réussissais, c'est que ce travail était fait pour moi et si j'échouais, tant pis.

Or, il se trouve que j'ai bien réussi les tests, avec brio même sans me vanter ! Je suis affectée à un centre bus puis, je suis placée dans une école de formation dans l'optique de passer mon permis D machiniste receveur. J'ai réussi la théorie au sein de cette école. Mais pour l'épreuve pratique qui s'appelle le plateau, ça a été une autre paire de manche. Il fallait faire des slaloms avec le véhicule sans toucher de plot. Je m'en sors bien quand, à la fin, en marche arrière, j'ai frôlé un plot ce qui est disqualifiant. Toutefois, au vu de mes performances, j'ai reçu un avis favorable ce qui me permettait de repasser l'épreuve. Mais, devant ma culpabilité d'avoir retiré mon voile et ma promesse de ne pas retenter l'examen en cas d'échec, j'ai longuement réfléchi et j'ai préféré en rester à mon engagement.

Emportée par ces nouvelles aspirations, j'ai trouvé un travail de conductrice pour les personnes handicapées auprès desquelles je continue à apprendre et à m'inspirer au quotidien. Dans la mesure où la boîte est privée, je peux porter mon voile. Je continue mon apprentissage de l'islam en étant convaincue de mon choix et de mon orientation. Ma famille a bien accepté mon changement, même mon beau-père dont je craignais la réaction est ouvert et se montre très agréable avec moi. J'ai le sentiment de renouer avec une relation que nous avions laissée en sommeil. Il redevient le Francis qui me faisait rire quand j'étais petite. Parce que je me sens mieux, j'envisage un futur qui me conduirait, à mon tour, à devenir maman et offrir à un petit être une enfance que l'on m'a refusée.

Chapitre 6 : Nouvelle vie

Mes pérégrinations me conduisent jusqu'au mariage. L'heureux élu s'avère être attentif et adopte une posture compréhensive quant à mes difficultés de déglutition. Si j'ai besoin de discuter, il se montre présent mais n'en fait pas des tonnes. J'apprécie sa discrétion et son empathie. Malheureusement, on dit souvent que quand on épouse une personne, on épouse aussi sa famille, je l'ai appris à mes dépens...

Au début, les remarques restent enveloppées du ton de l'étonnement et de la bienveillance, parce qu'au fond, ils m'apprécient sincèrement. Seulement, au fil du temps, les allusions se font plus pesantes. Et très vite, mon problème avec la nourriture devient le leur. J'imagine qu'ils ont eu peur pour l'équilibre et le futur de leur fils. Alors, je me suis retrouvée au centre de polémiques et de prédictions obscures. « Laisse-la, elle n'aura jamais d'enfants. Elle est bien trop maigre, beaucoup trop fragile. C'est une anorexique,» racontent-ils en se prenant pour des oracles. Ou encore « tu ferais mieux de la lâcher, sa place est en psychiatrie ».

Lui n'y prête pas attention. On s'entend bien et il se soucie davantage de mon poids pour ma santé que pour un quelconque impact sur notre vie de couple. De mon côté, je fais en sorte que mon « handicap » ne se remarque pas. J'évite de m'épancher sur les hauts et les bas de l'intérieur de ma gorge parce que je ne veux pas qu'on me catégorise comme étant une fille qui se plaint ou qu'on puisse me reprocher mes problèmes. Il n'a aucune raison d'envisager une séparation d'autant qu'au quotidien, je suis une personne dynamique.

Malheureusement, les critiques allant bon train, je commence à saturer. Ces mesquineries font germer de nouveaux stress dans mon esprit. Et si, effectivement, je ne pouvais pas avoir d'enfants ? Et si mon corps ne le supportait pas ? Suis-je trop maigre ? J'en viens à redouter la maternité que je chérissais jusqu'alors. A force de s'immiscer, sa famille était devenue un poids, nous nous sommes donc séparés d'un commun accord deux ans après notre union. Je ne leur en veux pas le moins du monde. D'ailleurs, je comprends leur position, en tant que parents, ils voulaient une vie limpide pour leur fils. Ils n'avaient pas connaissance de ma pathologie, encore moins de ce que j'avais vécu il y a vingt ans... Je prends ces deux années pour ce qu'elles sont, une expérience supplémentaire de la vie, sur le mariage et ses imbrications. Je retiens de l'islam qu'il y a un bien dans toutes choses, même celles qui nous paraissent désagréables et ardues à surmonter.

J'ai vingt-six ans et à cet âge, les ruptures sont davantage le moment de se reconstruire que de perdre pied. D'ailleurs, je garde une vision positive du couple. Avec des hauts et des bas, mon poids est plutôt stable et stagne à deux ou trois kilogrammes de mon poids de forme, notamment grâce aux compléments alimentaires et à ma persévérance. Me revoilà donc à Vitry, comme un aimant. Je reprends un appart, seule, et je vais tous les week-ends chez mes parents.

Pour la petite anecdote, je refuse de m'acheter une balance. Non pas que je ne veuille pas affronter la réalité, mais chaque gramme compte dans mon cas et la moindre perte de poids, même cent grammes, peut m'accabler pendant toute une journée et risquer de mettre à mal la confiance en moi que je peine à reconquérir. Donc, j'ai pris l'habitude de me peser chez ma mère et mon beau-père quand je leur rends visite le week-end. De cette manière, je ne suis pas tentée de monter sur la balance toutes les secondes. En revanche, ça me permet quand même de prendre le pouls de mon évolution hebdomadaire. Parfois, mon petit frère m'entend crier dans la salle de bains et il s'exclame « qu'est-ce qu'il t'arrive ? Tu as pris cent grammes ? » parce que littéralement j'explose de joie pour seulement quelques grammes supplémentaires au compteur. Il le dit avec humour sans prendre la mesure des répercussions que cette légère prise de poids signifie pour moi. Bon gré mal gré, mes capacités à manger et par conséquent à grossir impactent mon humeur, mes prises de décision et l'estime que je me porte au quotidien.

Tout le monde a déjà eu une obsession qui ne nous laisse pas d'autres issues que de s'y soumettre ou de mettre tout en œuvre pour débloquer cette idée fixe. Seulement pour ma part, mon esprit reste centré sur mon problème de déglutition, alors même qu'il s'améliore. La crainte d'une rechute est permanente et trotte dans ma tête sans que je ne puisse m'en départir. Mon poids est devenu mon épée de Damoclès. Toutefois, tant que je mène la danse, j'essaye de garder la tête froide.

Ainsi, la vie poursuit sa course jusqu'à ma rencontre avec celui qui deviendra mon mari deux ans plus tard. J'aime sa façon d'accueillir les aléas du quotidien et les difficultés. Il a la stature qu'il me faut, un homme affirmé qui me prend sous son aile tout en me laissant m'épanouir et respirer. Il a accepté mon problème sans me juger, ainsi que sa famille. Personne ne me regarde jamais de travers. Toutefois, le mal est fait, l'angoisse de ne pas pouvoir tomber enceinte est restée. Cette idée, née des insufflations de mon ancienne belle-famille, m'obsède. Mon poids suffit-il ? Ai-je le bassin assez large, les os solides ? Ne suis-je pas trop frêle ?

La réponse à mes interrogations est survenue très rapidement puisque tout juste un mois après mon mariage, je découvre que je suis enceinte. Un mélange de pur soulagement et de bonheur à l'état brut me donne le tournis! J'ai cru en moi et j'avais bien raison, je peux le faire. Je ne suis pas ce corps amoindri que l'on a voulu me faire croire. Une nouvelle fois, on a essayé de me décourager et de faire germer insidieusement l'idée que j'étais une incapable. Mais, je n'ai écouté que moi !

Cependant, une grossesse n'est pas toujours une partie de plaisir. Petit à petit, les nausées prennent de l'ampleur. La nourriture m'écœure à des kilomètres à la ronde. Dès les premières semaines, je perds les malheureux kilos que j'avais péniblement réussi à gagner en plusieurs années. Puis, mon corps puise dans ses réserves – que je n'ai même pas - et les kilogrammes disparaissent les uns après les autres. En seulement quelques mois, j'en perds dix. L'arrondi de mon ventre ne se remarque même pas, il faudra au moins cinq bons mois pour que mon profil adopte un semblant de silhouette de femme enceinte.

Les vomissements se poursuivent tout le long de ma grossesse, je ne fais que ça... Pas de bol, les médecins m'apprennent que j'ai ce que l'on appelle une hyperémèse gravidique, rien que le nom fait peur. Ce phénomène rare décrit des vomissements sévères incontrôlables. Décidément, en matière de gorge et d'intestins, je ne suis pas gâtée... Cela me vaut deux hospitalisations de plusieurs jours.

Au cours de ma troisième échographie, j'apprends, en plus, que ma fille a un retard de croissance. Il ne m'en faut pas plus pour culpabiliser comme pas possible. Je pensais que mes problèmes d'alimentation en étaient la cause. Je suis très suivie dans les dernières semaines. Quoiqu'il en soit, on m'a prévenue que mon bébé serait de petite taille et aurait un poids plume.

Arrivée à trente-neuf semaines de grossesse, un beau matin, je perds les eaux. Étant seule chez moi, je compose le numéro de mon mari au travail qui répond, paniqué. Pour ma part, mon état d'esprit est tout autre. L'arrivée imminente du bébé ne m'angoisse pas, je mange tranquillement mon petit-déjeuner quand mes beaux-parents débarquent, eux aussi complètement stressés, à l'image de leur fils, pour m'emmener à l'hôpital. Ils me répètent de me dépêcher, qu'il faut prendre ma valise et partir sur le champ. En mode cool attitude, je leur réponds « allez en route pour l'aventure ! » en levant mon bras pour mimer les super héros des comics. En soi, je n'avais pas tord, il faut être surhumain pour vivre un accouchement ! Pas nécessairement à cause de la douleur mais des complications...

Une bactérie, qui s'est ramenée à l'improviste pour le jour J, me ponctionne toute mon énergie et fait monter ma température. Je découvre l'attaque sournoise de la bestiole qui a opéré après la perte des eaux, lorsque j'arrive à l'hôpital. J'atteins les quarante de fièvre. L'accouchement en lui-même est éprouvant. La chaleur me monte au visage, les bips incessants des machines que je ne sais pas interpréter me montent à la tête.

Je ne suis pas au bout de mes peines parce que mon bébé, ma petite fille chérie, n'est pas en super forme... Le cordon s'est placé autour de son cou et elle a avalé du méconium lors de sa naissance. Pendant trente minutes, elle est restée en réanimation sans que je sache ce qu'il se passe, ni que je puisse vraiment la voir, à part un rapide coup d'œil. De toute façon, il n'en aurait pas été autrement, j'avais été prévenue il y a quelques semaines qu'elle serait prise en charge d'urgence dès la naissance en raison de sa corpulence. Va-t-elle s'en sortir ? Personne ne m'informe, le personnel médical lui-même n'a pas l'air d'être au courant de l'état de santé de ma fille.

Ce sont les trente minutes les plus interminables pour mon mari et moi. On n'osait pas se parler de peur de s'aventurer sur les terrains des hypothèses. Alors, on regardait juste les va-et-vient de l'équipe médicale jusqu'à ce que je craque et hurle sans faire exprès à une sage-femme de passage au visage déconfit :« Mais qu'est-ce qu'il se passe ? ».

Finalement, plus de peur que de mal. Je vois réapparaître ma jolie tête blonde, avec une sonde qui lui sort de la bouche. Son corps est encore plus minuscule que celui de tous les bébés que j'avais vus jusqu'à présent. Elle est entourée de fils de couleur dont l'utilité m'est inconnue mais qui me brisent le cœur. Puisant en moi, je réunis les forces qu'il me reste pour me concentrer sur l'action. Je dois agir, me montrer active. Faire, toujours faire pour m'éviter de réfléchir et de paniquer. Ma fille est de suite placée dans l'unité kangourou, une section réservée aux prématurés, elle y restera plusieurs jours.

Immédiatement, je tente de l'allaiter mais avec la sonde qui dépasse et ses forces encore réduites au néant, l'essai n'est pas concluant. On finira par lui donner mon propre lait soit par seringue soit par la sonde. Je conserve quelques minutes d'allaitement naturel tous les jours car je tiens à ce contact unique qui nous lie parce que je lui donne mon énergie, ma vitalité. Sa peau chaude contre moi m'immunise de tout ce que j'ai pu vivre.

Je vous présente donc Emna, ma jolie perle toute fluette qui en veut déjà et se bat comme toutes les femmes de la famille ! J'apprends mon rôle de maman sur le tas, en compagnie de sages-femmes très agréables et patientes. Ma mère n'a pas pu rester dans la salle d'accouchement mais elle a attendu, ultra excitée, dans une pièce à proximité avec Lina. Toutes les deux étaient pendues au téléphone avec mon mari qui les informait régulièrement de l'avancée du travail en envoyant en cadeau des photos et des vidéos de moi pour le moins déroutantes ! Tantôt grimaçante, tantôt riante et impatiente ou en proie à des questionnements en tout genre, plutôt bizarres, bref je suis passée par tous les stades et mon mari a tout immortalisé. Il est taquin et c'est une qualité que j'apprécie chez lui. J'aime le second degré et ne pas me prendre au sérieux. Il m'a permis de me détendre et de passer ce cap.

Quand nous nous sommes retrouvées ensemble, ma mère, moi et ma fille, pour la première fois, une drôle de béatitude planait dans l'atmosphère. Trois générations sont réunies pour promettre à la dernière, à Emna, que nous allons la protéger. Nous nous penchons sur elle en l'admirant comme pour lui léguer notre combativité et notre force de femmes aguerries aux embûches de la vie.

Mon mari aussi désire être présent au maximum, venir en aide à sa fille et m'épauler le plus possible. Il reste avec nous jusqu'à pas d'heure. Lina et

245

Nejma contournent l'interdiction des visites limitées aux grands-parents et se rendent plusieurs fois à notre chevet. Le besoin de nous voir est bien trop prégnant et j'ai tellement besoin d'elles.

En dépit de toutes les galères, mon accouchement restera le plus beau jour de ma vie. C'est la première fois que j'ai vu ma Emna ! On tisse un lien inexplicable dès notre premier regard, un amour que je n'avais jamais ressenti auparavant. Seuls les parents connaissent cette sensation et ce bonheur d'aimer au-delà de toute attente. Bien que je sois exténuée, je me réveille avec le sourire pour m'occuper d'elle, je peux passer des heures à la regarder. Je découvre le bonheur, le vrai !

Être maman était un vœu constant et puissant depuis toujours. J'aime la présence des enfants et des bébés. J'ai toujours été gaga de mes petits cousins et petites cousines, sans parler de Yanis. Devenir enfin maman inscrit une nouvelle page à ma vie qui prend une tournure plus chaleureuse. Je suis en train de fonder une famille, ma famille.

Après les quinze jours à l'hôpital nécessaires à la surveillance d'Emna afin qu'elle puisse se nourrir seule, nous avons pu rentrer à la maison et prendre le bonheur à bras le corps, comme il se présentait, entre réalités familiales souvent absorbantes (oui, les couches et compagnie, ce n'est pas tous les jours reposant) et un amour déraisonné pour cet être qui grandit sous mes yeux. Nous nous retrouvons tous les trois, seuls, enfin !

Surprise en arrivant chez moi, ma sœur, avec l'aide de mon mari - entre ses allers-retours à l'hôpital - et ma mère avait redécoré mon salon du sol au plafond, en passant par le superbe canapé en cuir, cadeau de naissance ! Ma famille avait fait tous les travaux vitesse grand V pendant mon absence afin que je m'installe sereinement dans un endroit cosy et à l'aise avec Emna. De base, je suis une personne sensible mais en ajoutant à ça les hormones, j'ai fondu comme une madeleine!

Depuis la naissance d'Emna, autant vous dire que j'ai de la visite à gogo et les appels visio n'en parlons pas. Quinze ans après l'arrivée de Yanis, ce bébé était terriblement attendu et elle est choyée aussi bien par ma famille que ma belle-famille pour qui elle est la première petite-fille, ce qui est un bonheur pour moi de leur offrir ce cadeau.

En parallèle, je découvre ce qu'est être une mère... Être une mère, c'est avoir peur que son enfant ait froid la nuit, qu'elle n'ait pas assez mangé, qu'elle se blesse, qu'elle se cogne, qu'elle tombe. Être une mère, c'est aussi la regarder des heures pendant qu'elle dort, de s'émerveiller au moindre son de sa part, de l'encourager chaque instant vers l'autonomie tout en l'assistant. Bref, avec Emna, j'ai perçu le meilleur rôle de ma vie à travers ce lien fusionnel. Je remercie Dieu de m'avoir donné la force d'attendre ce bonheur.

Je continue à dormir tous les week-ends chez mes parents. Francis redevient le Francis qu'il était avec moi petite, comme il le fut avec Yanis. Sur fond de gazouillis extatiques, il est gaga de ma fille qu'il recouvre de cadeaux à chaque visite. Emna est comme sa fille, son petit bébé. Mais de toute évidence, il n'adopte pas la même éducation avec ses petits-enfants qu'avec nous. Il est plus détendu maintenant.

Face à la résilience de ma fille qui atteint désormais un poids convenable, je veux prendre exemple sur elle. En ce moment, je mange très correctement, pas des morceaux énormes mais j'ai une alimentation presque comme quelqu'un de lambda. Toutefois, il m'arrive qu'un bout de quelque chose reste coincé en travers de ma gorge, rien d'alarmant, je gère la situation mais tout de même. Ces exceptions inconvenantes peuvent survenir à tout moment y compris quand mon mari est au travail et que je suis avec ma fille. Maintenant, je ne suis plus seule, je dois me reprendre en main sérieusement parce que je crains d'être prise de court par un bout de poulet qui me donnerait le sentiment d'une fausse route. Et si je m'étouffe ? Que va faire Emna ? Alors je décide de prendre le taureau par les cornes et de prévoir un rendez-vous avec un ORL dans l'optique de faire le point. D'un sens, je souhaiterais être rassurée car j'ai conscience de la portée psychologique de ma maladie.

Sauf que l'ORL ne me rassure pas du tout, il me confirme que j'ai bien une petite ride au fond de la gorge où les aliments peuvent se loger mais redescendent spontanément, chose que m'avait expliquée le premier ORL que j'avais vu il y a déjà plusieurs années. Cependant, il ajoute que des spasmes surviennent quand je déglutis. Il parle de dysphagie. C'est comme si ma gorge anticipait le fait d'avaler, elle se contracte d'elle-même, sans raison, avant même que la nourriture emprunte le chemin de mon œsophage, ce qui engendre une mauvaise coordination des muscles de la gorge. Il insiste pourtant sur le fait que ce n'est pas dramatique puisque ce problème peut se résoudre avec des séances d'orthophoniste.

Sur le coup, je me sens requinquée parce que mon problème n'est pas que psychologique et j'ai une solution pour le régler, une solution pratique, simple et efficace. Fini les angoisses, je ne devrais plus avoir à m'inquiéter. Youpi, je peux sauter au plafond et me dire que tous mes problèmes sont derrière moi. Mais non. Comme si l'obscurité me guettait tranquillement, sans se presser, le lendemain, je panique. Faut me comprendre aussi, on m'annonce de but en blanc que J'AI UN PROBLEME, qu'effectivement les aliments ne tournent pas comme ils devraient dans ma gorge et que c'est potentiellement dangereux.

Alors à partir de cette révélation, rien ne passe plus. Je n'ingurgite que des soupes très liquides, du jus et de l'eau, et encore avec difficulté, en prenant mon temps, sous les encouragements de ma mère et de copines à moitié en larmes. Les voir s'inquiéter, redoubler de bonnes intentions à mon égard, déchiffrer leurs sourires qui masquent leur incompréhension me tuent. Je suis pathétique. Si seulement j'étais quelqu'un d'autre, quelqu'un qui ne leur attirerait pas autant d'inquiétude...

Ma sœur agit à sa façon, comme toujours. Son tempérament mi-bouillant, mi-épicé a l'avantage de secouer les personnalités molles, mais pas moi. Je ne me retrouve pas dans ce qu'elle me dit mais je la comprends parce qu'elle est autant dépourvue que je le suis pour m'apprivoiser. Elle essaie de me motiver mais rien qu'à la voir péter la former, je me dis que c'est peine perdue. Jamais je n'arriverai à son niveau...

Il faut dire que ça faisait un moment qu'elle n'avait pas été aussi parfaite et intense. En même temps, elle le mérite, il n'y a pas une journée qui passe sans qu'elle fasse des entraînements sportifs acharnés. Son quotidien est rythmé par des exercices de musculation et de fitness qui lui sculptent un corps splendide. Sa taille menue fait ressortir ses muscles fermes. Elle doit suivre un planning strict qui prévoit des séries de mouvements à répéter dans l'optique de travailler les abdominaux, les bras, les jambes, le dos. Rien n'est laissé au hasard. En plus, elle ajoute des séances en extérieur durant lesquelles elle court, fait de la natation ou du vélo. Pour couronner le tout, son immeuble dispose d'une salle de sport regroupant différentes machines : tapis de course, vélos elliptiques et rameurs. Il y a aussi des poids, des KettleBells, des

249

élastiques de toutes les tailles et de toutes les couleurs. Elle s'en donne donc à cœur joie dans des tenues aérodynamiques en s'admirant devant les immenses miroirs recouvrant les murs de cette salle haut de gamme.

Elle ne fait pas ça seule, elle profite que Rolando, son meilleur ami, vive chez elle pour bénéficier de ses précieux conseils. Cet homme a une personnalité positive qui ricoche sur les personnes qu'il fréquente. Il mêle vision optimiste de la vie avec une acceptation terre-à-terre des événements qui nous tombent dessus. En d'autres termes, Lina se forge un moral d'acier en symbiose avec son physique. Je ne dirais pas que je l'envie mais je reconnais qu'elle m'épate. A peine franchit-elle la porte chez ma mère que son sourire illumine la pièce. Elle rayonne bonnement et simplement. On a l'impression que tout lui paraît facile, qu'elle flotte. Son boulot lui apporte toujours autant de satisfaction et elle s'épanouit avec Yanis. Rolando se charge de la touche d'originalité et de piquant qu'il lui manquait. Le bonheur transparaît à travers son visage. Je ne ressens aucune jalousie mais je sais pertinemment que je suis bien loin d'elle.

Pour moi, plus les jours passent, plus mon état s'aggrave. Même ma chute d'il y a dix ans ne vaut pas le dixième de ce que je vis maintenant. Je ne me suis jamais vue aussi maigre. Je vais vous faire une confidence, au bout de quelques jours de lutte acharnée entre ma bouche et la cuillère, afin de duper mon œsophage pour que les déglutitions soient plus lisses, j'en viens à utiliser une paille. C'est plutôt risible et peu convaincant mais il faut bien tenter quelque chose...

La spirale m'engloutit de nouveau, les inquiétudes refont surface, plus vivaces que jamais, comme si elles avaient attendu patiemment le moindre de mes faux pas. Une question en entraîne une nouvelle : pourquoi cette satanée bouchée ne peut pas passer ? Pourquoi suis-je bloquée depuis une heure devant mon bol ? Pourquoi suis-je toujours celle qui a un problème ? Je voudrais aller bien, je voudrais juste manger, mettre une fourchette dans ma bouche, sentir les aliments se balader autour de mon palais et finir par les avaler en ayant savouré les nuances du plat.

Je pleure tous les jours, des larmes de désespoir parce que je ne pense pas que je pourrai m'en sortir cette fois-ci. Au fil du temps, mes forces me quittent et j'ai du mal à tenir sur mes jambes. La nourriture devient mon obsession, je suis en boucle sur mes difficultés. Il me faut trouver des réponses, des astuces, quelque chose même minime. Il doit bien y avoir quelqu'un qui peut m'aider, qui comprendra !

A bout, je cherche des solutions sur internet. Ce qui est bien avec la toile, c'est qu'il y a de tout. On trouve des gens avec toutes sortes de problèmes. Mais malheureusement, les solutions ne sont pas idéales. D'autant que plus on se sent mal, plus on se méprend sur les issues. On veut juste trouver une solution, quelle qu'elle soit. Passent pour efficaces beaucoup de remèdes saugrenus auxquels je n'aurais pas prêté attention dans un état « normal ». Je veux seulement guérir, aller mieux, voir le bout du tunnel.

En farfouillant nuit et jour, je tombe sur des vidéos Youtube qui expliquent la gastrostomie, une méthode exécutée par des médecins qui font un trou dans l'estomac permettant une liaison directe entre le ventre et l'extérieur.

Pour moi, c'est génial, je pourrai me nourrir sans passer par l'étape gorge. J'ai l'impression de découvrir LA solution à mes préoccupations. Comme une véritable inspectrice, j'inventorie et examine les tenants et aboutissants d'une telle opération. Pourquoi poser une gastrostomie ? Quelles sont les causes ? Les risques ? Pour moi, réside alors dans ce procédé mon ultime moyen de survie. Dès que je vois mes deux amies Bouchra et Vanessa, je ne leur parle que de ça. Les rendez-vous chez les médecins s'enchaînent pour qu'on me donne « *the* » autorisation. Les uns après les autres, ils refusent de m'opérer malgré mes supplications. Pourtant, j'ai blindé mon dossier, ce que j'allais dire, j'ai tout passé au peigne fin sur internet en épluchant les témoignages de celles et ceux qui avaient pu en bénéficier.

Une gastro-entérologue va au bout des choses et réalise une fibroscopie pour vérifier l'état de mon intérieur... Elle rejette, à son tour, ma demande de gastrostromie de manière catégorique. Mon désarroi ne vient pas tant de leurs réponses négatives mais de l'impression que personne ne m'entend, ni ne daigne m'écouter. Ok, on ne peut pas pratiquer une gastrostomie, mais que me proposent-ils d'autres ? Je reste, bête, désespérée, avec juste l'envie d'aller mieux sans savoir comment. Aucun médecin ne me propose une solution pour remédier à mes difficultés de déglutition, comme s'ils n'y croyaient pas. Je lis dans leurs yeux que je suis une illuminée de peu d'importance...

Je ne sais pas si c'est lié à mon état dépressif ou peut-être à mon manque d'alimentation mais, en plus, je commence à avoir des palpitations qui apparaissent tout le temps, pour un oui ou pour un non, même assise. Du coup, je me sens hyper faible à tel point que je ne peux même pas faire mon ramadan alors que d'habitude, ce mois est une pure joie. Mon cœur se remplit de peine. Monique a gâché toute ma vie, dans tous les domaines. Pendant des années, j'ai eu la phobie de ne pas pouvoir avoir d'enfants, je me pose sans cesse mille questions parce que j'anticipe mon inefficacité et mon inutilité avant d'entreprendre quoique ce soit. Cette femme a rendu tout plus difficile, même maintenant dans le spirituel alors que j'en ai besoin pour aller mieux, c'est pervers. Elle a handicapé toutes les facettes de ma vie... Heureusement, mon mari, ma famille et mes amies sont auprès de moi pour me soutenir. Pourtant, je n'y crois pas moi-même, je ne vois pas comment les choses pourraient s'inverser et comment tout reprendrait sa place.

Devenue addict aux vidéos sur internet, j'enchaîne les témoignages de femmes anorexiques. En faisant tourner mes poignets et mes cuisses de gauche à droite, je compare si nos corps se valent. J'appelle mes amies en renfort pour connaître la vérité, est-ce que je suis aussi maigre que cette personne ? Et mes joues sont-elles aussi creusées que les leurs ? Toutes me maintiennent que non, que je suis loin de leur ressembler. Pourtant, je ne les crois pas, je suis tellement persuadée du contraire...

Le temps ne joue pas en ma faveur. Un challenge entre lui et moi s'est installé, sauf que lui n'est pas pressé... Moi, je dépéris doucement mais sûrement. Plus les jours passent, plus mon poids dégringole, à un niveau jamais atteint auparavant. Je n'ai plus le temps, petit à petit mon corps se disloque, je ressemble d'ailleurs plus à un cadavre qu'à une femme vivante. Le pire c'est que je me dis que je ne verrai pas ma fille grandir et cette seule pensée me brise et suffit à me faire tenir et essayer encore et encore de trouver un moyen de s'accrocher, pour ma mère et ma fille.

Ma belle sœur me parle d'une orthophoniste, Alexandra, qui serait exceptionnelle et insiste pour que je tente un rendez-vous. Pourquoi pas ? Qu'ai-je de plus à perdre ? Je l'appelle en pleurs. Sa mission si elle l'accepte ? Me réapprendre à manger ce qui n'est pas une mince affaire ! Elle reste très professionnelle et conclut que nous nous verrons deux fois par semaine. Sans savoir vraiment pourquoi, peut-être le ton prévenant de sa voix, le fait que c'est la première fois qu'un spécialiste m'écoute comme un être humain, ou parce qu'elle est tombée au bon moment, à cet instant qui ne me laisse plus d'autres choix que d'avouer mon mal-être, je me confie à elle. Les mots s'enfuient de ma bouche, les uns derrière les autres. Je lui raconte tout de Monique, de sa maison, sa famille, l'horreur que ma sœur et moi avons vécue pendant trois longues années qui ne finissaient pas, que nous croyions ne jamais finir. Nous pensions être condamnées à rester chez elle toute notre enfance et peut-être même notre adolescence.

Dans les premiers temps, elle ne savait pas quels exercices pratiquer. Prise au dépourvu, elle n'avait jamais vu un cas comme moi et a donc contacté sa formatrice qui lui a donné certaines astuces en lui précisant que mon état était excessivement rare (merci, génial, ça tombe sur moi) et qu'il s'agirait sûrement du seul de sa carrière. La gymnastique qu'elle me fait faire m'aide. Je prends mes marques avec elle et ramène mon plat le midi pour que nous mangions ensemble. L'aide psychologique qu'elle m'apporte, surtout, enclenche le retournement de situation tant espéré. Elle me félicite et m'encourage.

A partir de là, ayant actionné l'embrayage, je me remets en selle. C'est plus facile de commencer de quelque part et de toucher les efforts du doigt. A côté, mes idées se font moins noires. Alors, tous les jours je me mets à faire une heure de marche. J'attrape mon mari et la poussette – pour ne pas dire mon déambulateur - et on trotte, on trotte d'un bout à l'autre de la ville, d'un parc à l'autre afin que mes muscles s'épaississent et que je m'endurcisse.

En parallèle, je continue ma tournée des médecins et autres psychologues. Ce n'est pas fameux. Je retiens surtout de ces entrevues un conseil qui revient régulièrement : écrire. Tous me suggèrent d'écrire mon histoire, de témoigner à propos de ce que j'ai vécu. Raconter pour affronter et surmonter, disent-ils. J'écoute d'une oreille distraite parce que l'écriture ne coule pas dans mes veines et pour être tout à fait honnête, je n'y crois pas. Je sais ce que j'ai traversé, pas besoin de le voir noir sur blanc. Le pouvoir de l'écriture, comme ils aiment le scander, ne me touche pas.

D'autant que la gastrostomie me trotte toujours dans la tête. Au cours d'une conversation, j'ai même abordé le sujet avec Alexandra qui a refusé de me donner un avis favorable. Mais je sais que sa décision découle d'une véritable prise en considération de ma personne, de mon histoire et de ma santé. Je sais qu'elle me respecte donc j'en viens à me demander si elle n'a pas raison, si je ne devrais pas abandonner cette idée...

Pour en avoir le cœur net, je me rends dans un hôpital spécialisé pour les personnes ayant des troubles de l'alimentation. Parce que je suis à fond, je prends rendez-vous directement avec le chef de service qui m'écoute attentivement. Il regarde aléatoirement ses chaussures, son bureau et mon visage en signe de réflexion. Après m'avoir toisée et avoir prêté l'oreille à ce que j'avais à dire, il m'explique que mon poids est loin d'être catastrophique. Certes, j'ai quelques kilos à prendre mais ce n'est rien à côté des malades qu'il voit. Il semblerait que je sois dysmorphophobique, c'est-à-dire que je me vois beaucoup plus maigre que ce que je suis vraiment. Pour d'autres personnes, ça sera l'inverse, elles se jaugent plus grosses. Voilà pourquoi j'ai ce besoin

255

incessant de me comparer à d'autres femmes très maigres parce que je m'identifie à elles.

Concernant la gastrostomie, sa pratique ne peut être employée dans mon cas, elle est réservée aux personnes en fin de vie ou atteinte de cancer. Cette fois, on m'a écoutée et bien que la réponse n'aille pas dans mon sens, du moins vers ce que je voulais à ce moment-là, je l'entends et la comprends. Je n'irai donc pas plus loin et me focalise sur mes petits efforts qui ont déjà abouti à un résultat pas franchement éloquent mais déjà notoire à mes yeux. Pendant plusieurs mois, le chemin a été long mais au fur et à mesure, je bois de plus en plus rapidement à la paille. Ensuite, j'entame l'étape soupe. Progressivement, je me défais de la paille, au début doucement, puis le mécanisme de boire redevient de plus en plus fluide. Il faut être patient car toutes ces avancées sont périlleuses et prennent du temps mais mes progrès sont remarqués ! Tout à l'heure, je buvais un verre d'eau devant ma mère sans y prêter attention mais elle, elle a sauté de joie :

« J'ai remarqué que depuis deux semaines tu ne bois plus à la paille, je suis trop contente, tu n'imagines même pas le mal que ça me fait de te voir comme ça, et là, de voir cet effort, je suis la plus heureuse du monde. »

Si elle a été surprise par mes exploits, je ne m'attendais pas à cette déclaration ! Ma mère n'est pas une personne qui montre ses sentiments ou qui s'épanche sur ses inquiétudes. Je ne me rendais pas compte non plus du bonheur que ça aurait pu lui procurer. Elle a failli en pleurer !

Bref, les petits efforts font les grands succès de mon quotidien rythmé par mes prières, mes rendez-vous chez l'orthophoniste et ma persévérance. Je suis déter cette fois ! Petit à petit, mon alimentation devient plus consistante grâce aux exercices d'Alexandra qui me sont très bénéfiques.

Me sentant ragaillardie, l'envie d'une petite tête fraîchement débarquée avec ses doigts fripés et sa peau toute douce me reprend. Dès que ma décision a été prise, en quelques semaines, mon ventre a abrité un nouvel habitant qui n'est, malheureusement, pas resté longtemps... La vie est ainsi faite. Cette fausse couche ne me mine pas, je suis en phase avec moi-même et je ne baisse pas les bras. Quoiqu'il en soit, je n'ai pas vraiment le temps de m'apitoyer sur mon sort parce que je tombe de nouveau enceinte rapidement et celui-là s'accroche du mieux qu'il peut !

Chapitre 7 : Submergée

Je suis enceinte d'environ deux mois et ce soir tout semble ordinaire, une soirée posée qui aurait pu rester anecdotique et pourtant...

Au fil de mes adaptations gastronomiques, j'avais retrouvé un équilibre. Ma fille qui a presque trois ans m'apporte ce dont j'ai toujours eu besoin. Je passe de super moments avec mon mari, ma famille et ma belle-famille. Je ne saurais pas quoi réclamer de plus. Pourtant, sous des apparences de banalités quotidiennes, cette soirée va tout changer, c'est un ouragan dans ma vie. L'étincelle vient de rien, d'un film, et pourtant je me suis consumée si vite. Ma mémoire s'est embrasée et a fait remonter à la surface tout un passé auquel je voulais me soustraire. J'avais contourné les appels à l'aide de mon corps en matière d'alimentation, alors il m'a rappelée à l'ordre autrement. Non tu n'oublieras pas...

Je tombe sur le film Polisse, l'histoire d'une jeune femme, Mélissa, qui vient faire un reportage sur la Brigade de protection des mineurs à Paris. Forcément, il est question de maltraitances sur enfants, de pédophilie, de prostitution, bref la misère ordinaire pour certains enfants... Ce n'est pas la première fois que je visionne ce genre d'émissions et d'ailleurs, j'imagine en raison de mon parcours, je me suis toujours intéressée aux histoires de maltraitances commises sur des mineurs. Le film en lui-même crée un émoi classique et attise ma sensibilité sur la situation des enfants seuls, torturés, délaissés, mais il y a une scène surtout que je ne digère pas. Une maman doit laisser son enfant aux services sociaux parce qu'elle n'a plus d'argent pour le nourrir et l'héberger. La famille est obligée de vivre dehors et la mère veut que son fils connaisse une vie qui ne se résume pas au froid et à la faim. Cependant, l'hébergement ne concerne que l'enfant, pas la mère. Alors au moment d'être dirigé vers cette structure d'accueil, le gamin pleure, il ne comprend pas. Il veut retrouver les bras de maman, rien ne compte en dehors d'elle.

En regardant la scène, tellement déchirante, je me suis revue, ma sœur et moi dans le bureau de l'association de placement. J'ai de nouveau ressenti cette incompréhension. Personne ne peut imaginer être séparé de sa mère quand il n'y a aucune ombre au tableau. Le pire c'est la peur, une peur qui donne envie de vomir parce qu'on ne sait pas où on va aller. Et ce vertige d'être seules, Lina et moi, deux gosses. Les émotions que j'ai ressenties à l'époque me sont revenues en pleine face. Je voyais tout. Les visages de l'assistante sociale, de ma mère, de ma tante. Je pleure sans pouvoir m'arrêter et je goûte encore à mes larmes, elles ont la même amertume qu'à l'époque. Tout a la même saveur qu'à mes quatre ans... Je revois la pièce, le parfum entêtant de l'assistante sociale, son sourire faussement compatissant. Il y a aussi la pile de dossiers, je suis l'un d'eux. Je n'arrive pas à me calmer. Tout éclate. Je me vide de toute l'eau de mon corps.

Ne supportant pas de rester immobile, je me rue sur internet. Je cherche pendant des heures ce que sont devenus Monique, son mari et ses enfants. Peu d'informations sont disponibles. Malgré tout, je retrouve sa fille sur LinkedIn qui a plutôt bien réussi, de brillantes études avec un bon job. La photo de profil est petite mais je la reconnais immédiatement, pas l'ombre d'un doute. Ça peut sembler improbable mais elle a peu changé. Je tombe même sur le numéro de téléphone et la nouvelle adresse de mon ancienne mère d'accueil...

Je brûle d'envie de la contacter, j'ai appris les chiffres par cœur. Ils reviennent sans cesse dans ma tête au point que j'en pleure parce que je ne peux pas me résoudre à l'appeler. Mais les questions fusent. Comment se fait-il qu'elle soit libre et non incarcérée ? Que s'est-il passé au procès ? Ma sœur et moi étions tellement persuadées qu'elle et son mari étaient derrière les barreaux après notre témoignage. C'était une évidence pour nous. Ou au moins, y ont-ils été quelques années ? Quelques mois ?

Plus que tout, j'aimerais la confronter, savoir comment elle peut marcher dehors, rire, s'occuper de son jardin, vivre, après ce qu'elle nous a fait. N'a-t-elle pas l'ombre d'un remords ? Je voudrais qu'elle s'excuse, qu'elle me dise qu'elle regrette, qu'elle ne se rendait pas compte du mal qu'elle nous infligeait. Je veux seulement qu'elle avoue.

Avec du recul, je me demande si je ne voulais pas ce que je désirais déjà plus que tout petite : sa reconnaissance, ou au moins une parole douce de sa part. Peut-être je voulais qu'elle me dise enfin que ma sœur et moi étions de gentilles filles qui n'avaient pas mérité son comportement et ses sévices. Elle aurait dit que nous étions adorables, de vraies petites poupées.

Mais c'est trop pour moi pour le moment, d'autant que je dois penser au bébé, je ne peux pas me permettre d'être trop survoltée. Je ne veux pas risquer de le perdre. Alors, je tente de me calmer. Je prie, je fais s'élever la petite voix au fond de ma tête : « tout est derrière toi maintenant, ma petite cocotte. Ta famille est en or. Tu vas bientôt la voir s'agrandir. Ne gâche pas tout, ne la laisse pas tout gâcher encore une fois, une fois de trop ».

Malgré mes auto-persuasions, ce soir-là, en rentrant du travail, mon mari me trouve en train de suffoquer sur le canapé, les yeux rougis et mon téléphone à la main. Sur le coup, il ne percute pas ce qui a pu se passer. Il pense à une mauvaise nouvelle ou un accident, il tente de me calmer alors qu'il est lui-même dans le flou. Puis, je commence à lui raconter. On discute beaucoup, je pleure beaucoup, les heures défilent comme mes pleurs. C'est dur pour moi de mettre un terme à ce torrent de larmes parce que j'avais trop accumulé. Je dois me vider de ce trop-plein. Malgré ma douleur, j'aime cette nuit où je m'ouvre et avoue mes inquiétudes. Mon mari joue la carte de la décontraction, j'en avais besoin. Il me conseille d'appeler Monique quand je le sentirai. Il me rassure en disant que quoique je fasse il me soutiendra.

Chapitre 8 : Allô ?!

Quelques jours passent, peut-être quelques semaines, ma cousine Sabrina me rend visite un soir pour qu'on se retrouve en tête à tête à se raconter nos histoires respectives. Ça papote dans tous les sens, on rit, on se taquine. Toutefois, je me sens différente ce soir-là, comme si j'étais spectatrice de ma vie. Je perçois les discussions avec davantage de recul que d'habitude. La focale se porte, pour ne pas changer, sur Monique. Mais, je ne tiens plus, j'embraye rapidement :

– Sabrina, je vais l'appeler ce soir.

– Tu es sure ? Il ne faut pas te mettre la pression.

– Écoute, je n'ai rien à perdre, rien à gagner non plus, mais vas-y j'en peux plus. Je ne pense qu'à ça, qu'à elle. Je tente et on verra bien. De toute façon, ce soir, tu es avec moi, ça me donne du courage.

La main mal assurée, j'attrape mon téléphone et commence à taper les chiffres. Au milieu du numéro, je me tétanise, avale ma salive et regarde Sabrina qui, d'un hochement de tête, me redonne du courage. Je finis de composer ces nombres que je connaissais par cœur et porte le combiné à mon oreille. On a tous déjà vécu ces moments où les sonneries forment un écho avec nos propres pulsations. Cependant, je n'ai jamais connu un pareil stress.

Mes doigts sont moites quand, finalement, j'entends le déclic du début de la conversation.

— Allô, prononce une voix de femme.

C'est elle, je la reconnaîtrais entre mille. Impossible de me tromper. Le ton se veut décontracté. Je ne me sens pas dans mon assiette. Un mélange d'une multitude de sentiments me rend confuse. J'ai surtout peur qu'elle raccroche.

— Allô Monique ? finis-je par répondre.

— Oui, c'est qui ? demande-t-elle d'un air rieur.

— Ça fait longtemps que je vous cherchais, ai-je lancé. Je ne sais pas si vous vous souvenez de moi et de ma sœur. Quand on était petites, vous nous avez gardées, Safiya et Lina.

Je m'arrête de parler pendant quelques secondes afin d'entendre sa réponse qui tarde. N'importe quelle famille d'accueil aurait été contente d'avoir des nouvelles d'enfants dont elle s'est occupée. Puis, elle répond seulement « Euh... oui », comme si elle attendait ce que j'allais dire. Elle anticipe ce que je peux lui réclamer, comme une sentence à laquelle je vais la condamner. Cette fois, pour la première fois, c'est elle qui ne sait pas à quelle sauce elle va être mangée.

— Je t'appelle parce que je voulais comprendre. Je suis enceinte, j'ai la peau sur les os parce que je n'arrive pas à me nourrir. Tu te souviens de l'entonnoir ?

Je n'ai pas pu m'en empêcher, j'ai lâché le morceau... Je ne voulais pas y aller trop fort de peur qu'elle raccroche mais ça me brûlait la langue. Il fallait que je sorte ce foutu mot d'entonnoir. Tant pis, de toute façon, nous n'allions pas

264

bavarder de la pluie et du beau temps. Peu importe sa réaction, j'improviserai. Bien que je n'aie pensé qu'à cet appel depuis des semaines, je n'avais pas réfléchi à la tournure que pourrait prendre notre échange. Mais j'avais encore moins anticipé sa réaction.

– Oui, lâche-t-elle comme s'il n'était question que d'un détail.

Pour tout dire, j'imagine que c'est comme ça qu'elle considère ma vie, un simple détail. Je n'ai jamais eu, et encore moins ma sœur, une once d'importance à ses yeux. Je reste choquée parce que, oui, effectivement, elle se souvient. Oui, elle l'affirme. Mais, paradoxalement, ce n'était pas ce genre d'aveux que je voulais. J'espérais qu'elle regrette plus qu'elle n'avoue, qu'elle se confonde en excuses. Alors, je pleure, je ne peux plus m'arrêter de pleurer en murmurant « Pourquoi ? Pourquoi ? »

– Je ne sais pas, répond-elle d'une voix banale, sans fausse note, avec juste une sincérité crue qui me déchire le cœur et me laisse plantée comme une cruche.

En y réfléchissant, je me demande si elle était vraiment honnête. Sur le coup, c'est le ressenti que j'ai eu. Des secondes s'écoulent pendant lesquelles je renifle et continue de sangloter mais nous restons silencieuses l'une et l'autre comme si nous nous toisions. A cet instant, je suis incapable de réfléchir. Seuls mes sentiments remuent et me sortent de ma torpeur.

– Parle maintenant que je peux répondre, poursuivis-je. Dis-moi quelque chose.

Encore ce vide, l'attente d'une riposte de sa part, même une contestation, tout sauf ce néant auquel elle nous a trop habituées. Tout en faisant les cent pas, je serre le combiné si fort que j'en ai mal à la paume. Je ne sais pas où mettre mon autre main dont les ongles s'enfoncent dans ma peau. Peu importe, je ne sens rien. Je suis anesthésiée par sa voix et son souffle que j'entends dans l'écouteur et que j'ai l'impression de sentir sur mon cou. Encore une fois, la boucle de ma mémoire s'enraye, je suis de nouveau une gamine de quatre ans, tétanisée.

Après de longues secondes de silence qui m'ont semblé une éternité, elle finit par raccrocher. Ma tête tombe sur les épaules de Sabrina qui pleure, elle aussi. Nous nous effondrons toutes les deux. Je ne sais pas laquelle prend l'autre dans ses bras. On essaye de se calmer parce qu'on ne veut pas que nos filles respectives soient effrayées en nous voyant dans cet état.

Cependant, je voudrais encore dire tellement de choses à Monique, lui poser des questions, lui raconter que ma sœur et moi nous souvenons de tout, qu'il n'y a pas une journée qui passe sans qu'on pense à elle.

Alors que l'émotion est palpable, ma mère m'appelle. Je préfère ne pas lui répondre quand je ne suis pas dans mon assiette et ce soir, c'est peu dire... On ne discute jamais elle, ma sœur et moi de notre passage chez Monique. Mais elle insiste. Ses appels s'enchaînent et les sonneries successives me mettent mal à l'aise. Je décide donc de prendre une profonde inspiration et d'expirer lentement dans l'espoir que ma voix ne me trahisse pas. Toutefois, que peut-on cacher à une mère ? Aux premiers mots que je formule, ma mère suspecte immédiatement que quelque chose cloche.

– Mais qu'est-ce-que tu as Saf' en ce moment ? T'es pas bien, j'ai remarqué. Ce soir déjà, mais depuis un bout de temps aussi.

Sur ce, je suis repartie en sanglots.

– C'est Monique, murmuré-je.

– Quoi Monique ?

– Je l'ai appelée ce soir et elle a avoué pour l'entonnoir.

– Quoi ? C'est pas vrai ? Mais qu'est-ce-qu'elle a dit ? demande-t-elle précipitamment sous l'effet de la nouvelle.

– Elle a avoué pour l'entonnoir maman.

– Oh, j'y crois pas.

Elle est tellement sous le choc qu'elle n'arrive pas à parler. Seulement quelques bégaiements m'arrivent aux oreilles. Elle répète qu'elle n'en revient pas.

– Quelle ordure cette femme ! vocifère ma mère. Ça ne va pas en rester là Saf'.

– Je sais Maman, je sais. Ne t'inquiète pas, ça va aller. Je ne vais pas la laisser tranquille.

Je préfère couper court à la discussion, non pas qu'elle me dérange, j'aurais aimé entendre sa voix encore. Cependant, son timbre n'est pas comme d'habitude, je la sens fragile. Le mal est fait quoiqu'il en soit. Du coup, j'abrège le sujet pour éviter de la faire plonger avec moi, d'autant que je sens des contractions et je préfère me canaliser. Nous échangeons quelques banalités puis je mets fin à l'appel, me voulant la plus rassurante possible.

Ainsi, dès que je repose le téléphone, mon cerveau surchauffe. Il me faut une solution qui me permettrait de m'apaiser ou tout du moins de me contrôler. J'ai besoin de me canaliser alors le premier réflexe qui me vient à l'esprit est d'écrire une lettre à Monique. Ayant noté son adresse, cette idée me paraît la plus judicieuse et la plus adéquate. Dans la précipitation, je cherche un stylo, une feuille, je m'assois. Et tout s'enchaîne. Je commence : « Ma chère Monique... » Le bic glisse tout seul sur le papier, je ne peux plus m'arrêter. Je veux qu'elle sache que tout est resté intact dans ma mémoire jusqu'à ses tâches de rousseur qui pullulaient sur ses joues et qu'elle dessinait, l'une après l'autre, chaque jour au crayon. Je lui rappelle à quel point elle nous a traumatisées, comment tout est encore si prégnant aujourd'hui. Je lui explique qu'elle nous a bousillées et que nous sommes loin d'être intactes. On est marquées pour toujours. Même quand ça a beau aller mieux, nos sourires et notre humeur faussement positive ne sont qu'une façade qui cache un mal-être indécrassable.

En fin de compte, je ne l'ai plus rappelée. Je n'ai d'ailleurs jamais envoyé la lettre... Pourquoi ? Parce qu'il n'est pas forcément limpide de régler ses comptes, surtout quand les événements datent autant. Notre conversation téléphonique m'a déçue, non pas que j'envisageais qu'elle me fasse véritablement un mea-culpa en bonne et due forme, mais il y a toujours ce fossé entre ce que l'on espère et ce qu'il se passe. La déception et l'amertume sont des sentiments épuisants qui ressassent à l'infini. J'imagine que c'est la peur qui me retient, une peur au creux de mon estomac qui me fragilise depuis longtemps.

Malgré tout, l'effervescence autour de mon placement fait résonner un nouveau son de cloche. Non, je n'ai pas à rester silencieuse et immobile, à regarder mes souvenirs défaire et détruire ce que j'essaie péniblement de construire. Le combat du passé contre le futur ne doit pas avoir lieu, je ne peux rester spectatrice de ma situation. Je veux me battre donc je me mets en quête de connaître le dénouement de notre rendez-vous à la gendarmerie. Je n'ai eu aucune nouvelle alors que j'attendais la date d'un jugement ou au moins la sentence prononcée à son encontre, même contre son époux. Ce silence se heurte à mon besoin de parler et de me confronter à Monique. Il faut que j'éclaircisse la situation et que j'y voie plus clair.

Chapitre 9 : Désillusion

Aujourd'hui, je rends visite à une amie qui fait des études en droit. De facto, la discussion glisse sur Monique et sur ce que je dois faire et vers qui me tourner afin de savoir ce qu'il est advenu de l'affaire.

— Maintenant que je l'ai eue au téléphone, je ne peux pas en rester là, lui expliqué-je. Je n'arrive pas à l'appeler mais je ne veux pas pour autant qu'elle se prélasse après ce qu'elle nous a fait. Tu te souviens de la convocation avec les gendarmes ? Lina était présente aussi. Comment je peux savoir où en est le procès ?

— Mais vous vous êtes portées partie civile ? demande mon amie.

— Euh, c'est-à-dire ? Qu'est-ce-que tu veux dire ? Comment ça partie civile ?

— Est-ce-que vous avez porté plainte ?

— Oui puisqu'on a été au commissariat.

— Mais non, Safiya, ce n'est pas porter plainte ça. Tu as juste été convoquée en tant que témoin pour Arnaud. Pour porter plainte, il faut que ça soit vous qui vous constituiez partie civile.

Donc, là, je viens de comprendre que je n'avais rien fait, que je croyais l'avoir envoyée en prison durant toutes ces années alors que mon histoire n'a servi à rien. Peut-être a minima, je l'espère, un soutien plus ou moins solide à Arnaud mais pour ma sœur et moi, on repart à zéro. Aucun dossier n'a jamais été constitué en notre nom. Rien. Monique peut poursuivre sa vie tranquillement, elle n'est inquiétée de rien. J'enrage, je deviens folle. L'injustice de l'imaginer dans sa somptueuse villa buvant son café posé sur la table en bois massif tout en écoutant la cinquième symphonie de Mozart me fait voir rouge. Ni une ni deux, je décide de me battre, je ne peux plus laisser la situation impunie. Je veux faire les choses bien de A à Z.

Cependant, je vais devoir attendre quelques mois. Non pas que ma motivation se soit effritée, mais ma grossesse me met K.O. J'avais raison de me ménager car les médecins me conseillent l'alitement pour éviter les risques d'accouchement prématuré. Je laisse donc de côté l'affaire momentanément, juste le temps de vivre le reste de ma grossesse le plus sereinement possible.

De toute façon, le jour J arrive. Impossible d'échapper aux contractions qui viennent du fond de mon ventre. Je ne peux pas les louper, ça y est, le travail est lancé. Comme pour mon premier accouchement, la petite famille se dirige sans stress à l'hôpital, juste très excitée de rencontrer notre fils car, oui surprise, Emna va avoir un petit frère !

Après dix-sept longues heures bien épuisantes, mon Ishaq pointe le bout de son nez, un beau brun. Mon premier fils. Pour moi, c'est une nouvelle aventure avec de nouveaux sentiments, tout frais. Contrairement à la première fois, je peux enfin savourer mon accouchement en serrant mon petit bout contre moi et en allaitant immédiatement. Quel bonheur !

Ma famille me dorlote et tous se font plaisir avec mon fils qui est devenu, en l'espace de quelques secondes, une véritable star miniature! Lina voit son fils en Ishaq. Un amour instantané se tisse entre eux deux, encore plus fort qu'avec Emna. C'est son fils comme elle l'appelle !

D'ailleurs, elle est gâtée question fils. Concernant Yanis, sa vie bouge pas mal en ce moment. Comme d'habitude, il se consacre assidûment à ses entraînements. Ses journées se résument à sa balle qu'il fait jongler et avancer avec ses pieds. Il pense foot, mange foot, respire foot. Ses efforts sont remarqués parce qu'il a l'opportunité d'être envoyé dans un centre de formation en Espagne. Là-bas, il pourra profiter de tout un équipement de haut niveau dédié à développer ses performances. Il sera entouré de gosses comme lui dont les yeux brillent d'étoiles rondes.

Lina aussi aime le football et elle souhaite offrir ce qu'il y a de meilleur pour son fils. Donc, les deux compères font leur valise direction le soleil et les plages hispaniques. Ma sœur s'en sort bien ! Pendant que son fils sue sous la chaleur à courir, dribbler, sauter et presser ses adversaires, elle s'occupe de ses clients à distance, au bord d'une piscine, alternant entre un téléphone à la main pour le boulot et un jus au nom exotique pour se désaltérer après des négociations serrées. Elle nous envoie des photos de ses pieds en éventail posés sur une serviette colorée sur son transat pour nous faire saliver. J'imagine la pénibilité de ses journées entre la plage, son hôtel et quelques coups de fil pour le boulot... Elle se la coule douce ! Elle aime l'ambiance et l'essence du pays dans lequel elle vit de très bons moments.

Mais elle le mérite parce qu'elle se donne à 100% pour Yanis. Bien que son voyage paraisse paradisiaque, il est stressant aussi bien pour elle que pour son fils qui connaît ses aptitudes et veut que chaque journée passée en Espagne soit l'occasion de les montrer et de se faire remarquer.

Il y parvient, les sélectionneurs sont satisfaits de ses prestations et lui propose de rester plus longtemps. Toutefois, suivant les conseils de son agent sportif en France, il est rentré au bercail ce qui s'est avéré n'être pas une si bonne idée que ça...

Lina arrive chez maman comme un boulet de canon ce week-end.

– Saf', tu sais qu'on n'aurait pas dû rentrer, qu'on aurait dû rester en Espagne avec Yanis ?

– Pourquoi ? Tu tardes à avoir des propositions ? Ça va venir t'inquiète pas, répondis-je en voulant la rassurer.

– Non, ce n'est pas ça. C'est de la faute de l'agent.

– Alors là, j'ai manqué une étape, c'était le mec le plus pro que tu aies rencontré.

– Oui, jusqu'à ce que je me rende compte qu'il ne fait attention qu'à son misérable porte-monnaie. Il n'y a que les sous qui l'intéressent.

Lina poursuit devant mon visage circonspect.

– Il m'a dit qu'évoluer chez les professionnels en Espagne c'était trop tôt pour Yanis, eh bien en fait c'est qu'il ne toucherait pas un centime sur tout ce qu'il se serait passé en Espagne. Alors qu'en France, il peut espérer le gros lot !

Il a pensé à lui et pas un seul moment à la carrière de Yanis. Je suis dégoûtée.

Tout le monde la réconforte parce qu'on est convaincu que son fils trouvera le moyen de percer. Le manque de professionnalisme de cet agent n'aura pas raison de sa carrière et ne sera qu'une embûche, rien de plus. Mais, on comprend son désarroi et son agacement parce que c'est plus qu'une simple affaire de sous, il s'agit de faire confiance. Avançant dans un univers qui lui était inconnu, Lina avait besoin d'une personne franche qui aurait conduit Yanis vers des sommets footballistiques. Elle se retrouve encore seule et doit repartir de zéro. Elle ne se laisse pas démoraliser et court de rendez-vous en rendez-vous. Il lui en faut plus pour jeter l'éponge surtout quand c'est pour son fils qui reprend les entraînements en France avec assiduité. En le voyant tournoyer sur le terrain, Lina en est convaincue, il aura d'autres opportunités.

Et ça ne tardera pas ! Yanis fait régulièrement des tournois et encore ce week-end, il a remporté la coupe du meilleur buteur. La récompense figure parmi les titres les plus prisés et il l'a gagnée plus d'une fois, confirmant son statut d'attaquant hors pair.

Pareil, il a été sélectionné, lors d'une compétition, pour participer à une publicité pour une marque de sport célébrissime. Il a une maîtrise parfaite du ballon mais pas que. Les professionnels comme les non initiés apprécient son style décontracté et assuré quand il dribble ou quand il court. Ce petit côté nonchalant quand il marque un but plaît aux spectateurs. On voit que son contact avec le ballon est naturel, technique mais pas surchargé.

Chapitre 10 : Pétage de plomb

La vie de Lina suit son cours, en dehors de son fils, il n'y a que son job qui l'obsède. Je ne sais pas si elle a même conscience d'exister en tant qu'être humain. Elle vit pour les autres, pour nous offrir ce qu'il nous manque. Elle s'obstine à oublier en travaillant mais peut-on vraiment échapper à son passé ? Est-il possible d'aller de l'avant comme aiment à le dire tous ces conseillers en développement personnel ? Peut-on construire une vie d'adulte saine quand l'enfance a été meurtrie ?

Aujourd'hui, lors de sa pause déjeuner, ma sœur se rend chez Pierre, l'un de ses voisins, un petit papy de 87 ans qui vit seul chez lui. Voilà des années qu'elle s'occupe de lui, qu'elle lui téléphone tous les jours afin de s'assurer qu'il ne manque de rien. De temps en temps, entre deux rendez-vous professionnels, quand elle n'est pas loin, elle déjeune en sa compagnie. A Noël et lors de certaines fêtes, elle prépare un repas simple mais quelque chose qui sort de l'ordinaire, et ils mangent en tête à tête. Il aime écouter ses blagues et elle apprécie sa sérénité et sa clairvoyance. Elle prend soin de lui comme s'il était son grand-père.

Elle sort de l'appartement de Pierre qui, cette fois-ci, avait besoin d'un coup de main pour une histoire d'ordinateur qui a planté. Pour le remercier, il lui a offert un café mais Lina se sentant fatiguée a abrégé l'entrevue pour ne pas l'inquiéter. Elle attrape précipitamment ses clés de voiture et démarre. Elle n'est pas dans son assiette depuis que Yanis a été agressé, rien de grave, une bagarre qui lui a valu quelques bleus mais quand même, son cœur de maman en a pris un coup. Tout semblait aller bien ce matin, mais depuis le début de l'après-midi, elle est saisie de coups de chaleur et d'un sentiment de ras-le-bol qui ne s'explique pas.

Elle prend sa stagiaire Julia sur le chemin avec de longues heures de boulot en perspective. Pourtant, elle n'arrive pas à se concentrer et à être à ce qu'elle devrait faire. Sa tête fait des pirouettes dans tous les sens, impossible de fixer ses pensées. Elle est tellement pleine que Lina craque, elle n'arrive plus à réfléchir. Tout se bouscule, elle mélange tout. N'étant pas seule dans son véhicule, elle préfère garder ça pour elle. Qu'aurait-elle pu dire de toute façon ? « Tiens, attends je n'arrive plus à faire fonctionner mon cerveau, je dois être en plein bug ! » ou « mince, il y a un trou noir dans ma tête, j'essaie de mettre des idées dedans mais elles s'envolent, c'est bête ». Bonjour l'instant panique pour la stagiaire et le manque de crédibilité qui lui aurait collé à la peau après. Non, elle se dit que ça va passer, elle va se débrouiller seule comme d'habitude.

Sauf que ça ne passe pas et c'est même de pire en pire. Tous ses membres s'engourdissent, de la tête aux pieds. Alors qu'elle essaye de voir le bout du périph', elle est prise de vertiges. Peu d'issues s'offrent désormais à ma sœur qui est bien obligée de reconnaître qu'elle nage complètement, qu'elle ne maîtrise plus rien et que si elle ne stoppe pas immédiatement sa voiture, elle va finir par piquer une tête droit sur la rambarde bétonnée. Elle commence à freiner.

Les feux de détresse allumés, Lina prend la première sortie pour se garer en urgence. Elle fait mine de ne pas voir l'air atterré et effrayé de sa stagiaire. Elle se concentre sur son malaise et tente de se calmer comme elle peut. Elle veut prendre l'air mais en sortant du véhicule, elle a juste le temps de lâcher un « ma grande, je ne tiens plus » en direction de Julia avant de s'évanouir. Heureusement, elle n'était pas seule ce jour-là. Julia est là et la retient dans bras en la déposant, assise, sur le sol. Son gabarit costaud et son sang-froid facilitent la tâche. Puis, la jeune fille lui jette de l'eau à la figure ce qui réveille ma sœur qui s'est quand même endormie trois ou quatre minutes.

La pauvre stagiaire cherche à lui venir en aide et prend l'initiative d'appeler les pompiers. Quelques minutes après, ils débarquent en trombe. Bien que prise en charge comme il se doit, ma sœur veut entendre des paroles réconfortantes et compose mon numéro. Dans des situations aussi angoissantes, elle sait que je reste celle qui la comprend. L'anxiété, ça nous connaît.

- Saf', je ne me sens pas bien.

- Quoi ? Qu'est-ce qu'il t'arrive ? Tu es où là ? J'entends du bruit, des voitures ?

- Je conduisais mais je me suis arrêtée. Je ne peux plus conduire. Ma tête est en train d'exploser. C'est comme si toutes les pensées que j'avais mises dedans essayaient de se barrer ou de faire exploser mon crâne. Tu comprends ?

- Oui, ne t'inquiète pas, j'arrive, lui répondis-je alors que je ne comprends pas un traître mot de son charabia. Elle pétait la forme la semaine dernière et d'un coup, elle ne peut plus conduire ? Qu'est-ce qu'elle a ?

— Les pompiers sont en route, retrouve-moi plutôt à l'hôpital, dit Lina en raccrochant sec parce que parler lui demande trop d'efforts.

En découvrant l'ampleur désastreuse de son état, je suis très inquiète. Son coup de fil tombe mal, j'ai rendez-vous chez le neurologue pour un problème de fascicules musculaires. Ce sont des sortes de tremblements qui me prennent dans les jambes depuis déjà des années mais qui surviennent sans prévenir et durent plusieurs minutes, et parfois plusieurs jours, sans que je puisse les contrôler. Je ne peux pas annuler parce que je ne supporte plus ces spasmes qui me prennent n'importe quand, n'importe où. Selon les examens, il n'y a rien de neurologique à mon problème qui, d'après le médecin, serait dû à une nervosité sévère, ce qui, en soi, est une très bonne nouvelle. Il me prescrit des gouttes Laroxyl en cas de crise. Rien que le nom du médicament me secoue dans la mesure où j'ai du mal à prendre ne serait-ce qu'un doliprane, il faut vraiment que je sois au bout du rouleau pour avaler un de ces cachets. Alors accepter un remède plus lourd, c'est vous dire à quel point je n'en peux plus. Je fourre l'ordonnance dans mon sac et décolle illico direction l'hôpital.

Là-bas, les médecins font la totale à Lina. Elle passe scanner et IRM durant lesquels je reste présente pour lui tenir la main. Peu de temps après, Maman et Yanis nous rejoignent, très inquiets à leur tour. Les médecins informent Lina qu'elle souffre d'un bon gros burn-out bien sévère. « Votre corps ne suit plus », annoncent-ils.

A partir de cet instant, commence sa longue descente aux enfers. Lina ne peut plus rien manger en dehors d'un peu de soupe. Il n'y a que sous cette forme que la nourriture peut se frayer un chemin dans sa gorge ce qui forcément la fragilise énormément et amplifie ses carences et ses faiblesses. Elle fait de plus en plus de malaises jusqu'à ce qu'elle ne puisse plus se lever sans être étourdie et tomber dans les pommes.

Au début, parce qu'elle est bien obligée de payer ses factures, elle continue à travailler grâce à l'aide constante de Julia. Le courage de Lina ne tient que sur le dévouement de sa jeune stagiaire qui lui a promis de l'assister pour tout. « Je ne te lâcherai pas » lui a-t-elle assuré. Elle lui tient même son sac à main qui est devenu trop lourd pour ma sœur. Ce semblant de normalité dure environ un mois. Cependant, Lina en vient à abandonner même son travail ne pouvant plus rien faire de plus que de rester allongée dans un lit. Elle y restera près de cinq mois, sans sortir, sans voir personne en dehors de ma mère, mes enfants et moi ou Yanis. Elle vit sur ses économies. Personne n'arrive vraiment à l'égayer. Je sais qu'elle lit notre désespoir dans nos yeux. On reste démunis, on essaie de lui proposer des solutions mais rien à faire. Elle stagne complètement et reste imbibée de ce mal-être persistant.

Lors de son passage à l'hôpital, on lui avait conseillé de se rendre à la maison du burn-out, un institut plutôt haut de gamme dans Paris qui est spécialisé sur ces questions. N'y voyant pas d'inconvénient et cherchant à tout prix à aller mieux, ma sœur n'hésite pas à payer cher pour la première séance qui s'avère être un traquenard et un nid à charlatans. La psychologue l'écoute à peine et déploie toute son attention à scruter ma sœur ou peut-être se demande-t-elle si elle ne doit pas changer la couleur du divan... Bref, écoute zéro. Et les questions témoignent du néant professionnel qui lui est offert. « Auriez-vous des tendances suicidaires ? » est l'une des interrogations qui est lancée, au hasard, sans la moindre délicatesse humaine. Lina se sent mal à l'aise et elle ne voit pas l'intérêt de cette mascarade qui tourne en rond. L'entrevue se conclut par un généreux chèque de cent cinquante euros que la psychologue saisira avec satisfaction, comme un enfant à qui on a promis qu'il regarderait les dessins animés et qui voit finalement l'écran s'allumer. Parce que Lina a peu d'autres alternatives, elle effectuera neuf autres séances, soit dix rendez-vous au total, pour la modique somme de mille cinq cents euros, sans qu'il y ait la moindre amélioration et sans que cette stagnation inquiète outre mesure la psychologue...

Pour ne pas changer, Lina essaie de s'en sortir par... le travail ! Quelle surprise venant d'elle ! Elle choisit à ce moment-là de lancer sa propre boutique en ligne, ce qui forcément n'incite pas à se ménager... Qui dit nouveau business, dit beaucoup de stress et de responsabilités qui ne sont pas toujours faciles à assumer. Pour elle, le gros problème émane surtout des gens parce qu'elle se sent oppressée, un rien la déstabilise. Elle ne supporte plus la foule. J'imagine qu'il doit s'agir d'une sorte d'agoraphobie. Elle se cloître donc dans la chambre de notre mère et a du mal à en sortir. J'essaye de l'égayer via différents subterfuges mais je me heurte souvent à son refus. Parfois, elle accepte que nous sortions toutes les deux dans les magasins mais c'est rare, du moins au début. Alors qu'avant sa crise, nous pouvions errer des heures voire des journées dans les centres commerciaux.

Petit à petit, je la fais sortir de son trou. Mon fils Ishaq y est pour beaucoup. Je dirais même que c'est davantage lui qui est venu au secours de ma sœur. Il est son rayon de soleil. Dès sa naissance, de toute façon, la connexion a été fluide entre eux deux. Elle l'emmène parfois se balader en

282

voiture ce qui la force à tenir parce qu'elle ne veut pas qu'il lui arrive quoique ce soit. Ils vont nettoyer son véhicule ensemble. En sa présence, elle se détend et mon fils lui redonne du courage. Ça la change.

Même quand elle se rebooste doucement, ce qui la paralyse le plus sont ses douleurs aux cervicales et dans toute la zone des épaules. Pour la soulager, elle demande à chacun de nous de la masser. Alors, à tour de rôle, Yanis, Maman, moi, même Emna, lui prodiguons des séances de massage dont elle profite pleinement.

De mon côté, si je fais mine d'aller bien devant ma sœur et mes proches, la réalité est tout autre. En compagnie de Lina, je me montre réconfortante et lui prouve par A+B qu'elle n'a aucune raison de s'en faire et que tout va aller en s'arrangeant. Cependant, une fois le téléphone raccroché ou quand je ferme la porte derrière moi et me retrouve seule, les paroles de ma sœur résonnent dans ma tête. Je me dis qu'elle a raison, à quoi bon faire des efforts ? A quoi bon se tuer à la tâche pour des résultats médiocres ou du moins toujours insuffisants ? Je fais semblant d'aller bien, je souris, je montre le bon côté de la pièce mais c'est loin d'être représentatif de mon humeur générale...

Le matin, au réveil, je pense à ce qu'elle me dit sur son appréhension de la journée et je la ressens dans ma chair. Pourquoi aujourd'hui serait-il différent ? Son anxiété pour la journée à venir déteint sur moi, comme sa crispation à l'égard de la nourriture. Sans m'en rendre compte, je régresse légèrement. Mes nuits sont mauvaises alors je mise sur Lexomil, un médicament qui aide à dormir, pour apaiser mon état. Mon sommeil devient plus réparateur ce qui rend mes pensées moins sombres.

Je résiste malgré tout. Moins fatiguée et toujours bien entourée, je me ressaisis au bout de quelques semaines. Mais, ça aurait pu être plus grave. Un rien me déstabilise. Ma sœur a failli m'entraîner dans sa chute... Il s'en est fallu de peu.

Pour tenter toutes les solutions qui peuvent être utiles et sortir de son enfermement, Lina se dirige vers l'ostéopathie. Elle veut redevenir celle qui avait un tonus de feu et était prête à déplacer des montagnes. Elle a l'impression que ce n'était pas vraiment elle, que c'est impossible de vivre aussi pleinement. Maintenant, elle erre tel un pantin dont les ficelles sont encore tirées par Monique.

C'est contre sa nature de se contenter de cet état de médiocrité. Elle contacte donc les ostéopathes qui suivent son fils depuis plusieurs années. En effet, dès que son talent sur le terrain a pris un tournant sérieux, ma sœur a fait en sorte qu'il bénéficie d'une batterie de professionnels de la santé et du sport. Le football demande de la rigueur physique et un corps qui doit se donner à fond. Ainsi, l'importance d'en prendre soin n'est pas à démontrer. Yanis est aussi suivi par des kinés et un coach sportif personnel.

Lina profite de son réseau de connaissances afin de tester une séance d'ostéo avec les trois meilleurs ostéopathes de la région parisienne, Gabriel d'abord, puis Jess, et par la suite, Jeff. Objectivement, elle a besoin qu'on s'occupe d'elle. Ces rendez-vous ne peuvent pas lui faire de mal et après la maison du burn-out, elle estime qu'elle ne peut pas tomber plus bas...

Elle rentre dans une salle très épurée à la tonalité claire et apaisante. Au milieu, trône une table médicale. Lina s'assoit. Gabriel appose ses mains sur sa tête, du front jusqu'au cou en passant par l'arrière du crâne. Alors qu'il ne connaissait pas ma sœur, que tous les deux ne s'étaient encore parlé que de la pluie et du beau temps, il déclare :

– Vous avez vécu des difficultés pendant votre jeunesse.

– Euh oui, effectivement, bafouille Lina choquée qu'on puisse lire en elle aussi facilement. C'était la première fois qu'on la perçait à jour alors même qu'elle ne s'était pas confiée.

– Vous avez connu une situation d'abandon.

Lina n'en croit pas ses oreilles. Comment cet homme, cet inconnu, peut-il être au courant de choses aussi intimes ? Elle acquiesce d'un signe de tête, sentant que sa gorge se noue.

– Ne vous en faites pas, enchaîne le thérapeute. Le corps parle bien plus que nous l'imaginons et que nous le voudrions ! Vous avez bien fait de venir, il y a du travail ! Mais ne vous inquiétez pas, je ne découvrirai pas vos plus noirs secrets !

Il sourit de manière détendue. Ma sœur s'entend immédiatement avec lui. En quelques séances, elle lui fait confiance et lui décrit ce qu'elle vit au quotidien. Elle parle de ses douleurs et des sensations de chaleur qui surviennent très souvent, sans prévenir, et qui montent jusqu'au cerveau en la paralysant. Les conversations s'orientent vers des sujets banals, la routine quotidienne, le boulot ou le foot de Yanis.

En vérité, ma sœur n'a pas besoin d'étaler sa vie, l'ostéopathe a compris le problème seulement en la voyant. Il a observé ses attitudes, ses postures, sa position assise et debout. Chaque détail dévoilé par son corps la trahit et raconte son histoire. Il a commencé par critiquer la courbure de son dos, trop voûté, comme si elle voulait se cacher de quelque chose. Il a examiné la partie allant du haut du cou jusqu'aux épaules. Il a observé son bassin et ses cervicales. Il soigne particulièrement cette zone où se loge le stress en raison d'importantes terminaisons nerveuses. Il masse sa gorge et pose des ventouses au niveau des trapèzes.

Lina doit réapprendre les gestes quotidiens même les plus naturels comme s'asseoir ou respirer. Gabriel lui montre plusieurs exercices de respiration et les bonnes postures du dos et des cervicales. Elle aime se réapproprier son action de vie à travers ses inspirations et expirations. Dans ces moments, c'est elle qui domine son corps. Cette discipline requiert de la patience mais les premiers effets sont immédiats. Les crises d'angoisse s'estompent légèrement. La sensation de chaleur dans la tête se fait plus ténue, les raideurs dans les membres sont moins virulentes et le stress du lendemain s'apaise petit à petit, sans toutefois vraiment disparaître.

Il lui arrive encore d'être prise de malaise même au travail. Alors qu'elle est avec un client, il suffit qu'elle pense à Monique, à cause de rien, d'une broutille, de la coupe de cheveux de son interlocutrice, de l'une de ses expressions typiques, d'une musique qui passe dans le magasin, et elle part en tension dans un autre monde. Ses jambes se mettent à se vider, sa tête chauffe et elle a du mal à respirer. Elle n'entend même plus ce que ses clients lui racontent. A ce moment, elle prend sur elle et propose gentiment un verre d'eau à tout le monde en ajoutant une petite blague pour éviter que sa diversion ne paraisse suspecte. Elle ne peut pas se permettre de se laisser-aller et de sombrer, là, en plein rendez-vous avec la clientèle. Rester professionnelle demeure son seul objectif, même en temps de crise, alors même que Monique ne cesse de la hanter. Au bout du compte, ni ses collègues, ni ses clients ne s'aperçoivent que quelque chose cloche et qu'elle ne va pas bien. Elle n'en parle à personne de toute façon, son travail reste, comme d'habitude, son seul exutoire.

Pour garder le contrôle sur elle-même, elle mise sur la gestion des émotions. En plus de ses exercices de respiration, elle apprend à gérer différemment son cerveau en introduisant de nouvelles façons de réfléchir. Elle essaie de se raisonner, de penser au temps présent et de se focaliser sur ses aboutissements actuels. Elle empêche son esprit de divaguer et de transposer chaque événement à l'ère Monique. Il doit se stabiliser sur ses accomplissements à venir et ceux déjà réalisés. Il faut qu'elle se maîtrise et qu'elle reprenne le dessus sur ses propres pensées.

Elle vit avec la Lina enfant dans sa tête, celle qui a peur de Monique et qui ne sait comment s'en débarrasser, qui croit qu'elle restera à jamais dans cette grande maison et qui accumule donc des systèmes d'auto-défense la conduisant à l'épuisement. En dépit de ses efforts, cette impression ne disparaît jamais vraiment.

Partie 6

Chapitre 1 : Effet miroir

Quand je regarde mes enfants, je les vois sans défense, dans toute leur fragilité avec leurs petites mains, leur corps si frêle, leurs grands yeux qui crient l'innocence. Et je ne peux m'empêcher de penser à ma sœur et à moi quand nous avions leur âge. Ma fille a maintenant quatre ans, c'est à cet âge que je suis partie en famille d'accueil. Je me dis que ça aurait pu être eux à notre place, à une génération près. Mon cœur se serre et me pique tellement fort quand j'y pense. Comment peut-on se comporter aussi cruellement avec des enfants ?

En plus, nous nous ressemblons comme deux gouttes d'eau ma fille et moi. Elle est ma copie conforme, la même morphologie, toute menue. A quatre ans, on avait l'impression que j'en avais deux et demi. Elle aussi ne fait pas son âge. Elle ressemble à une poupée dont la chevelure ondulée aux reflets blonds fait penser à celles que l'on entrepose sur une étagère en hauteur bien à l'abri, préservée de tous les dangers.

La pensée qui m'obsède le plus et que je n'arrive pas à contrôler est de voir ma fille avec un entonnoir enfoncé dans la gorge... Cette image m'est apparue brusquement un jour alors que je regardais Emna assise à table un beau sourire sur les lèvres. Je me suis vue à sa place. Et l'entonnoir a jailli. Ce gros outil en plastique qui semble si anodin, si inoffensif, presque la promesse d'un délicieux repas, me donne l'effet d'un poignard. J'agrippe alors ma fille dans mes bras comme pour lui donner ma parole que rien de tout ça ne lui arrivera. Je veux qu'elle sache que je serai toujours là pour elle.

A cet instant, je me rends compte que je ne peux pas m'y engager. Je prends en pleine face la douleur qu'a ressentie ma maman. On comprend bien évidemment la détresse d'une mère dans un moment pareil. Mais le vivre, ne serait-ce qu'un millième de seconde, le ressentir dans la chair de son enfant, donne le vertige.

Je repensais souvent à l'instrument de torture préféré de Monique. Forcément, avec mes difficultés à avaler à chaque repas, je ne pouvais m'empêcher de faire le lien. Pas toujours mais de temps en temps, au contact de la cuillère, j'avais des visions qui m'apparaissaient.

Cependant, en regardant Emna, les proportions ne sont plus les mêmes, la douleur est bien plus violente. En transposant mon vécu sur ma fille, un déclic s'est produit en moi. Je ne perçois plus mes souvenirs de la même manière. Je veux me battre avec plus d'acharnement, pas pour moi parce qu'il est déjà trop tard malheureusement, mais pour les autres, pour ne pas laisser une injustice impunie. Parce que je dois me défendre, pour ma mère, ma famille.

Depuis cette révélation, et même depuis que je suis maman quand j'y réfléchis bien, les souvenirs de ma période chez Monique sont plus âpres, plus profonds. Je ne perçois que maintenant la gravité des actes que j'ai subis. Quand on vit des atrocités, on apprend à vivre avec, à les intérioriser, à ne pas en parler. Ma sœur et moi avons utilisé toute la résilience dont nous étions capables. Lina a converti la haine et l'injustice en énergie professionnelle. Pour ma part, j'ai œuvré à construire une famille dans laquelle on se sent bien, on rit, les enfants s'amusent. Cependant, quand on imagine les sévices qu'on a vécus transposés sur nos enfants, notre sang, notre vie, alors la monstruosité dont nous avons été victimes prend corps et on visualise avec acuité notre fragilité. Je suis percutée de plein fouet par l'idée que nous étions tellement innocentes, si petites et si délicates...

Ma fille est donc un électrochoc qui va me pousser à me dépasser et à combattre mes démons d'antan... Jusqu'alors je n'avais pas considéré l'écriture comme étant une solution mais pourquoi pas finalement ? Pourquoi ne pas tout raconter ? Ma sœur et moi, en symbiose, nous balancerions toutes les saletés que nous avons portées en cachette depuis que nous sommes gamines. Si j'avais pu avoir une vie normale une fois adulte, peut-être aurais-je choisi une autre option. Seulement, ni moi ni ma sœur n'arrivons à l'oublier. Nous avons besoin de cracher ce qu'elle nous a fait endurer.

De temps en temps, je sors du papier et je poursuis ma lettre initialement commencée après le visionnage du film Polisse. J'écris comme si je lui parlais, comme si elle pouvait me lire et allait me répondre. J'imagine que nous entretenons cet échange dont j'ai toujours rêvé, celui où elle comprendra le mal qu'elle m'a fait et à la fin duquel elle s'excusera. Rien de théâtral, rien d'extravagant, juste des mots pour dire que maintenant elle a compris et qu'elle n'a jamais voulu ça. Ma posture est enfantine parce qu'il est impossible qu'elle n'ait pas eu conscience de la portée de ses méfaits. Pourtant, son pardon m'aurait tellement soulagée, d'une manière ou d'une autre.

De prime abord, j'écrivais pour me vider. Je voulais recracher chaque détail. Dans la douche ou en voiture, je repensais à une anecdote, à un moment qui m'a profondément marquée et je l'écrivais. Je pensais recouvrir une page ou deux, juste quelques lignes mais je n'arrivais plus à m'arrêter d'écrire. Il y avait tant à dire aussi ! J'ai toujours quelque chose à rajouter.

En dépit de ce que je pensais, ça me faisait vraiment du bien. J'extériorisais enfin un mal-être profondément ancré mais ce n'était jamais assez. Il fallait toujours que je note, que je décrive, que je l'interpelle. Que ce soit sur mon téléphone, sur mon cahier de brouillon, sur des feuilles volantes, j'esquissais une communication unilatérale.

Lorsque l'on dit que la vengeance est un plat qui se mange froid, j'imagine que trente ans devrait suffire. Trente années d'accumulation d'interrogations, d'injustices et de silences... Dans la mesure où je suis au point mort question judiciaire, la convocation à la gendarmerie n'ayant été qu'un rendez-vous sans suite, il faut bien que je trouve à quoi me raccrocher et comment me lancer.

Chapitre 2 : Une première marche

Cependant, il n'y a pas que l'écriture. Cette seule échappatoire ne me suffit pas pour éjecter les années chez Monique puis la longue période de silence qui a suivi. Même mon corps a toujours réclamé quelque chose de plus fort. Maintenant, il tient bon, je mange des aliments toujours mixés et passés à la passoire mais mes menus sont variés donc il y a du progrès. Le fait de me sentir mieux et en capacité d'affronter les aléas de mon histoire m'encourage à aller plus loin et surtout jusqu'au bout. Je demande réparation et puisque je ne peux revenir dans le passé ou effacer ma mémoire, la meilleure option qui s'offre à moi est celle de la justice.

En demandant conseil autour de moi, je décide de prendre contact avec l'organisme de placement qui avait traité notre cas. Je me mets dans la peau d'une enquêtrice et par déduction, je reviens sur les lieux du crime ! Avant tout, je veux savoir où en est l'affaire d'Arnaud et quelles ont été les conséquences des aveux du gamin.

Je n'avais plus entendu parler d'Odile depuis que j'étais rentrée chez maman. Elle n'avait jamais vraiment voulu savoir si j'allais bien. Elle n'a servi qu'à mettre la panade dans ma vie et dans celle de ma sœur. Malgré moi, je contacte l'organisme qui nous a placées à l'époque avec une certaine amertume et un regain d'exaspération.

La femme gérant la structure est nouvelle et paraît humaine au téléphone. Elle dit s'appeler Jacqueline. Bien que je ressasse souvent ce que j'ai vécu chez Monique dans ma tête ou que j'écrive par bribes, il est beaucoup plus ardu de rapporter les faits sans filet, sans que la personne ne me connaisse et ce, de manière concise par dessus le marché ! Mais mon interlocutrice écoute mon histoire avec attention et, me semble-t-il, consternation. Je lui raconte le calvaire quotidien qu'a été mon placement. Mon récit est entrecoupé par quelques questions de sa part qui prouvent sa concentration. J'imagine qu'elle prend des notes à sa façon d'acquiescer mes propos par des petits « hum » mais ne s'engage pas dans de longs discours.

Je lui parle des trois enfants que nous avons connus là-bas, Arnaud, Salim et sa petite sœur Sonia. Je demande des nouvelles d'Arnaud mais elle ne peut rien communiquer. Je lui rapporte ce dont je me souviens sur ce petit bonhomme si attachant qui allait bien quand je l'ai quitté. Il était souriant et croquait la vie à pleines dents du haut de ses un an. Je reviens aussi sur le frère et la sœur. Je rapporte même l'incident durant lequel Monique s'en est pris au bébé, l'histoire du bâton et des hurlements de Sonia, ce qui nous a valu notre première douche glacée. Pour moi, les deux enfants étaient demi-frère et demi-sœur parce que le garçon était beaucoup plus foncé. A mon avis, il était d'origine pakistanaise par l'un de ses parents. Il avait sensiblement l'âge de Lina et la petite avait un an environ. Ils sont restés très peu de temps chez Monique.

La notion de durée a des contours flous pour les enfants. Pourtant, je me souviens que leur passage n'a été que bref. Ma mémoire a emmagasiné chaque détail de cette période. Les images circulent encore dans mes pensées. Ce n'est pas ma mère qui aurait pu m'en parler avec autant de minutie puisqu'elle ne les a jamais vus. Lorsqu'ils étaient présents chez Monique, ma mère n'avait pas encore la possibilité de nous rendre visite.

La voix déterminée mais douce, la directrice me confirme qu'elle me recontactera sous peu parce qu'elle ne semble pas être au fait de notre dossier. Elle voudrait faire des recherches de son côté mais avoue être sidérée par ce qu'elle vient d'entendre.

Très peu de temps après, le numéro de la structure de placement s'affiche sur mon écran de téléphone. Un coup de stress monte en moi. Que va-t-elle m'annoncer ? Quelles suites pourrais-je envisager ? Son aide n'est pas capitale par rapport aux suites que je veux donner à l'affaire au niveau juridique mais elle m'apporterait sans conteste un appui de taille dans un univers qui reste opaque pour moi. Après notre dernière conversation, j'avais essayé d'occulter notre échange et de ne pas miser sur ce qu'elle me dirait pour ne pas être déçue ou meurtrie et donc freinée. Pourtant, sa promesse de me recontacter revenait en boucle. Malgré moi, j'appréhendais ce qu'elle avait à m'apprendre.

– Bonjour Madame, dit la directrice du centre de placement.

– Bonjour Madame, répondis-je.

– Je reviens vers vous suite à votre dernier coup de fil. J'ai mené ma petite enquête, l'affaire n'a pas été facile. C'était comme chercher une aiguille dans une botte de foin parce que suite à la perquisition de 2003, celle qui vous a conduites, vous et votre sœur, à témoigner à la gendarmerie, tous les documents de la structure ont été saisis. Néanmoins, j'ai mis la main sur des papiers qui confirment vos allégations au sujet des enfants placés.

– Ah oui ? Vous avez quand même réussi à trouver quelque chose ? ai-je demandé avec le cœur battant. Trop de pression, trop de suspens.

– Oui, tout à fait et vos souvenirs sont parfaitement intacts. Vous avez donné avec exactitude l'âge des enfants Salim et Sonia. Effectivement, ce sont bien des demi-frère et demi-sœur. Le garçon a des origines pakistanaises. Ils sont restés peu de temps parce qu'ils n'ont été placés que pour quelques mois même pas six. Je suis impressionnée par vos souvenirs. Vous êtes vraiment marquée par cette période...

– Oui, c'est le moins que l'on puisse dire, dis-je dans un soupir.

– Face à la confrontation de votre récit avec l'affaire d'Arnaud, malgré le peu d'informations que j'ai pu trouver, les similitudes sont édifiantes, au mot près ! Je ne peux pas vous en dire plus, simplement que vos dires et ceux du jeune garçon corroborent à la virgule près. Il n'y a pas besoin d'être détective pour se rendre compte que tout colle et qu'il ne peut donc pas s'agir d'un hasard. J'ai vraiment besoin de vous voir, il faut que nous échangions plus longuement.

– Bien sûr, je suis à votre disposition. Je dois juste m'absenter quelques jours en vacances en famille, mais dès mon retour, je serai entièrement disponible.

– Je vous laisse mes coordonnées personnelles, au moindre besoin, n'hésitez pas. J'ai été ébranlée par votre dossier, et au nom de toute la structure, je souhaiterais me porter partie civile. Je ne vous lâcherai pas, toutes les deux. Vous pouvez me croire, vous avez ma parole.

– C'est gentil de votre part, je suis touchée, conclus-je, émue aux larmes.

Et de un ! Voilà une première marche de gravie ! Quelque part, je suis fière de moi parce que je ne suis pas restée attentiste après la claque que j'ai reçue concernant mon rendez-vous à la gendarmerie. Moi qui pensais que Monique était sous les barreaux... Pour nous placer, ma sœur et moi, il a suffi de quelques discussions mais pour réparer cette erreur, il faudra se battre. C'est la première fois que quelqu'un me considère avec autant de prévenance et d'égards. J'aime l'idée d'avoir enclenché un mécanisme dont je suis maîtresse. Le gouvernail s'actionne à mon gré. Enfin, je ne dois pas m'emballer, la partie est loin d'être gagnée. Les pieds sur terre, je vais me contenter de partir en vacances !

Chapitre 3 : Mon bagage

Cet été, direction le sud de la France. Mon mari, mes deux enfants et moi prenons la route pour Marseille, dans une jolie villa privée que nous louons chaque année. On fait les choses en grand : belle piscine creusée en contrebas entourée d'un parc avec toutes sortes d'arbres, surtout des oliviers, surplombant un horizon bleuté. On a bien mérité de décompresser et le moment est idéal pour profiter des petits dans un cadre hors du commun.

Cependant, parce que je suis à 100%, je n'oublie pas pour autant mon affaire. Cette fois, je me penche sur la voie judiciaire. D'après les recommandations que j'ai récoltées, un grand ponte, qui a suivi de nombreuses affaires de placements abusifs, vit à Marseille. Tout le monde parle de lui comme la référence incontournable en la matière. J'en fais un passage obligé et puisque je suis justement dans le coin, je ne peux pas manquer une entrevue avec lui. Je l'avais contacté de Paris et nous avions convenu de nous voir dans le sud.

Arrivée devant son cabinet, j'inspire une grande bouffée d'oxygène et franchis la porte d'entrée d'un pas décidé. Je me mets dans la peau de la fille qui sait gérer ce genre de rendez-vous et qui est à l'aise autour de tous ces avocats. Son style décontracté en mode golfeur du dimanche participe à me détendre. Il remet en place une grande mèche avant de m'inviter à rentrer dans son bureau. Des babioles faisant écho à ses voyages lointains trônent un peu partout sur les étagères et sur son immense bureau. On discute brièvement, juste le temps que je lui explique la raison de ma venue et le contexte.

– Maintenant, lance-t-il d'une voix ferme, il faut que vous et votre sœur vous rendiez immédiatement au commissariat afin de déposer plainte.

– Je peux le faire ici ?

– Ici, où vous voulez du moment que vous le faites au plus vite.

– Ma sœur est en Espagne actuellement.

– Eh bien, elle ira au commissariat dès son retour. Mais dépêchez-vous. Plus tôt vous commencerez les démarches, mieux ce sera.

Ces mots m'ont procuré un tel soulagement que je voudrais courir au lieu de marcher. Je voudrais déployer des ailes qui m'emporteraient en défiant la gravité. Ses directives renferment la dose d'audace qu'il me fallait parce qu'il a appuyé sur la pédale d'accélérateur. Je devais agir et vite. J'avais besoin de cette énergie qui me donne l'impression que ça avance et que j'ai les choses en main. J'ai failli pleurer là, comme une imbécile, devant cet inconnu qui ne se rendait même pas compte qu'il m'apportait une part de l'élan que j'attendais depuis si longtemps.

Il est encore temps d'aller au commissariat. Mes gambettes à la puissance décuplée me portent jusqu'à un imposant bâtiment grisâtre au bout d'une cour recouverte de cailloux. Je me présente à l'accueil et décris simplement, et surtout en étant la moins macabre possible, en quoi consiste ma plainte. Les policiers présents informent une autre personne, j'imagine peut-être la commissaire, qui me fixe un rendez-vous pour demain matin à la première heure. Apparemment, sa fin de journée était déjà chargée et elle préférait me consacrer le temps nécessaire sans devoir s'interrompre.

Que quelqu'un veuille me consacrer « autant de temps qu'il faudra », de ses propres dires, attise la fougue que je mets dans cette tâche. J'apprécie le fait qu'ils ne prennent pas à la légère mon histoire et que cette femme veuille me dédier toute une plage horaire. Vous imaginez bien que la nuit fut longue et qu'elle est restée blanche ! Ce qui ne m'a pas empêchée d'être fraîche et disposée le matin. Fidèle au poste, je pointe de nouveau le bout de mon nez aux aurores, comme convenu.

Cette fois-ci, ma sœur n'est pas là, je dois affronter ce rendez-vous seule. En rentrant dans un commissariat, une drôle d'atmosphère vous pénètre. Vous savez que les piles de dossiers sont des événements traumatisants dans la vie de personnes que vous ne connaissez pas mais avec lesquelles vous partagez ce sentiment d'impuissance. Ce lieu est censé vous redonner de votre pouvoir d'action mais en entrant, vous n'en êtes pas vraiment convaincue. En sortant du cabinet de l'avocat, j'étais encore dans le feu de l'action, là je flagelle. Mais notre discussion me revient à l'esprit et ses paroles me ragaillardissent bien que je n'aie qu'une envie, tout planter et tourner les talons.

Une femme d'une trentaine d'années affichant un grand sourire me convie à entrer dans un bureau qui est mis à ma disposition.

— Bonjour, dit-elle d'un ton avenant. Je m'appelle Emmanuelle. Je vous en prie, asseyez-vous.

— Merci, répondis-je en prenant place d'un air un peu gauche, sans savoir où poser mes mains moites ni que faire de mes jambes, les croiser, les

303

décroiser, les genoux relevés en équerre ou les pieds plus éloignés feignant une fausse décontraction.

– Je sais que cet interrogatoire représente un moment délicat dans votre vie. Vous devez invoquer des souvenirs douloureux mais j'ai fait en sorte que nous ayons le temps qu'il faut pour discuter donc ne vous pressez pas. N'hésitez pas à parler. Vous devez en avoir gros sur le cœur, profitez de notre dialogue pour vous vider.

Ses encouragements me mettent à l'aise, enfin autant que faire se peut. Fin prête, je déballe tout. La douleur d'être placée et une fois celle-ci mise de côté ou du moins apaisée par les premiers jours calmes chez Monique, l'horreur des premières douches gelées, puis les enfermements à la cave, dans la chambre, dans la voiture. En passant par les attentes interminables, les tortures psychologiques et les manipulations mentales. Je finis par la cerise sur le gâteau, les étouffements à l'entonnoir, spécialité de la maison.

Pendant que je parle, Emmanuelle m'écoute avec des yeux remplis de compassion, pas celle que vous portent les gens chez qui vous n'éveillez que de la pitié, mais une compassion sincère et respectueuse. Elle écrit avec effarement ce que je déblatère. Elle n'en revient pas, mes aveux vont bien au-delà de ce qu'elle avait vu dans sa carrière. Ça se ressent à sa façon d'être interloquée dès que j'ajoute un détail nauséeux. Elle m'incite du regard à poursuivre et pendant une heure, je reviens sur chaque fait sordide.

En racontant, je ne peux m'empêcher de pleurer ce qui émeut encore davantage mon interlocutrice. Je le vois dans ses yeux qui se chargent d'émotions. J'ai l'impression qu'elle est à deux doigts de m'imiter...

Une fois mes souvenirs jetés à la surface, Emmanuelle m'explique qu'elle doit me montrer des photographies de personnes qui ont un casier judiciaire et que je serais susceptible de reconnaître. Apparemment, elle souhaiterait que j'identifie François. Pourquoi une telle démarche ? Même avec du recul, je ne me l'explique pas. Est-ce une manière de vérifier si je n'invente rien ? Est-ce une procédure classique dans ce genre d'affaires ? Quoiqu'il en soit, sur le coup, je suis surprise, je ne m'attendais pas à me retrouver face à une trentaine de têtes d'hommes toutes aussi patibulaires les unes que les autres. La commissaire le ressent et tente de me déstresser.

—   Surtout, ne vous hâtez pas, ajoute-t-elle. Prenez votre temps, rien ne presse.

Je la remercie dans un murmure à peine audible parce que je suis prise de court. Les photos défilent exhibant des hommes au visage creusé, d'autres rougeauds et joufflus, mais aucun ne ressemble un tant soit peu à François. J'espère que cette absence de correspondance n'impactera pas la suite négativement...

Au bout d'un moment, l'angoisse monte d'un cran. Sous la pression des souvenirs et à force de pleurer, la gravité de l'entrevue me tétanise et mes muscles se crispent. Mes cervicales sont complètement endolories. Dans un premier temps, je tente de me masser mais la douleur ne se dissipe pas. Je m'interromps alors pour lui demander une faveur.

—   Excusez-moi, ma nuque me fait souffrir, pourrais-je retirer mon voile ?

–   Bien sûr, mettez-vous à l'aise. Je vais demander à ce qu'on ne soit pas dérangées et je vais fermer la porte.

Sa proposition m'allège d'un fardeau. Je retire donc mon foulard et effectue divers mouvements du cou dans l'optique de me mettre en jambe. Comme une athlète de haut niveau qui s'apprête à effectuer une course aux JO, je me mets en condition, je m'échauffe et poursuis. Je n'oublierai jamais ses gestes attentionnés à mon égard. Elle a aussi fait en sorte que je n'oublie rien en me relançant sur de multiples points. A la fin, elle a photocopié la lettre de dix-neuf pages que j'avais écrite à Monique. Eh oui, ça commence à en faire des pages !

–   Bon courage Safiya, mais je vois que vous n'en manquez pas.

–   Merci Emmanuelle, j'ai vraiment apprécié notre échange. Ça n'a pas l'air mais derrière mes larmes, vous parler m'a fait du bien.

Nous nous sommes quittées chaleureusement. Quelques heures plus tard, j'ai même reçu un mail de sa part afin de m'encourager et de me souhaiter bonne continuation. Elle sera mon bout de soleil marseillais que je rapporterai à Vitry.

En rentrant à la villa, je m'accorde la pause que je mérite. Il est temps de penser à moi et de souffler en profitant du cadre paradisiaque qui me fait face. Je me serre un verre de jus et me glisse dans une bouée qui dérive jusqu'au milieu de la piscine. Autour de moi, mes enfants s'amusent en pataugeant encombrés par leurs brassards qui leur donnent des airs de boxeur du dimanche. Malgré moi, alors que je voudrais m'évader, mes pensées dévient et je gamberge. Sans m'en apercevoir, je pense encore à elle. Rien ne devrait me mener vers elle, pourtant, son souvenir est un aimant, une pulsion invalidante que je porte en moi à jamais.

Ressasser mes souvenirs est une étape incontournable dans l'optique de faire progresser l'affaire mais ces dialogues et son image intempestive m'épuisent. Elles est dans ma tête tout le temps, sans arrêt. Parfois, j'ai même l'impression de la voir devant moi, figée, tantôt souriante, tantôt hystérique.

Maintenant, même les plantes grimpantes sur les murs attirent mon regard, elles me font penser au lierre qui recouvrait presque certains pans de mur chez elle. Je devrais me prélasser et pourtant, je pense à elle. Je l'ai transportée avec moi dans mes valises. Elle me suit partout, où que j'aille, il reste une place pour elle, dans un coin de ma tête. Sa présence est encore plus prégnante depuis que je l'ai eue par téléphone. Évidemment, après le rendez-vous de ce jour au commissariat, c'est l'apothéose.

Emna m'appelle pour la regarder barboter et m'arrache à Monique quelques instants. Mais je sais qu'elle reviendra, comme toujours... Il est seulement question de temps et le temps n'a jamais joué en ma faveur.

Chapitre 4 : Révélations

A mon retour de vacances, je reçois un appel de la structure de placement avec qui nous convenons d'un rendez-vous dans les jours qui suivent. La nouvelle directrice nous accueille, ma sœur et moi, autour de la même table, sur les mêmes fauteuils impérissables qui doivent voir tellement d'enfants brisés. Des mots flottent dans la pièce pour dire ce que nous ne pouvons avouer, ni elle, ni nous. De notre côté, il y a de la reconnaissance, tardive mais quand même. Nous en avions besoin. L'empressement aussi, nous voudrions que tout s'arrête avant d'avoir commencé. Cette entrevue est une sorte de consécration dans notre interminable attente. Elle est un aboutissement de ce qu'on espérait et pourtant, elle n'est que le début de notre combat. Du côté de la directrice, je sens qu'elle voudrait dire bien plus que son poste ne lui permet, qu'elle n'a pas choisi ce métier pour s'excuser des erreurs d'autres adultes qui sont censés protéger les enfants mieux que quiconque.

Afin d'amener la discussion, elle revient une nouvelle fois sur la précision des caractéristiques physiques et temporelles que j'ai fournies concernant les trois enfants placés en même temps que nous. Puis, la parole s'enchaîne à toute allure, allant d'ahurissements en déconvenues.

— Et Arnaud, comment va-t-il ? s'empresse de demander Lina, la question la taraude depuis qu'elle avait découvert les sévices endurés par le petit garçon.

— Vous avez dû l'apprendre lors de votre convocation à la gendarmerie, mais Arnaud ne va pas bien. Il est pris en charge, toutefois ses problèmes psychologiques demeurent sérieux. Son autisme est sévère. Les similitudes entre vos allégations et les siennes au sujet de votre placement sont incroyables. Par exemple, il a développé une peur incompréhensible de l'eau. La moindre vision d'une goutte dans un robinet le met dans un état épouvantable comme si on l'amenait à la noyade, et...

La directrice n'a pas le temps de poursuivre sa phrase que ça n'a pas loupé, j'entends ma sœur renifler et hoqueter. Je n'ai pas besoin de la regarder pour savoir que son visage est déjà humide de larmes parce que les miennes ruissellent aussi.

— Il semblerait que d'autres faits viennent noircir le tableau déjà sombre, annonce dans la foulée la directrice dont la voix chancelle...

Sa phrase nous fait l'effet d'un électrochoc. Sans le dire clairement mais par le biais d'allusions, elle nous fait comprendre qu'il y aurait eu des sévices d'ordre sexuel. Puisque la directrice reste évasive, ses insinuations explicites attisent nos angoisses les plus lancinantes et les plus profondes. Concrètement, qu'ont-ils pu faire à Arnaud ? C'était un bébé, il marchait à peine. Combien de temps ses souffrances ont-elles duré ?

Et nous ? Avons-nous conscience de tout ce que nous avons subi ? Que nous reste-t-il des soirées durant lesquelles ils nous faisaient boire ? Que nous faisaient-ils ? Nous nous posions ces questions depuis plusieurs années sans oser les affronter ou rechercher une réelle brèche dans nos souvenirs. Cependant face à la connexion si évidente entre notre situation et ce qu'a vécu Arnaud, nos craintes explosent. Même lorsqu'ils nous douchaient à l'eau glacée, n'ont-ils pas abusé de leur toute-puissance alors que nous étions horrifiées, sans défense et que nous luttions seulement pour notre survie ?

Devant nos mines atterrées, Jacqueline, elle aussi décomposée, enchaîne dans le but d'enrayer nos pleurs.

— Je suis vraiment désolée pour ce qui vous est arrivé, à vous et à ces trois enfants. Je vous le dis au nom de toute la structure. On ne va pas vous lâcher maintenant, on vous épaulera dans toutes vos démarches. Vous pouvez compter sur notre organisme.

— C'est gentil, merci, arrive à bredouiller Lina sans conviction.

— Sachez également que Monique a été renvoyée, on l'a rayée de notre liste de familles d'accueil une fois que l'affaire a explosé.

— Vous voulez dire quand Arnaud a déposé plainte ? interroge ma sœur.

— Oui, tout à fait.

— Mais alors ça veut dire que pendant des années, Monique a continué à recevoir des enfants chez elle, à les séquestrer et en abuser à sa guise... dis-je dans un murmure à peine audible.

— Elle n'a pas perdu son agrément. Je préfère jouer cartes sur table avec vous.

– Comment ça, elle n'a pas perdu son agrément ? questionne Lina en s'étouffant à moitié sur la fin de sa phrase.

– Je ne sais pas comment mais son agrément ne lui a pas été retiré. Voyez-vous, nous ne sommes pas la seule structure qui s'occupe de placer des enfants ou qui gère les gardes et elle a fait une demande par le biais d'un autre organisme. Évidemment, dès que nous avons eu vent de son souhait, nous avons court-circuité sa demande. Nous lui avons mis des bâtons dans les roues tant et si bien que sa candidature n'a pas été retenue. Par contre, je ne peux pas vous dire si elle a pu retrouver quelque chose après.

Autant vous dire que Lina et moi sommes sous le choc. Nous accusons déjà difficilement le coup de l'aveu des sévices malsains sur Arnaud et, en plus maintenant, on est prises dans le vertige du nombre d'enfants qui ont pu passer entre ses sales pattes. Mais, bordel, on parle de torture et d'actes de barbarie sur des petits enfants, comment se fait-il qu'on ne lui ait pas retiré son agrément une fois les faits annoncés? Pour nous, c'était tellement évident. C'est d'ailleurs tout le comble de l'ironie de notre placement. A-t-elle pu contourner l'interdiction de la structure en passant par un autre organisme ? Quels coups a-t-elle pu manigancer afin d'obtenir les enfants nécessaires à l'assouvissement de ses pulsions ? Je l'ai vue à l'œuvre, elle a plus d'un tour dans son sac. Ces révélations nous mettent hors de nous. C'est au-delà de tout ce qu'on avait imaginé.

– Vraiment, je ne sais pas quoi vous dire, s'excuse une nouvelle fois Jacqueline. Je suis tellement désolée. Ce que vous avez vécu est inimaginable.

Vous étiez des petites filles, vous étiez si innocentes. J'aimerais racheter les fautes de mes prédécesseurs.

–   Merci madame, votre soutien nous touche, c'est ce qui importe désormais.

–   Je veux prendre en charge votre traitement. C'est une thérapie que l'on nomme EMDR. Il s'agit d'une approche neurobiologique basée sur la stimulation sensorielle qui vous aiderait à mettre de l'ordre dans vos souvenirs accidentés. C'est utile dans le cas de stress post-traumatique.

–   Oui, ça nous intéresse, répond Lina du tac au tac.

–   On va s'occuper de vous maintenant, assure la directrice. Une autre chose concernant votre dossier. Un élément marquant qui revient régulièrement est l'insistance de Monique à rejeter en bloc votre famille en mettant en avant leur instabilité et leur acharnement néfaste.

–   Pardon, de quoi parlez-vous ? interrompt Lina. Vous voulez dire notre mère ? Je ne comprends pas quel est le problème avec notre famille ?

–   Votre famille, c'est-à-dire vos oncles et vos tantes, votre mère, même vos grands-parents. Monique a relevé leurs appels intempestifs qui la dérangeaient. Apparemment, ils appelaient tous, chacun leur tour, à n'importe quelle heure, même très tard le soir. Votre mère a demandé à vous avoir à Noël et ça posait problème.

–   Mais pourquoi ? dis-je étonnée.

–   Je ne sais pas, chuchote la directrice les yeux perdus sur les feuilles des rapports, je ne sais pas. Monique mettait un point d'honneur à ce que vous n'ayez pas de contact avec votre famille, c'est-à-dire vos oncles et tantes, cousins, cousines. Votre mère a acquiescé devant cette requête.

Nous prenons très mal cette information car elle ne correspond pas du tout à la personnalité de maman qui a toujours voulu que nous soyons proches des siens. Nous lui avons manifesté notre étonnement bien plus tard, parce que mine de rien, ça nous turlupinait. Maman a avoué qu'elle ne voulait pas de problème, qu'elle ne savait pas comment faire autrement et qu'elle voulait juste nous récupérer alors elle faisait tout ce qu'on lui demandait. On a compris à quel point elle avait été dans une situation impossible, en permanence tiraillée et prise en étau.

L'entrevue a continué au sujet de notre famille qui a pris cher...

– D'après ce que j'ai pu lire dans les rapports officiels, Monique faisait état de votre comportement déplaisant et sauvage dès que vous rentriez de chez votre mère. Vous redeveniez des enfants turbulentes et grossières. Il incombait alors à Monique de vous remettre sur les rails.

– Oui, on sait comment, c'est sûr qu'avec elle on ne pouvait pas moufter, ironise ma sœur.

– Visiblement, vous faisiez des cauchemars quand elle vous récupérait. Elle devait alors tout reprendre depuis le début. Elle note qu'elle y arrivait mais que vos errances étaient récurrentes, dès que vous rentriez, ce qui mettait Monique en position de force.

– Mais alors, à chaque fois qu'on aurait pu rentrer chez nous pour de bon, elle disait qu'on était déstabilisées... C'est bien commode pour elle...

Je comprends mieux pourquoi nous sommes restées aussi longtemps pour rien... Parce que de notre point de vue, il n'y avait rien, nous n'étions peut-être pas des petites filles modèles mais nous étions loin d'être mauvaises. Trois ans... Trois ans, c'est long. Monique nous tenait et ne voulait pas nous lâcher. Et d'ailleurs, que faisions-nous chez elle ? Je suis obligée de poser cette question qui me brûle les lèvres. Bien que nous avions abordé le sujet avec Maman, nous avions du mal à nous dire que des explications aussi minces qu'un F2 et un travail au noir pouvaient suffire à bétonner un placement d'enfants. Maman disait que l'école avait fait un signalement en raison de nos absences et parce que les maîtresses ne la voyaient pas nous chercher assez souvent. Mais au fond de moi, je me demandais si elle ne me cachait pas quelque chose. On n'arrache pas des enfants à leur foyer pour si peu... Je craignais le secret de famille inavouable...

– Mais pourquoi a-t-on été placées ? ai-je balancé d'un coup.

– D'après ce que j'ai sur les rapports officiels, vous étiez grossières et irrégulières à l'école. Vous n'étiez pas suffisamment présentes.

– Mais nous étions en maternelle ! s'exclame ma sœur. Il y a des maladies chez les tout-petits et l'école n'était pas obligatoire à cet âge.

– C'est ce qui ressort des documents. Manquement à l'école. Je ne peux pas vous en dire plus, je n'ai que ça.

C'était clair, il n'y avait rien de plus que ce que Maman nous avait raconté. Je peux maintenant dire que notre placement était purement et simplement abusif. Sans suivi. On nous a lâchées chez des inconnus sans le moindre égard, comme deux Cosette qui n'intéressent personne. Je me raccroche à la seule information qui me rattache à ce qui compte vraiment : ma famille.

— Et vous dites que notre famille voulait nous voir et avoir de nos nouvelles ? Je m'en doute bien mais ça fait plaisir de l'entendre.

— Oh oui, votre famille était omniprésente, à rendre Monique complètement folle. Elle parlait de harcèlement c'est vous dire ! Mais, au moins, si j'ai pu vous apporter cette consolation.. se contente de répondre Jacqueline.

Nous le savions, nous n'apprenons pas que notre famille nous aime. Néanmoins, dans tout ce bazar, savoir qu'elle est là, qu'elle a toujours été là, nous émeut aux larmes. On se dit que nos supplications silencieuses dans notre chambre vide chez Monique n'ont pas été vaines. Ils pensaient à nous et ne nous ont jamais lâchées. Encore une fois, nous n'avions rien à faire là-bas, dans ce trou perdu.

— Sachez que nous vous soutenons, je suivrai personnellement votre affaire, affirme la directrice. Comme je vous l'ai annoncé, la structure se porte partie civile dans votre procès. Vraiment, je suis tellement désolée. Mille excuses.

Après quelques accolades, nous avons quitté cette femme pleine d'énergie qui nous a requinquées à bloc. Même Lina, je la sens plus combative que ces derniers mois. Elle va en avoir besoin parce qu'elle ne sera pas ménagée lors de son dépôt de plainte non pas par les forces de l'ordre mais par elle-même...

Peu de temps après, comme convenu, elle se rend au commissariat de Vitry en étant tellement stressée que j'ai dû l'accompagner. Bien qu'elle sache que ce rendez-vous est un passage obligé, elle aimerait fuir, oublier pourquoi elle va si mal, pourquoi elle devrait expliquer à tout le monde ce qui la rend si faible. S'exposer aux jugements et aux avis de tous la rend malade.

Une fois rentrée dans l'enceinte de l'établissement, elle retire l'élastique de sa queue de cheval dans un geste frénétique, puis se recoiffe. En moins de dix minutes, elle a fait ce même mouvement au moins sept fois. Je lui dis de se calmer mais elle m'explique qu'elle a mal aux cervicales et qu'il faut bien évacuer d'une manière ou d'une autre. Refaire sa queue de cheval est devenu une manie irrépressible qui la prend même en clientèle. Une sorte de tic qui servirait à exorciser son stress et son malaise. D'ailleurs, un coiffeur lui apprendra, dans un grand moment de gêne qu'il a voulu le moins perturbant possible, qu'un trou s'est formé sur le sommet de son crâne. Ça se voit et il faut absolument qu'elle arrête au risque de perdre de plus en plus de cheveux. Heureusement pour elle, sa tignasse est fournie et en dehors du coiffeur, personne ne le remarque.

Les policiers conduisent Lina dans une autre pièce et m'interdisent formellement de la suivre. La procédure... Elle m'implore du regard comme pour l'encourager. La sentir aussi ébranlée me met mal à l'aise, je n'ai pas l'habitude qu'elle affiche sa vulnérabilité. N'ayant pas le choix, je rentre chez moi, l'entretien va durer longtemps, j'en sais quelque chose. Errer dans les couloirs du commissariat ne sert à rien et ne lui sera d'aucun secours.

La suite a été pénible pour Lina et c'est peu dire. Malgré la gentillesse de l'ensemble des policiers, ma sœur a subi de nombreuses crises. En raison de la nature de sa plainte, la déposition est filmée, ce qui n'aide évidemment pas ma sœur qui imagine des dizaines de pairs d'yeux rivés sur elle. L'impression d'étouffer, la fameuse chaleur qui remplit son crâne ou les jambes qui la lâchent la couperont et la bloqueront régulièrement durant son entretien. Elle devra s'y prendre à plusieurs reprises.

Elle sort profondément secouée par toutes les questions posées et les souvenirs qui se bousculent. Elle est accoutumée, en quelque sorte, à ce qu'ils apparaissent sans explication et à tout bout de champ. Ici, il fallait les trier, leur donner un ordre, les expliciter, les justifier presque. Les forces de l'ordre lui laissaient le temps de la réflexion mais ses efforts l'ont amoindrie.

Ils obtiennent pour nous un rendez-vous avec un médecin légiste afin d'évaluer l'étendue des dégâts. Nous avançons comme des pions qui suivent un parcours sans en connaître l'aboutissement. On est promenées d'un rendez-vous à un autre.

Sur le coup, cette idée nous impressionne. On ne sait pas à quoi s'attendre. Pour nous, médecin légiste renvoie à l'univers de la mort et à toutes ces autopsies que l'on voit à la télé opérées sur des cadavres. Ok, on dépeint un portrait de nous assez pitoyable, mais quand même, de là à parler de macchabées ! En réalité, ce traitement s'explique par le type de procédure qui caractérise notre plainte, il s'agit d'une affaire criminelle et en tant que telle, il faut mesurer l'ampleur des séquelles psychologiques et physiques.

Le jour J, ma sœur et moi y allons la boule au ventre, limite tremblantes d'anxiété. Le petit bonhomme qui nous accueille détend l'atmosphère rien qu'avec son air badin et son «bonjour » sympathique. Il nous demande à tour de rôle comment nous allons. Il se focalise sur le moment présent ou le passé proche ce qui nous soulage, ne nous obligeant pas à ressasser une nouvelle fois notre enfance. Finalement, l'entrevue n'est pas si terrible.

Il insiste sur nos séquelles psychologiques qui ne sont plus à décrire à ce stade du livre ! Toutefois, il ne peut pas déterminer un nombre de jours d'ITT – nécessaire pour le procès – dans la mesure où notre situation dépasse ses attributions. Nous devons nous entretenir avec un médecin plus spécialisé. Il nous donne le terme technique de sa fonction mais nous sommes noyées par ce vocabulaire procédural et ne retenons pas le nom. A ce jour, nous sommes toujours dans l'attente d'un retour de ce fameux spécialiste, voilà près de deux ans...

Chapitre 5 : Pénibles avancées

Les semaines défilent sans nouvelle de l'avocat de Marseille, ou devrais-je dire des mois même. Pourtant, dès le lendemain de ma déposition au commissariat de la ville, j'avais apporté le document à sa secrétaire. Plusieurs mois après, je reçois une lettre pour nous informer qu'il s'occupe bel et bien de nous. Je n'avais pas osé le relancer de peur de le déranger mais je stressais toute seule dans mon coin. Suite à maintes discussions avec mes proches et surtout ma sœur, nous décidons de changer d'avocat. Nous avons besoin de quelqu'un de plus près qui sera dès lors plus joignable et accessible.

On s'oriente vers un cabinet, l'un des plus réputés de la capitale, qui demande, entre parenthèse, une convention d'honoraire exorbitante. Malgré notre accord, la convention ne nous est pas envoyée et l'avocat ne nous rappelle pas davantage en dépit de notre insistance. On essaye de comprendre ce qu'il advient de notre affaire mais rien. Puisque c'est notre deuxième avocat, on décide d'attendre encore un peu...

Entre temps, Lina et moi prenons la décision sérieuse d'écrire un livre qui relatera, dans les moindres détails, ce que nous avons vécu. D'un sens, nous souhaitons crier l'injustice dont nous avons été victimes mais aussi rappeler que les sévices ne s'arrêtent pas quand ils prennent fin chez Monique. Ils sont

321

gravés dans notre mémoire et nous nous construisons tant bien que mal sur des débris et des relents de cette période. Nous évoluons sur des sables mouvants, une balle dans le pied.

Pourquoi maintenant ? J'imagine que ma connexion avec Emna me ramène des années en arrière plus violemment que prévu. La peine revient, insatiable et inépuisable. Elle se vit à nouveau à travers mon sang et abîme le parfum d'innocence que devrait être l'enfance. Des faits jouent contre moi comme l'école de ma fille qui est la même que celle que je fréquentais quand ma sœur et moi avons été placées.

Aussi, une intention pas vraiment noble m'anime : je ne souhaite pas que Monique et compagnie s'en sortent indemne, propres. Le linge sale se lave en famille mais ces gens ne sont pas ma famille. Je veux qu'ils avouent, je veux qu'elle nous implore de la pardonner en voyant à quel point elle nous a esquintées.

Ma sœur et moi voulons aussi parler aux personnes qui auraient vécu des situations similaires à la nôtre afin qu'elles prennent conscience que nous ne sommes pas des cas isolés. Heureusement, nous ne sommes pas une majorité mais une minorité silencieuse. J'aurais voulu raconter ce que j'ai subi bien avant, cependant, les enfants ont peur de ne pas être crus, voire pire, d'être raillés ou discrédités. Le jugement des autres anéantit le courage de la parole.

J'ai le sentiment aussi que je n'ai pas pu tout dire dans les feuillets que je remplis, pas comme j'aurais aimé. Je reste sur ma faim malgré les pages qui s'accumulent. Il manque toujours quelque chose. J'en discute avec une amie, comme ça, juste pour évacuer, pour papoter et elle m'annonce que sa sœur écrit justement des biographies pour des particuliers. Ni une, ni deux, je la rencontre dans un parc et elle me propose, par la suite, quelques pages de mon histoire. Au début, lire ma vie écrite par une autre personne me fait un drôle d'effet. Sur le coup, ça me fait un bien fou parce que, pour la première fois, j'évoque mes souvenirs comme un récit pour l'école. Je deviens studieuse, j'ai l'impression de faire mes devoirs. En me détachant de ma mémoire, j'explique ma vie comme s'il s'agissait d'une autre personne. Mon histoire devient objective, c'est comme si je sortais de mon corps.

Sur le coup, oui, ça fait du bien. Je prends le dessus sur ce que j'ai vécu parce que je deviens auteure de ma vie en quelque sorte. Mais, en parallèle, la lenteur de la justice me vidait de mon énergie. Alors quand il fallait raconter en détails ce qu'il se passait dans la cave ou rapporter toutes les sensations dont je me souvenais sous la douche, j'en bavais. Pour l'avocat, on patiente depuis un an et toujours pas de nouvelles malgré notre insistance. J'imagine que notre affaire ne suscite pas son intérêt. En conséquence de quoi, on en a marre d'appeler le parquet, d'envoyer des mails sans réponses claires ou de harceler au téléphone. On ne sait toujours pas, plus d'un an après notre premier échange, si une instruction a été ouverte ou non. Bienvenue dans le monde judiciaire !

Dans ces moments troubles, où je ne sais plus ce que je dois faire, je ne sais pas vers qui me tourner, j'ai envie de craquer. Je n'arrive plus à contenir mes sentiments et ma frustration. J'aimerais contacter Monique, l'appeler ou aller la voir, et lui demander des explications. Pourquoi ? Pourquoi sa méchanceté ? Pourquoi ces atrocités ?

Lina, qui a repris des forces et qui voit le bout de cette sale période noire et maussade, contacte une association « Enfance et Partage ». Vous devez connaître cet organisme sans le savoir. Ils ont récemment fait une campagne contre les violences faites aux enfants sur laquelle on peut voir une petite fille pleurer avec un sourire en carton apposé sur ses lèvres. Le slogan : « même victime de violences, un enfant vous dira toujours que ça va ». Lina y a rencontré des personnes sensibles qui ont pris les dispositions nécessaires vis-à-vis de notre dossier.

Remuer le passé ne me laisse pas indemne. Je suis de nouveau chahutée par ma santé. Je ne suis pas en mesure de me plaindre, j'ai mes deux jambes et mes deux bras, mais mon stress se répercute sur mes muscles. Une preuve encore, s'il en fallait une, de l'impact de l'esprit sur le corps. Après mes fascicules, me voilà maintenant gênée par des cervicalgies sévères qui provoquent des névralgies faciales, que l'on appelle aussi des « tics douloureux ». Vous allez me dire « mais qu'est-ce donc que ce charabia ? » Eh bien, ce sont des sensations assez difficiles à expliquer qui se focalisent sur une partie du visage et qui entraînent des spasmes irradiant ma tête d'un côté jusqu'aux trapèzes. L'élancement donne lieu par la suite à des vertiges.

J'ai l'impression que toute une partie de mon visage est bloquée. Il peut s'agir des paupières, de la bouche, des joues. La sensation survient quotidiennement, telle une pénitence, et dure plusieurs heures voire plusieurs jours. Mes muscles se contractent et restent dans cet état de tension permanente.

Au début, je ne savais pas ce qui m'arrivait et ce qui pouvait produire une telle sensation. C'était quelque chose d'inconnu pour moi d'autant que je n'en avais jamais entendu parler. Ce qui a trait au visage enclenche en plus des stress supplémentaires. On imagine toujours le pire. Dans la mesure où mes nerfs faciaux sont touchés, je crains une sorte de paralysie qui s'installerait dans la durée. Balancée entre inquiétude et agacement, j'en ai marre d'être soumise aux aléas de mon corps. Ils ne doivent pas avoir raison de mon investissement tant pour le livre que pour la procédure judiciaire. J'ai déjà trop attendu. Je ne me sens plus la force de patienter encore et encore. Faire avancer le dossier ou mes écrits devient un objectif encore plus vital que de manger à mon sens.

Lina me convainc, par sa motivation et son évolution personnelle, de consulter également un ostéopathe. Je dois avouer que son amélioration a été franche depuis qu'elle voit Gabriel, Jeff et Jess, physiquement comme mentalement. Elle ne se plaint plus, bien que je devine parfois des épisodes de malaise. Je lis dans ses yeux, rarement, mais ça lui arrive encore, qu'elle a la vision floutée et cette chaleur qui immerge son crâne. Elle se met alors à effectuer des exercices de respiration qui l'apaisent.

Je me rends compte que petites, nous étions coincées avec la sensation de froid chez Monique, pendant les douches ou dans la cave, maintenant c'est l'inverse pour ma sœur. On dirait une malédiction qui l'emprisonne à vivre sur des échelles de température aux antipodes. Elle ne trouverait donc jamais son équilibre. Trop chaud ou trop froid, vivre est pour elle un excès.

De toute façon, même les médecins s'inquiètent de la tension qui gêne mon cou et sont du même avis que ma sœur, donc je me décide à rencontrer une ostéopathe dont j'apprécie la douceur et le franc-parler.

« Ce ne sont pas des nœuds que vous avez, ce sont des cordes !» me lance-t-elle d'un coup, abasourdie, dès les premières palpations de ma nuque.

La zone est tellement rude, même pour quelqu'un qui voit défiler des tensions nerveuses toute la journée, qu'elle en est inquiète et m'invite à vérifier ma thyroïde. Les résultats ne penchent vers aucun souci de ce côté. Il s'agit une fois de plus d'une conséquence de ma dysphagie et d'un réflexe nerveux.

L'étendue du travail n'arrête pas l'ostéopathe qui interprète immédiatement la description de ce que je ressens en la convertissant en gestes thérapeutiques qui me soulageront rapidement. Les douleurs reviennent de temps en temps, toutefois l'intensité a bien diminué et elles surviennent de manière beaucoup plus espacée.

Chapitre 6 : Ma force et ma faiblesse

Nouvelle surprise à vous annoncer : ma troisième grossesse. Comme on dit jamais deux sans trois, celle-ci ne se passe pas bien du tout. Comme d'habitude, je vogue de vomissements en vomissements et suis même obligée d'être hospitalisée parce que la situation devient dangereuse pour moi. Je ne vais pas m'attarder sur ma grossesse qui est finalement similaire aux précédentes, et puis chaque femme a son lot de réjouissances. Je me focalise surtout sur la jolie perle qui m'est donnée de bercer : Selma. Cette fois-ci, c'est un bon bébé malgré sa naissance survenue un mois à l'avance. Elle se porte bien et ça fait plaisir de profiter pleinement de ces moments uniques dès l'accouchement en toute sérénité. Comme quoi, il m'arrive aussi beaucoup de belles choses dans ma vie et j'en suis consciente.

Parfois, néanmoins, devant mes enfants je me sens démunie, prise au piège de ce que je suis. Je redoute leurs réactions quand ils vont comprendre que ce n'est pas normal d'écraser sa nourriture avant de la manger. Que devrais-je leur dire ? Déjà, il y a quelques mois, ma fille a posé la question fatidique :

— Oummi (maman en arabe), pourquoi tu manges écrasé ?

— Parce que j'ai un bobo à l'intérieur de moi.

– Moi aussi, je veux un bobo, comme ça je pourrais manger comme toi, tout écrabouillé !

Je suis restée sans voix. J'étais sure qu'un jour elle aborderait ce sujet mais l'entendre vouloir vivre ce calvaire quotidien m'a désarçonnée. Je ne savais pas quoi lui dire. Alors j'ai juste répondu que ça me ferait beaucoup de peine et qu'elle ne veut pas faire souffrir sa maman. Puis, je suis partie, mon cœur en avait pris un sacré coup. Mes idées étaient brouillées, je n'arrivais plus à les assembler. Cette idée lui avait repris une autre fois alors qu'elle avait mal au ventre pour une gastro ou un truc de ce genre. Elle m'avait dit « C'est bon oummi, maintenant je peux manger comme toi ? » Rebelote, mon corps s'est vidé de ses forces. Une autre fois, la pauvre petite a eu peur pour moi en me voyant manger un yaourt pensant qu'il y avait des morceaux. Elle a voulu me l'arracher des mains afin que j'arrête de manger. J'ai dû la rassurer longuement. On discutait du paradis avant son intervention, alors j'ai évoqué cet endroit où je serais guérie. Elle m'a répondu, soulagée : « du coup, au paradis, tu n'auras plus de bobo ».

Mes traumatismes d'antan se répercutent aussi sur des moments de la vie quotidienne comme la douche des enfants. J'ai toujours peur que l'eau soit trop froide et si l'un des petits a le malheur d'avoir la chair de poule, j'attrape la serviette en vitesse et je les frictionne de haut en bas. Lina a ses petites manies aussi, elle du côté de la salle de bains. Elle ne supporte pas les murs blancs de la pièce dans son logement. Cette couleur lui donne des vertiges comme si elle étouffait. Elle se sent attaquée par le vide qui la retient et veut la jeter dans un néant sans issue vers les pièces blêmes de chez Monique. Elle a donc repeint les murs en préférant un pastel vert léger qui la rassure.

Le plus glauque survient quand des jeux de mes enfants me ramènent illico chez Monique. Ça peut être des amusements classiques, de gosse, mais qui font remonter à la surface des souvenirs étouffants. En les regardant chahuter avec leurs oreillers, je me remémore Monique enfoncer ma tête et celle de ma sœur dans des coussins pendant de longues minutes, lorsque l'on pleurait trop fort. Parfois, elle ne supportait plus de nous entendre. Doit-on y voir un semblant de sensibilité ? Rien n'est moins sûr. Il fallait comprendre qu'il valait mieux nous stopper... Et ça marchait, on arrêtait net. Toujours dans la crainte du pire. Qu'aurait-elle pu inventer ? Nous vivions dans le cauchemar persistant de vivre une peine plus infâme encore.

Ou une humiliation car c'était aussi le point fort de notre bourreau. En voyant mon fils s'amuser avec son caleçon, je me suis rappelé que Monique nous avait déjà mis notre culotte sur la tête, comme ça, pour le plaisir de nous rabaisser.

Au fil des jours, ma sœur et moi traçons notre route comme des survivantes, des rescapées. Près de trente ans après notre rencontre avec cette femme, on ne vit pas, on survit à cause de toutes les séquelles psychologiques qu'elle nous a laissées. Je crois que l'on ne sort jamais complètement indemne d'un tel traumatisme. Il reste toujours des traces mais je préfère être comme je suis que comme elle et reproduire ses abominations.

Discrète, notre mère n'est pas loquace à ce sujet. Pourtant, nous sommes proches toutes les trois, nous passons nos week-ends ensemble. Mais, la période Monique reste taboue. Sauf, ce jour lorsqu'elle m'a appelée :

— Allô, Saf'. J'ai un rendez-vous à côté de Crespières aujourd'hui.

Je ne sais pas quoi répondre, interloquée qu'elle prenne l'initiative d'évoquer cette ville. D'habitude, elle fait comme si rien de tout ça n'avait existé.

– Je suis devant la maison, poursuit-elle.

– Ah oui, répondis-je, attristée de savoir qu'elle souffre. Au ton de sa voix, je perçois son sentiment de culpabilité et d'impuissance. Sa faiblesse qu'elle ne reconnaît jamais.

– J'avais besoin de passer par là, de prendre des photos et des vidéos. Tu comprends Saf' ?

– Oui Maman. Mais ne reste pas là, ça ne sert à rien.

Je déteste lui faire du mal. Je voudrais juste que la justice fasse son travail et que Monique n'atteigne plus ma famille. Or, le jugement prend du temps. Même pour connaître l'avancée de l'affaire, on dirait qu'il faut gravir des montagnes. Les réponses sont floues.

Ma sœur et moi avons la hantise que Monique et son mari meurent avant le procès parce qu'on veut se confronter à eux afin qu'ils rendent des comptes devant nous. On n'est plus des petites filles fragiles. Que vont-ils nous dire, maintenant adultes ? On craint qu'ils ne soient plus de ce monde pour assumer leurs actes vu l'âge qu'ils doivent avoir et le temps que met le jugement. On aurait du mal à faire notre deuil sans justice. On veut qu'ils voient nos larmes et notre détresse, qu'ils prennent en pleine face toutes les conséquences de leur perversion. On veut leur parler tout simplement.

Je suis obnubilée par ce qu'ils ont fait, c'est une chose. Même quand les sévices ont cessé, ils sont ancrés dans la mémoire et dans la chair, ils resurgissent à n'importe quelle occasion et pourrissent la vie adulte. Mais, j'imagine aussi tous ces gens qui ont vécu la même chose que nous, et le pire, tous ces enfants qui vivent des souffrances au quotidien. Je regarde des reportages sur internet traitant des violences faites aux enfants. J'en suis émue aux larmes. J'essaie de me retenir pour mes enfants, toutefois toutes ces blessures me fragilisent. Je déplore la lenteur du processus judiciaire.

En parallèle, je me renseigne sur les institutions qui permettent aux enfants de mettre un terme aux horreurs qu'ils vivent et je suis les personnalités qui œuvrent pour que leur situation s'améliore. D'ailleurs, je contacte plusieurs de ces personnes afin de leur envoyer mon livre qui touche à sa fin. Je n'aurais pas dû mais j'ai été très affectée par le fait qu'aucun d'entre eux ne m'ait répondu, même par la négative. Je ne demande pas la charité, je propose de payer pour ce service. Je m'interroge si je n'aurais pas dû utiliser le nom de famille de ma mère qui est celui d'un des plus célèbres joueurs de foot connus dans le monde entier. La similitude les aurait titillés et j'aurais sûrement obtenu plus de réponses. Cependant, je ne voulais pas jouer cette carte, je ne voulais pas me servir de cette connexion. Je pensais ne pas en avoir besoin. Je ne doute pas qu'ils soient ultra sollicités et qu'ils ne peuvent pas aider tout le monde. Je ne suis pas la première, malheureusement, qui a été abusée par des adultes. Toutefois, il faut multiplier les messages, ne serait-ce que pour ne secourir qu'un enfant. En plus, en envoyant mon message, j'ai pris sur moi car je suis de nature réservée avec les personnes que je ne connais pas.

En soi, ce n'est pas grave mais parfois, je me sens découragée, aucunement soutenue par la justice qui reste attentiste, ni par celles et ceux qui disent venir en aide aux autres. Bien sûr, mes proches sont présents et sans eux, qui sait où j'en serais, mais j'arrive à un point où j'ai besoin que ma douleur soit entendue et reconnue. Il me faut un coup de pouce dans le but d'accélérer la procédure.

Épilogue

A toutes les personnes à qui j'ai raconté mon histoire, on me disait que c'est inimaginable. « On dirait un film ». J'aurais aimé que ce soit un film, il y aurait eu une fin... Mais c'est la réalité avec ses hauts et ses bas, avec des moments où je n'en peux plus de tout mixer, j'aimerais juste croquer dans un hamburger sans me poser de questions mais je n'y arrive pas et n'y arriverai sans doute jamais. Alors je relativise en regardant autour de moi, en écoutant les drames que connaissent certains. Je me reprends.

Voilà notre vie à Lina et moi, une succession de montagnes russes, d'épreuves du quotidien mais nous nous réjouissons du bien dont nous sommes gratifiées : avoir un toit, de l'eau courante, de la nourriture, des enfants et une famille en bonne santé, des amis. Nous voyons, nous entendons de nos deux oreilles, nous ne vivons pas avec la crainte de bombes qui explosent tous les jours sous nos yeux. Donc nous sommes des chanceuses.

Malgré tout, nous restons humaines avec des moments de faiblesse, certes, mais nous sommes conscientes que la vie est ainsi faite. Alors nous avons choisi d'accepter la vie avec ses déconvenues car nous sommes convaincues qu'il y a une récompense derrière notre endurance. Tant que nos proches vont bien, alors nous pouvons largement sourire à la vie. Nous souhaitons beaucoup de courage à toutes les personnes très éprouvées, vous êtes nos héros, nous prions pour vous comme beaucoup l'ont fait pour nous. Nous ne vous oublions pas. Nous percevons la douleur secrète que vous cherchez à dissimuler sous un masque la journée en prétendant que tout va bien et qui vous rattrape la nuit lors de vos nuits blanches interminables.

Aujourd'hui, le combat continue. Ma sœur et moi tentons chaque jour de faire un pas en avant et d'améliorer notre façon de nous percevoir et nos relations avec autrui. Nous faisons des efforts, chacune à notre échelle, selon ce qui nous importe le plus. Pour ma part, je mange de plus en plus en famille. Ce détail doit être anodin pour vous, mais pour moi, il est crucial parce que mes difficultés alimentaires m'ont toujours coupée des autres, de ma famille, de mes proches. Même à la maison, je m'isolais pour manger seule, dans mon coin. Mais depuis quelques temps, je déjeune en compagnie de mes enfants et de mon mari. Ma fille l'a remarqué et m'a encouragée ce qui m'aide à me ressaisir et à ne pas considérer pour acquis des situations qui peuvent s'améliorer. C'est difficile au début puis je lutte, je m'acharne et ça me fait du bien.

C'est pareil du côté de Lina, elle a commencé une nouvelle thérapie, des sessions en neurofeedback dynamique avec une praticienne chevronnée, Johanna. Cette méthode lui apprend à contrôler son cerveau afin de traiter son stress et ses blocages en stimulant plus ou moins certaines fréquences électriques qui découlent de son activité mentale. Lina se sent mieux, ses séances l'aident à apprivoiser ses pensées et à se contrôler. Elle se dompte petit à petit. Elle reste obsédée par son besoin d'avancer. Elle est dure avec elle-même et avec son fils parce que réussir est pour elle une obligation. En se dépassant, elle veut voir plus loin que ce que Monique lui disait. Chaque jour, elle se prouve à elle-même qui elle est vraiment.

Au niveau juridique, on s'acharne ! On ne lâche rien. Les procédures sont loin d'être faciles. Le fonctionnement de la justice en France ressemble à un labyrinthe dans lequel même ceux qui l'empruntent et l'ont façonné ne connaissent pas la sortie. Nous espérons vous donner des nouvelles positives pour la suite de l'affaire. La vie nous a appris à persévérer et c'est bien une chose que nous savons faire et que nous ne regrettons pas. Nous sommes taillées pour tenir bon et on tiendra bon.

Remerciements

Tout d'abord, Merci Maman ! Pour la mère que tu es et que tu as toujours été. Pour la grand-mère exceptionnelle et irremplaçable que tu représentes pour tes petits-enfants. Merci Francis d'être le meilleur des grands-pères.

Merci à toute notre famille que nous ne pouvons pas citer tant elle est immense mais nous avons une pensée émue pour nos grands-parents Djede et Djeda et pour Sabrina et Laila.

Merci à toutes les personnes qui ont contribué de près ou de loin à l'avancée de cette affaire et nous pensons tout particulièrement à Emmanuelle, gardienne de la paix, Hélène, Johanna Benaroch, Gabriel Koskas, Jess Amar et Jeff Smadja, sans oublier tout le personnel de l'association Enfance et Partage.

Merci à toutes les personnes qui ont accepté de nous aider tout au long de ce parcours.

Merci à toutes nos amies pour leur soutien au quotidien.

Et enfin, merci à Estelle qui a été plus qu'une écrivaine pendant ces deux années d'écriture. Elle a été une oreille attentive, un soutien parfois quand les souvenirs étaient durs à ressasser ou que les moments de craquage se faisaient ressentir. Elle a rendu ce récit possible et pour ça nous lui serons toujours reconnaissantes.

Première impression en 2021

Coécrit par Estelle Gautier
Contact : *gautierestelle@live.fr*

Conception de la couverture et de la couverture arrière par : C&C
International Partnership

Printed in Poland
by Amazon Fulfillment
Poland Sp. z o.o., Wrocław

77205043R00191